高职经管类精品教材

# 会计电算化实务

## KUAIJI DIANSUANHUA SHIWU

主　编　王珠强　尹　锋
副主编　丁　婷　牛永芹

中国科学技术大学出版社

#### 图书在版编目(CIP)数据

会计电算化实务/王珠强,尹锋主编. ——合肥:中国科学技术大学出版社,2009.8(2012.2重印)

ISBN 978-7-312-02506-8

Ⅰ.会… Ⅱ.①王…②尹… Ⅲ.计算机应用——会计 Ⅳ.F232

中国版本图书馆 CIP 数据核字(2009)第 114826 号

| | |
|---|---|
| 出版 | 中国科学技术大学出版社 |
| | 安徽省合肥市金寨路 96 号,邮编:230026 |
| | 网址:http://press.ustc.edu.cn |
| 印刷 | 安徽联众印刷有限公司 |
| 发行 | 中国科学技术大学出版社 |
| 经销 | 全国新华书店 |
| 开本 | 710 mm×960 mm 1/16 |
| 印张 | 21.25 |
| 字数 | 414 千 |
| 版次 | 2009 年 8 月第 1 版 |
| 印次 | 2012 年 2 月第 3 次印刷 |
| 定价 | 33.00 元 |

# 前　言

高等职业教育是我国职业教育体系的重要组成部分,教材建设是推动高等职业教育发展的重要力量。为满足高等职业教育"电算化会计"课程的教学需要,我们编写了本书。本书具有如下特点：

(1) 本书以用友 861 软件为蓝本,系统介绍了 ERP 财务管理软件的使用基础——系统管理和基础设置,详细阐述了新会计准则下 ERP 财务管理系统中最重要和最基础的总账、报表管理、薪资管理、固定资产管理、应收款管理和应付款管理等几个子系统的基本功能和基本操作。

(2) 本书结构体系科学合理。本书既符合人才培养的规格要求,又考虑了新时期高职高专学生的现实基础；既有应用软件的翔实讲解,又有对会计电算化管理的基本指导,能较好地满足会计人员的基本需要。

(3) 本书对会计电算化实际运用中的重点问题进行了详细全面的讲解,对部分难点问题开展了有针对性的解剖分析。文字叙述力求简明扼要、通俗易懂。

(4) 书中模拟"芜湖市康达有限责任公司"的账套数据进行讲解,保证了实验的连贯性,读者可以根据书中所讲内容,建立起一套自己的账套。

(5) 在财务软件应用讲解中采用了直观的画面和清晰的步骤说明方式。对复杂难懂的问题,通过图示分解,一步一步地讲,使复杂问题简单化,使软件的操作性更强,更易于学生理解。

(6) 对于学生在实际操作中易出错的地方和相应的解决办法以提示的方式逐一列出,这样既能增强教学和实践的实用性,又能培养学生分析问题及解决问题的能力。

本书以适用于高职高专会计专业、会计电算化专业、财务管理专业、税务专业及相关经济管理专业的 ERP 管理软件课程教学为基本目的,可作为高等职业教育财经类专业和其他专业相关课程的教材和参考书,也可作为会计人员岗位培训教材和参考资料,还可作为相关经济管理人员的自学用书。

本书由王珠强、尹锋担任主编,丁婷、牛永芹担任副主编。王珠强负责设计全书的总体结构和最后的修改、总纂,编写了第 2 章、第 3 章、第 9 章,测试了全部的实验数据并对全书的图片进行了制作；尹锋编写了第 4 章、第 5 章；丁婷编写了第 6

章、第 7 章;牛永芹编写了第 1 章、第 8 章。

  本书在编写过程中参考了有关专家编写的教材和专著,在此向这些作者表示衷心的感谢。

  由于编者水平有限,书中不足之处在所难免,敬请使用本书的读者批评指正,以便修订时改进。

编 者

2009 年 5 月

# 目 录

前　言 ……………………………………………………………………（ⅰ）

**第一章　会计信息系统概述** ……………………………………………（ 1 ）
　第一节　会计信息系统的概念 …………………………………………（ 1 ）
　第二节　会计信息系统的产生与发展 …………………………………（ 6 ）
　第三节　会计电算化信息系统的结构 …………………………………（ 13 ）
　第四节　会计电算化信息系统的建设与管理 …………………………（ 19 ）

**第二章　系统管理与企业应用平台** ……………………………………（ 32 ）
　第一节　系统管理 ………………………………………………………（ 32 ）
　第二节　基础信息设置 …………………………………………………（ 49 ）

**第三章　总账系统** ………………………………………………………（ 78 ）
　第一节　总账系统概述 …………………………………………………（ 78 ）
　第二节　总账系统的初始设置 …………………………………………（ 80 ）
　第三节　总账系统日常业务处理 ………………………………………（ 88 ）
　第四节　出纳管理 ………………………………………………………（103）
　第五节　账表查询 ………………………………………………………（110）
　第六节　总账系统期末处理 ……………………………………………（112）

**第四章　应收款管理系统** ………………………………………………（127）
　第一节　应收款管理系统概述 …………………………………………（127）
　第二节　应收款管理系统初始化 ………………………………………（132）
　第三节　应收款管理系统日常业务处理 ………………………………（146）
　第四节　应收款管理系统期末处理 ……………………………………（170）

**第五章　应付款管理系统** ………………………………………………（173）
　第一节　应付款管理系统概述 …………………………………………（173）
　第二节　应付款管理系统初始化 ………………………………………（178）

第三节　应付款管理系统日常业务处理……………………………(197)
　　第四节　应付款管理系统期末处理…………………………………(212)

**第六章　薪资管理系统**……………………………………………………(215)
　　第一节　薪资管理系统概述…………………………………………(215)
　　第二节　薪资管理系统初始设置……………………………………(217)
　　第三节　薪资管理系统日常业务处理………………………………(229)
　　第四节　薪资管理系统期末业务处理………………………………(236)

**第七章　固定资产管理系统**………………………………………………(242)
　　第一节　固定资产管理系统概述……………………………………(242)
　　第二节　固定资产管理系统初始设置………………………………(243)
　　第三节　固定资产管理系统日常业务处理…………………………(258)
　　第四节　固定资产管理系统期末业务处理…………………………(265)

**第八章　会计报表管理系统**………………………………………………(271)
　　第一节　会计报表管理系统概述……………………………………(271)
　　第二节　会计报表系统初始设置……………………………………(276)
　　第三节　会计报表数据处理…………………………………………(291)

**第九章　综合实训**…………………………………………………………(301)
　　实训一　用户管理与账套管理………………………………………(301)
　　实训二　基础档案设置………………………………………………(303)
　　实训三　总账系统初始设置…………………………………………(310)
　　实训四　总账系统日常业务处理……………………………………(314)
　　实训五　出纳管理……………………………………………………(318)
　　实训六　总账系统期末处理…………………………………………(320)
　　实训七　薪资管理……………………………………………………(320)
　　实训八　固定资产管理………………………………………………(325)
　　实训九　UFO报表格式与公式定义…………………………………(327)
　　实训十　UFO报表系统数据处理与输出……………………………(330)

**参考文献**……………………………………………………………………(331)

# 第一章　会计信息系统概述

会计是以货币为主要计量单位,运用会计专门方法,对经济过程中财产物资的占有和消耗的原始数据进行收集、存储、加工和传输,并提供给信息使用者所需要的各种以财务信息为主的经济信息的活动,以反映过去的经济活动,控制目前的经济活动并预测未来的经济活动。

20 世纪 60 年代,计算机陆续被一些发达国家应用于会计领域,从而引发了会计数据处理的重大变革。计算机在会计中的应用,虽然并没有改变会计作为一个经济信息系统的本质,但却给会计学科带来了深远的影响。这种影响不仅表现在会计数据处理工具和会计信息载体的变革上,而且还表现在会计理论、会计方法以及会计行为等方面。

## 第一节　会计信息系统的概念

从系统论角度来看,会计电算化工作实际上是一个应用电子计算机实现的会计信息系统。为了能更好地理解会计信息系统的概念,先给出几个相关的基本概念,再给出会计信息系统的概念。

### 一、数据

数据是人们用符号化的方法对现实世界的记录,是用可鉴别的符号记录下来的现实世界中客观实体的属性值。数据表示的是客观事实,是一种真实存在。在会计工作中记录下来的未经处理的会计事实即为会计数据,如各种原始资料、原始单据等。会计数据来自客户、供应商、政府机构、企业员工、企业内部各部门等。

### 二、信息

信息是经过加工传递的、具有一定涵义的、可被使用者理解并对使用者有价值的数据。按一定的要求经过加工处理的会计数据称为会计信息，只有将会计数据通过加工生成会计信息，才能满足管理的需要，为管理者所用。

数据与信息的关系是：数据和信息是密不可分的，信息可看成是经过加工的对决策或行为有现实或潜在价值的数据，如果把数据看作原料，那么信息就是数据通过信息系统加工得到的产品，而且在信息系统的帮助下，还可以利用信息技术对信息进行进一步地加工处理，得到不同抽象层次的信息来辅助完成不同层次的决策。

## 三、系统

系统是为了实现某种目的，由相互作用和相互依赖的若干组成部分按照一定的规则或结构组合成的，具有特定功能的有机整体。相互联系、相互影响和相互依赖的若干部分称为系统的子系统，它们是系统内部能完成特定功能的单元。系统总是存在于一定的环境之中，区分系统内外部的是系统的边界，系统与环境的作用点或各子系统之间的连接点称为接口。系统一般指人造系统，而不是自然系统。如果将一个企业视为一个经营系统，企业中的各职能部门、车间是这个经营系统的子系统。

由系统的定义可以得出系统的一些重要属性。系统是一个相对独立的个体，具有独立性；系统有特定的目的，具有目的性；系统的各子系统相互联系、相互影响和相互依赖，具有联系性；系统不断接收外界的输入，经过加工处理向外界输出，具有运动性；系统能扩展、能压缩、能根据要求变革，具有适应性；一个良好的系统还具有反馈信息的功能，以控制系统的输入，具有反馈性。

## 四、信息系统

作为系统的一种，信息系统同样具有一般系统共有的那些属性，并赋予它们具体的内容，因此，可以将信息系统（Information System，IS）定义为：信息系统是指将输入数据加工处理，输出有用信息的系统，它包括信息输入、信息处理、信息存储、信息传递及信息输出等功能，信息系统的目标是向信息系统的使用者提供对决策有用的信息。

信息系统除了系统的共有属性外，还具有以下属性：

**1. 开放性**

所谓开放性是指信息系统与外界环境之间有着信息、物质或能量的交换关系，对外部环境变化具有一定的适应能力。

**2. 系统的集成性及信息的集成性**

企业信息系统由许多子系统组成，每个子系统完成特定的功能，但是需要服从信息系统的为信息使用者服务的总目标,因此,信息系统是一个整体,具有系统集成性和信息集成性。系统集成性有五个层次:硬件集成,软件集成,数据和信息集成,管理、技术和生产等功能集成,人和组织机构的集成。

### 3. 人—机协作性

信息系统是一个"人—机协作"系统,即信息系统中人与机器密切协作,适当配合才能发挥各自的作用,忽视了任何一方,信息系统的目标就不可能很好地实现。这是信息系统的重要特点之一,也是信息系统应用上的难点之一。

信息系统要为信息使用者提供对其决策有用的信息,因此,信息系统的基本功能就是进行信息处理。具体来说包括数据/信息采集、数据/信息转换和生成、数据/信息传输和交换、数据/信息存储、数据/信息维护、数据/信息检索和分析等功能。

## 五、会计数据

会计数据是收集、记录的会计业务中所有事物实体属性的属性值。如,会计凭证、会计账簿、会计报表等都是会计业务中的实体。它们的属性和属性值都是会计数据。

## 六、会计信息

会计信息是指在会计管理和会计决策分析工作中需要的各项会计数据,包括资产、负债信息、生产费用和成本信息以及有关利润实现和分配的信息等,它们都是对会计数据进一步加工处理后得到的对会计管理和决策分析有价值的信息。

从会计信息的定义中可以看出,会计信息具有如下特点:

### 1. 数量大、种类多、来源广

会计工作需对生产经营过程进行连续、系统、综合地反映和监督,而会计信息正是在上述反映和监督工作中所采集、加工、使用的有价值数据,它几乎涉及企业的所有业务和管理活动。因此,会计信息具有信息量大、种类多、来源广的特点。

### 2. 综合性

会计信息用货币的形式综合反映了企业生产和经营工作中的经济活动,反映内容涉及供、销、产的每个环节、企业的每个部门和每个员工。因此,会计信息常反映企业的综合运转状况。

### 3. 结构和处理逻辑的复杂性

会计信息具体地反映了企业的资产、负债、所有者权益、成本和损益等方面的信息,这些信息间有密切的关系,它们的增减呈网状结构互相影响,且需要始终保持平衡关系,这就使会计信息的结构和处理逻辑变得复杂。

**4. 客观、真实、公允性**

会计信息应客观真实地反映经济活动中的有价值信息,绝对不允许弄虚作假以蒙骗会计信息使用者和政府部门。

**5. 全面、完整和一致性**

会计信息应全面、完整、准确地反映经济活动中的有价值信息,不允许出现差错和错报,否则将失去会计信息的重要作用。

**6. 安全、可靠性**

会计信息全面地反映了企业财务状况和企业与各方面财务关系的重要信息,因此,会计信息不能被破坏、泄露和丢失,有很强的安全性、可靠性要求。

**7. 信息处理的及时性**

为了实现对经济活动的有效控制和监督,会计信息应及时反映经济活动的状况和存在的问题。如,应及时将资金运动、成本耗费等会计信息反馈给管理部门。

## 七、会计信息系统

### (一)会计信息系统的定义

会计信息系统(Accounting Information System,AIS),是一种面向价值信息和基于会计管理活动的系统,是从对企业中的价值运动进行反映和监督的角度提出信息需求的信息系统,因此可以将会计信息系统定义为:利用信息技术对会计信息进行采集、存储和处理、传送及输出,完成会计核算、会计监督,为各级管理人员提供会计信息和进行辅助决策,改善经营管理,提高经济效益的信息系统。

会计的各项管理活动都离不开信息,并且都体现为对信息的某种作用:取得原始凭证是对信息的采集、获取;审核原始凭证是对信息特征的提取和确认;设置会计科目和账户是对信息的分类和判断,形成对输入信息进行加工处理的框架;填制记账凭证和登记账簿是对信息进行加工处理,并进行传递和存储;成本计算是对成本信息的进一步加工和处理;会计预测、决策是对会计信息进一步的应用。会计的全部管理活动构成了对会计信息的输入、加工处理、传递、反馈以及输出的全过程,形成会计活动的一个有机整体,这个有机整体就构成了一个会计信息系统。

### (二)会计信息系统的目标

会计信息系统是为企业服务的,是企业会计工作中必不可少的组成部分,因此会计信息系统的目标应服从于企业、信息系统和会计三者的目标。企业的目标是通过提供客户满意的服务获取更多的利润；信息系统的目标是向信息系统的使用者提供对决策有用的信息；会计的目标是提高企业的经济效益以获取更多的利润。因此，会计信息系统的目标可以确定为向企业内外部的决策者提供需要的会计信息及对会计信息利用有重要影响的其他非会计信息。它确定了会计信息使用者可以得到的信息内容和质量。当然，具体到不同的决策者，由于需要不同，所希望获取的会计信息也会各不相同。在此目标下，会计信息系统的基本功能，应是利用各种会计规则和方法，加工来自企业各项业务活动中的数据，产生和反映会计信息，以辅助人们利用会计信息进行决策。其中，会计规则和方法是由会计人员根据信息使用者的需求综合制定的，它们并不是一成不变的，而是随着外界环境的变化不断调整的。在会计信息系统中，会计规则由会计人员确定，会计方法也由会计人员提出，并与信息管理人员合作将这些规则和方法转化为机器系统中的程序。当企业出现了新的业务活动或拥有了新的资源需要进行管理时，会计人员应从会计工作的角度确定相应的解决办法和处理规则，并尽可能地将其转化为机器系统可处理的内容。

### （三）会计信息系统的特点

**1. 庞大复杂性**

会计信息系统是企业管理信息系统的一个子系统，但它也是一个可以独立的整体。它由许多职能子系统组成，如账务处理子系统、工资核算子系统、固定资产核算子系统、材料核算子系统、成本核算子系统等，其内部结构较为复杂。各子系统在运行过程中进行信息的收集、加工、传输、使用，联结成一个有机的整体。

**2. 与企业其他管理子系统有紧密的联系**

由于会计信息系统全面地反映企业各个环节的信息，它跟其他管理子系统和企业外部的联系也很复杂。会计信息系统从其他管理子系统和系统外界获取信息，也将处理结果提供给有关系统，使得系统外部接口较复杂。

**3. 确保会计信息的真实、公允、全面、完整、安全和可靠**

会计信息系统应确保存放在系统中的会计信息的真实、公允、全面、完整、安全和可靠，为此系统应对会计信息的采集、存储、处理、加工等操作提供有关的控制和保护措施。

**4. 内部控制严格**

会计信息系统中的数据不仅在处理时要层层复核，保证其正确性，还要保证在任何条件下可以以任何方式进行核查核对，留下审计线索，防止犯罪破坏，为审计工作的开展提供必要的条件。

**5. 系统的开放性**

会计信息系统应是能与企业其他管理子系统和企业的外部环境,如银行、税收、审计、财政、客户、供应商以及其他有业务联系的企业等进行信息交换的开放型系统。因此,为实现这一目标,在建立会计信息系统时应注意系统的整体设计,特别是网络技术的应用。

## 第二节 会计信息系统的产生与发展

计算机已经广泛应用于工业、农业、国防、科研、文教、交通运输、商业、通信以及日常生活等各个领域。而利用计算机进行会计工作开始于20世纪50年代,应用计算机完成记账、报表和进行预测、决策工作的热潮发生在20世纪七八十年代。

我国在20世纪70年代末,开始将计算机和信息技术应用到会计工作中,并对这项工作起名为"会计电算化"。"会计电算化"这门课程就是学习如何开展会计电算化和实现会计电算化后,会计人员如何利用会计软件进行会计工作的。

### 一、会计电算化的产生及含义

#### (一) 会计电算化的产生

第一台电子计算机于1946年在美国诞生。计算机给人类生活带来了巨大的变化,相应地也为会计工具的变革、会计数据处理技术的发展开辟了广阔的前景。20世纪50年代,由于管理的需要会计部门的职能日渐增多,会计工作人员的工作量越来越大,提供的会计数据越来越难以满足管理的实时性和准确性要求,有关会计从业人员开始寻求能够减轻会计人员工作压力、提高会计数据实时性和准确性的工具,将计算机技术和信息技术应用到会计工作领域是人们寻求到的结果。20世纪50年代,西方一些工业发达国家开始利用计算机进行会计数据的处理工作,其标志是1954年美国通用电气公司第一次利用计算机计算职工工资。计算机作为一种先进的计算工具用于会计数据的处理,使会计核算发生质的飞跃。从此计算机应用于会计领域,并由此产生了会计电算化。

#### (二) 会计电算化的含义

我国的会计电算化工作始于20世纪70年代末,其标志是1979年财政部拨出

500万元专款在长春第一汽车制造厂进行会计电算化试点工作。1981年8月,在财政部、原第一机械工业部和中国会计学会的支持下,由中国人民大学和长春第一汽车制造厂联合召开了"财务、会计、成本应用电子计算机专题讨论会",在这次会议上,中国人民大学的王景新教授首次提出了"会计电算化"一词,它是电子计算机在会计工作中应用的简称,即利用计算机代替手工完成记账、算账和报账,提高会计数据的准确性及处理速度。

会计电算化不是一个意义精确的概念,其内涵基本上可以理解为:将以手工操作(如手工填制凭证、手工汇总、手工记账、手工报表、依靠计算器和算盘等工具手工计算财务分析数据)为主的会计工作,向以计算机技术和信息技术应用为主的会计工作过渡的过程。过渡过程完成的结果是诞生了以计算机和信息技术为主要工具的会计信息系统。

随着会计电算化事业的发展,"会计电算化"的含义得到了进一步的引申和发展,与计算机技术在会计工作中应用有关的所有工作都成为会计电算化的内容,包括会计电算化制度建立、会计电算化人才培训、会计电算化档案管理和会计电算化审计等。

## 二、会计电算化的意义

会计电算化是会计发展史上的一次重大革命,它不仅仅是会计发展的需要,也是经济发展、信息技术进步对会计工作提出的要求。实现会计电算化,使会计工作发生了很大的变化,会计电算化也是我国会计发展的必由之路。会计电算化的意义主要表现在如下几个方面:

(1) 减少了繁琐的抄写、计算等手工劳动,提高了会计工作的效率。
(2) 利用计算机处理经济业务,提高了数据处理的速度和精度。
(3) 会计人员从繁重的劳动中解脱出来,促进了会计工作职能的转变。
(4) 能促进会计人员不断学习,提高自身素质。
(5) 能促进会计理论研究、会计实务不断发展。

## 三、会计电算化的发展

### (一) 国外会计电算化的发展

会计电算化起步于20世纪50年代,1954年10月美国通用电气公司第一次利用计算机计算职工工资,引起了会计数据处理技术的变革。但是当时计算机价格昂贵，计算机程序设计复杂，只有少数专业人员才能掌握此项技术，因而计算机在会计领域中的应用仅仅限于一些数据处理量大、计算简单而且多次重复计算的经济业务，例如，工资业务的处理。它以模拟手工会计核算形式代替了部分手工劳动，提高了这些高强度劳动的工作效率。

20世纪50年代中期到20世纪60年代，随着计算机性能的增强，人们利用电子计算机实现了对会计数据从单项处理向综合数据处理转变，除了能完成基本账务处理外，还开始在简单的记账、算账功能中增加了经济分析、管理决策功能，手工簿记系统被电算化系统取而代之。这个阶段会计电算化的特点是电子计算机几乎完成了手工簿记系统的全部业务，更重视会计数据的综合加工处理，并加强了内部控制管理。

20世纪70年代，电子计算机技术迅猛发展，计算机网络的出现和数据库管理系统的应用，形成了应用计算机的管理信息系统。相应地，在企业管理中开始全面使用电子计算机，各个功能系统可以共享存储在计算机中的企业生产经营成果数据库。电算化会计信息系统成为管理信息系统的一个子系统，使企业的工作效率和管理水平大大提高。

20世纪80年代，微电子技术蓬勃发展，微型计算机大批涌现，进入了各行各业，以至家庭之中。微型计算机通过通信线路相互联结形成计算机网络，提高了处理数据的速度，并取代了大型计算机，会计电算化出现了普及之势。会计人员积极参与会计电算化工作，不再认为这是技术人员的工作。国际会计师联合会于1987年10月在日本东京召开第13届会计师大会，"会计电算化情况下会计师的作用"是本届会议的中心议题。这次会议成为计算机会计信息系统广泛普及的重要标志。

20世纪90年代至今，美国、日本、德国、英国、法国等发达国家的会计电算化已经发展到了较为完善的程度。其中美国在这一领域已经步入了较高的发展阶段，始终处于国际最高水平。美国软件市场中，商品化会计软件多达数百种，会计软件产业已成为美国计算机软件产业的一个重要分支。

国外会计电算化发展有以下几个特点：第一，商品化软件种类多，水平高，使用简便灵活，可以自动编制会计分录，软件相对价格比我国低。第二，使用会计专用机，即专门用于会计数据处理的计算机系统。会计专用机是在微型计算机基础上，将专用的操作系统和会计软件固化在机器中，在主机基础上配置专用的键盘、大型显示器、账票打印机及会计软件。会计专用机价格与微型计算机相当，且专机专用，数据处理效率高，安全保密性好。第三，会计事务所代理记账。发达国家人工成本很高，中小企业不愿雇佣专职会计人员，而是委托会计师事务所代理其记账，以降低人工成本。例如，日本有家TKC公司为全日本大约44万家中小企业提供代理记账服务。第四,国外大公司资金以及技术力量雄厚,独立开发自己专用的会计信息系统。通常是将会计信息系统与供销存管理、生产管理、设备管理、人力资源管理等系统进行集成,形成全面的信息管理系统和决策支持系统,实时地共享中央数据库。

(二) 我国会计电算化的发展

**1. 我国会计电算化的发展阶段**

我国会计电算化开始于20世纪70年代末,大致经历了以下5个阶段。

(1) 1983年以前,缓慢发展阶段

我国会计电算化以1979年为起点,主要进行会计电算化理论研究和电算化试点工作。

这个阶段的主要特点有:第一,应用范围极小,只有少数国有企业进行会计电算化工作。第二,业务处理单一,少数的大型国有企业仅仅进行单项经济业务,主要是工资核算的电算化。第三,计算机专业人才缺乏,既懂计算机又懂会计的复合型人才奇缺。第四,计算机设备昂贵、庞大,使用不方便。第五,缺乏中文操作系统,中央处理能力弱,国外财务软件汉化又不理想,因此这个阶段会计电算化发展缓慢。

(2) 1983～1987年,自我发展阶段

1983年下半年,国务院成立了电子振兴领导小组,在全国范围内掀起了计算机应用热潮。这一阶段,社会对会计电算化的需求越来越大,我国应用计算机的会计单位越来越多,但是计算机应用的经验不足,理论准备与人才培训不够,管理水平不高,缺乏统一的领导,各自为战,各行其是。因此在会计电算化过程中造成了许多低水平开发、充分开发的现象,浪费严重。

这个阶段的主要特点有:第一,开展会计电算化的国有大型企业之间缺乏交流,闭门造车,各自开发软件,水平低,重复开发,造成大量的人力、物力、财力的浪费。而且各自开发的软件多为专用软件,通用化程度低,这一阶段主要是非商品化财务软件开发应用阶段。第二,业务处理内容有所扩展,由原来的单一工资业务处理扩展到账务处理、固定资产核算、成本核算等大部分会计核算业务。第三,既懂计算机又懂会计的复合型人才开始培养。从1984年开始,一些研究院所和高校招收会计电算化专门人才。1987年中国会计学会成立了会计电算化研究组,为以后有组织地开展理论研究做准备。

(3) 1988～1992年,商品化财务软件开发与应用阶段

20世纪80年代,微型计算机涌现且价格下降,为会计电算化普及奠定了物质基础。

这个阶段的主要特点有：第一，出现开发会计核算软件的专业公司，开发的会计软件向商品化、规范化、专业化方向发展，形成了商品化软件并开始进入软件市场，逐步形成了会计软件产业。第二，会计软件的功能由原来的单项业务应用扩展为多项业务应用。第三，1989年财政部制定了《会计核算软件管理的几项规定（试行）》，要求省级财政部门加强对商品化会计软件进行评审、管理，促进了会计软件的规范化开发，提高了会计软件的质量。

（4）1993～1997年，核算型商品化财务软件开发与应用阶段

1995年微软公司推出了以Windows为平台的图形界面的操作系统，较之前的DOS操作系统直观、使用方便、操作简便。相应地，财务软件开发公司推出了在此平台上开发的财务软件，大大方便了用户，并得到了广泛运用。

这个阶段的主要特点有：第一，财务软件推广迅速，会计电算化得到广泛普及，原因主要有两个方面，一方面软件界面友好，易于操作；另一方面网络体系结构的客户机/服务器的推出、大型数据库的使用，软件功能与安全性大大增强。第二，财务软件主要完成财务核算工作，即软件仅仅代替人工完成记账、算账、报账等工作，尚没有预测、决策等功能。第三，会计电算化人才培训稳步发展，大中型企业单位和县以上国家机关的会计人员已有60%～70%通过会计电算化的初级培训，10%～15%通过中级培训，5%通过高级培训。会计电算化知识已成为会计人员的必备知识，并纳入会计上岗证考试之中。第四，会计电算化相应的管理制度逐步建立和成熟，形成了以财政部为中心的会计电算化宏观管理体系。

（5）1998年至今，管理型商品化财务软件开发与应用阶段

这个阶段许多软件公司在核算型会计软件的基础上推出了管理型会计软件，数量最多时达到三百多种。但是良莠不齐，经过市场竞争，目前仅剩下不到十种。

管理型商品化财务软件克服了核算型软件各功能模块结构松散、未能解决数据的重复录入以及不能保证数据的一致性等问题，并扩充了财务管理和物流管理功能，一般包括系统管理、总账、资金管理、工资、固定资产、应收账款、应付账款、采购、销售、库存管理、报表、财务分析等模块。

20世纪90年代，发展起来一个全新的企业管理系统，即ERP系统，管理型财务软件进入ERP系统，成为ERP系统的一个组成部分。ERP系统实现了对供应链上所有环节进行有效管理的功能，集成了订单、采购、库存、计划、生产制造、质量控制、运输、分销、服务与维护、财务管理、人事管理、项目管理和配方管理等。近年来随着市场竞争的加剧和电子商务的蓬勃发展，ERP软件又集成了新的管理组件，如客户关系管理(CRM)、业务数据仓库(BW)、企业策略管理(ESM)、知识管理(KM)以及电子商务中的企业对企业(B to B)、企业对客户(B to C)等。

**2. 我国会计电算化的现状**

经过多年发展，我国会计电算化在会计电算化管理、会计软件标准规范、会计

软件产业的形成等方面,已经奠定了一定的基础并日益走向成熟。

(1) 会计电算化管理方面

我国会计电算化的管理,主要包括会计电算化管理制度、会计软件管理以及计算机替代手工记账管理三方面内容,我国财政部于1989年制定了《会计核算软件管理的几项规定(试行)》,于1994年发布了《会计电算化管理办法》、《商品化会计核算软件评审规则》、《会计核算软件基本功能规范》,于1996年发布了《商品电算化工作规范》。这些会计电算化方面的管理制度对推动我国会计电算化事业的发展,指导和规范基层单位会计电算化工作起到了重要作用。

(2) 会计软件标准规范

为了解决企事业单位选择会计软件的困惑,我国财政部于1994年发布了《商品化会计核算软件评审规则》、《会计核算软件基本功能规范》,成为我国会计软件的开发和评审的统一标准。但是有些单位购买使用商品化会计软件过程中,可能会存在这样一个问题,就是某些模块是这家软件提供商,而另一些模块可能是另一家软件提供商,那么不同的会计软件之间数据能否传递?针对这个问题,1998年中国软件行业协会财务及企业管理软件分会编制的《财务软件数据接口标准98-001号》,在一定范围内起到了一定作用。2004年7月,由审计署、财政部作为主管部门,按照国家标准制定程序编写的《信息技术——会计核算软件数据接口》通过专家审定,这是一个国家标准,无疑将对我国会计软件的发展起到积极推动作用。

(3) 会计软件产业方面

目前我国商品化会计软件已成为商品化软件发展最快、最成功的一种软件,它从各单位分散开发发展到由专门的软件厂家集中研制生产,并配有市场开拓、销售、培训、售后服务等环节,真正形成了一种软件产业,年产值上亿元。这些公司有国有的、集体的、私营的,还有合营的。如用友、金蝶、新中大、金算盘、万能、先锋等公司。会计软件大多由专业的会计软件公司开发和销售,这也是我国会计软件市场形成的重要标志。会计软件产业的形成,对推动我国会计电算化事业的不断发展起着重要作用。

**3. 我国会计电算化面临的问题**

我国会计电算化发展取得了巨大的成就,但是仍然存在着会计电算化管理体制、会计软件市场及应用、会计电算化系统、会计电算化人员素质等方面的问题。

(1) 会计电算化管理体制方面

企事业单位开展会计电算化后,许多会计工作(如记账凭证的编制和录入、会计资料的审核与整理、会计软件的二次开发和维护等)都与原来手工操作存在较大的区别,显然传统的会计管理体制已经不能适应会计电算化条件下的工作模式。单位开展会计电算化后,融入了信息技术,大量的核算工作实现了自动化,加上虚拟市场的产生和电子商务的发展,会计人员的工作重点逐步从传统会计核算转移到事前预测与决策、事中控制与分析、事后评价与反馈。因此,这种新的工作模式要求重组会计业务处理过程,同时相应地调整会计岗位,并从整体上改革会计管理体系。

(2) 会计软件市场及应用方面

目前在我国会计软件市场中,绝大多数是会计核算软件。虽然也有一些软件公司开发出了管理型会计软件,甚至 ERP 软件,但是企事业单位应用很少。据资料统计,1978 年美国企业中用于管理控制、计划分析的软件占应用软件总数的 20%,其余 80%是核算软件,而到 1983 年应用软件总数的 55%用于管理控制和计划分析,核算软件仅占应用软件总数的 45%,短短的 5 年时间,管理型会计软件增加了 35 个百分点。可见管理型会计软件在会计电算化中有着重要的地位。会计软件产业较长时期定位于核算型会计软件是我国会计电算化发展的基本现实,财政部关于会计软件目前也只有核算软件方面的相关规范,这些都制约着我国会计电算化事业的发展。

(3) 会计电算化系统方面

会计电算化系统方面的问题主要表现在下面几方面:第一,系统运行的可靠性问题。由于计算机处理就像一个黑箱,内部的数据处理是人们看不到、摸不着的,对其内部运行机制不能像手工会计那样实现实时监控,那么如何保证会计信息的质量和可靠性、如何控制会计数据处理过程是需要解决的问题之一。第二,系统开发的创新性问题。现有的会计电算化系统,其设计思想局限于传统会计模式,表现形式就是对手工处理过程的模拟,其应用范围多为企业内部的微观管理,缺乏整体意识。第三,会计档案管理的科学性问题。实现会计电算化后,会计档案不再像手工会计时全部是纸质的了,而是存放在硬盘、软盘或光盘等磁性介质中,这些档案如何管理更为安全,随时了解或查询会计信息是否已经被篡改或者已丢失都成为会计档案管理的新课题。第四,软件市场的规范性问题。我国会计软件的研制多为较低水平的重复开发,问题较多。商品化会计软件售后服务还不太正常,缺乏一种科学、规范的售后服务机制。而且在用户培训上,其培训目标、培训内容、培训方式以及培训后考核等缺乏统一的标准。

(4) 会计电算化人员素质方面

会计电算化要求会计人员既掌握会计理论与方法,又掌握计算机技术,显然对会计人员的要求更高了。由于计算机技术升级换代速度加快,要想成为会计电算化人才,会计人员究竟需要掌握哪些计算机知识与技能成为亟待解决的问题。

**4. 我国会计电算化的发展趋势**

随着 2006 年我国会计准则体系的颁布和计算机技术的发展,会计电算化将向以下几个方面发展。

(1) 会计电算化普及

会计电算化推广速度加快,将进一步得到普及。按照财政部的总体规划,到2010年,80%以上的基层单位基本实现会计电算化。

(2) 向网络化方向发展

网络发展对企业会计环境的影响是显而易见的,就广域环境而言,一方面国际互联网使企业在全球范围内实现信息交流和共享,另一方面企业内部网技术在企业管理中的应用,使企业走出封闭的局域系统,实现企业内部信息对外实时开放。网络环境为会计信息系统提供了最大限速的信息实时共享、分析和比较。

(3) 会计软件向智能型发展

第一,操作过程智能化。在凭证录入过程中存在许多需要智能化的问题,例如,当用户选择了银行存款收款凭证,那么借方科目栏就能够自动出现银行存款科目。第二,业务分析智能化。业务分析可以按科目分析,还可以按部门分析、供应商分析、项目分析、业务员分析、时段分析等。第三,决策支持智能化。主要解决非程序化决策中无法用常规方法处理的问题,即将人类的知识、经验、创造性思维、直觉判断等能力,用计算机语言来表达,模拟人脑进行决策。目前的会计软件在智能化方向还有待进一步的改进和完善。

## 第三节 会计电算化信息系统的结构

按照系统论的观点,系统是若干要素的有机体,系统的结构是系统中各要素的中介,系统通过结构将要素联结起来,并决定系统的性质。一个完整的会计信息系统通常由硬件、软件、操作人员等要素组成。系统软件可分为操作系统软件和应用软件两个层次。因此,会计信息系统的结构是指组成会计信息系统的各层次要素的组织形式、规则。会计信息系统的结构决定了会计信息系统的功能与目标。

### 一、会计信息系统的应用层次

系统要素的组织形式是系统的结构,但结构又可分为不同的等级或层次。按应用层次分类,会计信息系统可以分为:

(一) 核算型会计信息系统

核算型会计信息系统是一种面对业务数据处理的信息系统。其主要功能是对业务数据进行登录、编辑、存储,并按规定输出信息。它所追求的目标是用计算机代替人工操作,提高处理效率。我国目前大多数中小企业会计核算业务的计算机会计信息系统即属于这一层次。

### (二)管理型会计信息系统

管理型会计信息系统是为实现辅助管理功能而设计的一种信息系统,它是由核算型会计信息系统逐渐发展形成的。其主要功能是在电子数据处理的基础上,依靠电子计算机存储的数据和建立的相应经济管理模型,迅速地为管理的规划、实时控制提供必要的参考信息。我国目前通用的会计软件基本上已完成了由核算型会计信息系统向管理型会计信息系统的过渡。

### (三)决策支持型会计信息系统

决策支持型会计信息系统是以提高决策的效果为目标,面向决策者的一种信息系统,是由管理型信息系统逐渐发展形成的。决策支持型会计信息系统的关键组成部分是一个以计算机为基础,反映决策者面临的某些方面问题的模型库和对应的方法库。利用MIS系统数据库中的信息,以及大量外部的、往往是半结构化和非结构化的信息,可以使决策者模拟实际经营活动中可能出现的情况,在计算机上试验各种各样的处理方案,并且选择最优方案辅助决策。如,管理者可能模拟在不同市场竞争状况下采用不同的产品定价政策对企业销售收入和利润的影响程度或结果,从而选择最佳的定价决策方案。

决策支持型系统包含大量的资料和不同的决策模型,有助于解决半结构化和非结构化的决策问题。决策支持型系统的主要功能在于增进决策的效果,而非决策的效率。

## 二、会计电算化信息系统的基本组成

如前所述,会计电算化信息系统是以计算机为主要工具的会计信息处理系统,这个系统与手工会计处理系统的主要差异是:手工会计信息系统的主要处理工具是计算器、算盘等,电算化会计信息系统的主要处理工具是计算机和网络等,主要处理工具的转变导致会计电算化信息系统的基本组成与手工会计处理系统相比有所不同,会计电算化信息系统的基础组成主要有硬件、软件、运行规程及管理制度和人员等。

### (一)硬件

硬件是指计算机输入设备、处理设备、存储设备、输出设备、网络及通信设备。

输入设备包括键盘、扫描仪等,处理设备包括计算机主机等,存储设备包括光盘机、磁盘机等,输出设备包括显示器、打印机等。硬件的作用是实现数据的输入、加工处理、输出等一系列根本性的操作。计算机硬件设备的不同组合方式构成了不同的硬件体系结构,同时也决定了计算机的不同工作方式。硬件体系结构主要有单机结构、多机结构和网络结构三种。

(二) 软件

会计电算化信息系统的软件包括系统软件、通用应用软件及财务软件。在这里只介绍会计电算化信息系统最重要的部分,即财务软件。财务软件是指专门用于完成会计工作的计算机软件,会计人员利用会计软件完成会计核算、财务分析以及预测、决策等工作。财务软件可以按照不同的标准分类,按照提供信息的层次可分为核算型财务软件、管理型财务软件和决策性财务软件;按照适用范围可分为通用财务软件和定点开发财务软件;按照行业可分为工业企业财务软件、商业企业财务软件、行政事业单位财务软件等;按照是否在软件市场上销售可分为商品化财务软件和非商品化财务软件;按照所需计算机环境可分为单用户财务软件和多用户(网络)财务软件。

(三) 运行规程及管理制度

运行规程及管理制度主要包括政府的法令条例和基层单位关于会计电算化工作中的各项具体规定。

1989年,我国财政部制定了《会计核算软件管理的几项规定(试行)》,要求财政部门加强对商品化软件的管理。1994年6月,我国财政部发布了全国性的三个会计电算化管理规章:《会计电算化管理办法》、《商品化会计核算软件评审规则》和《会计核算软件基本功能规范》。1996年,财政部又发布了一个管理规章《会计电算化工作规范》。1998年6月,中国软件行业协会财务及企业管理软件分会编制了《财务软件数据接口标准98——001号》,在一段时间内起到了一定的规范作用。2002年,上海市质量技术监督局发布了《信息技术会计核算软件数据接口规范》,在该区域应用。2004年,为使会计软件数据接口能在更大范围执行和应用,满足财务软件和其他软件的发展要求,审计署、财政部、国家标准化委员会制定并发布了《信息技术——会计核算软件数据接口》国家标准。该标准对财务软件规定了统一的数据输入、输出的内容和格式。这一标准的发布,无疑推动了整个财务软件业的发展。

(四) 人员

由于会计电算化信息系统是建立在信息技术基础之上的,因此人员较手工会计的人员要求要高。人员主要分为两类：系统开发人员和系统操作人员。

## 三、会计电算化信息系统的功能结构

### （一）会计电算化信息系统的功能

会计电算化信息系统具有三种功能（职能）：核算职能、管理职能和决策职能。相应地，按职能可以将会计电算化信息系统划分为三个子系统：会计核算信息子系统、会计管理信息子系统和会计决策信息子系统。各功能划分如图1.1所示。

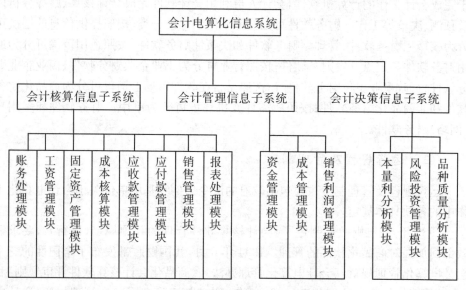

图1.1　会计电算化信息系统的功能结构

**1. 会计核算信息子系统**

会计核算信息子系统的主要任务是进行会计核算，反映企业经营活动情况，处理具体经济业务，代替手工劳动。该子系统一般分为账务处理、工资核算、材料核算、固定资产核算、成本核算、销售核算、应收款核算、应付款核算及报表处理等模块。

**2. 会计管理信息子系统**

会计管理信息子系统的主要任务是进行会计管理，监督企业经营活动。该子系统一般分为资金管理模块、成本管理模块和销售利润管理模块等。

**3. 会计决策信息子系统**

会计决策信息子系统的主要任务是进行会计决策，参与企业经营管理，辅助决策者作出决策。该子系统一般分为量本利分析模块、风险投资管理模块、品种质量分析模块等。

在上述会计电算化信息系统的三个子系统中,会计核算信息子系统是会计电算化信息系统的基础,只有会计核算信息子系统输出的会计信息是正确可靠的,才能保证会计管理信息子系统和会计决策信息子系统得到正确的结论。下面重点说明会计核算信息子系统功能(职能)模块划分、基本原则以及各功能模块之间的数据传递。

**(二) 会计核算信息子系统功能(职能)模块划分的基本原则**

**1. 高内聚度低耦合度原则**

会计核算信息子系统功能(职能)模块划分,需遵循高内聚度低耦合度原则。在设计会计核算软件时,应该尽量把联系密切的功能放在一个功能模块中,一个功能模块内各个功能联系密切则其内聚度越高,即尽量做到高内聚度;尽量把联系不密切的功能放在不同的功能模块内,减少各个模块之间的联系,模块之间联系越少,耦合度越低,即尽量做到低耦合度。这样能够使软件子系统之间的数据接口简单明了。

**2. 通用性原则**

会计核算信息子系统功能(职能)模块划分,有助于提高软件系统的通用化程度。在设计软件时,应该尽量把能够通用的功能模块和相关的子模块作独立化处理,使软件通用范围扩大。

**3. 符合会计核算基本要求原则**

会计核算信息子系统功能(职能)模块划分,不能脱离会计核算和财务管理工作的基本要求和习惯,不能仅仅从软件开发的角度来考虑功能模块的划分,而应该以软件系统的各项核算职能为基础。

**4. 以账务处理子系统为中心原则**

会计核算信息子系统功能(职能)模块无论如何划分,如果没有账务处理模块,则软件系统就不完整。因为账务处理模块的特点决定了其他功能模块必然要同账务处理模块之间发生直接或间接的数据联系。

**(三) 会计核算信息子系统各功能模块之间的数据传递**

会计核算信息子系统可以分解为若干个功能模块,各个功能模块之间相互作用、相互依赖,共同完成会计核算工作目标。各功能模块之间的关系主要表现为数据传递,即一个功能模块的数据输出作为另一个功能模块的数据输入。当各个功能模块单独使用时,各功能模块所需的会计核算数据需要通过手工方式从键盘录入到计算机中,而不能利用其他模块输出的核算数据,此时数据录入工作量大、重复录入现象严重,软件系统使用效率不高。当多个功能模块同时使用时,必须将功能模块之间的数据联系弄清楚,尽量使系统各模块之间共享数据,减少多重录入、录入工作量大、数据不能共享、使用效率低等弊端。

**1. 会计核算信息子系统各功能模块之间传递的主要数据**

下面以制造企业会计核算子系统为例,说明各个功能模块之间的主要数据联系,如图1.2所示。

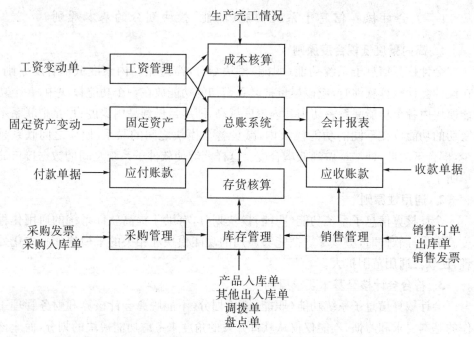

**图1.2 会计核算信息子系统各功能模块之间主要数据联系**

从图1.2中可以看出,第一,有些功能模块只向其他模块提供数据,如工资核算模块、销售核算模块等功能模块。在设计软件系统时,必须考虑这些功能模块之间的数据接口。第二,有些功能模块既接受其他模块传递来的数据,又向其他模块传递数据,它们与其他功能模块之间的数据联系称为双向数据联系。例如账务处理模块,可见账务处理模块是会计核算信息子系统的核心模块。第三,有些功能模块只接收其他模块传递来的数据,而不向其他模块提供数据,例如报表处理模块。只接收或只提供数据的功能模块与其他功能模块之间的数据联系称为单向数据联系。

**2. 会计核算信息子系统各功能模块之间数据传递的实现方法**

会计核算信息子系统各功能模块之间数据传递的实现方法如下:首先由工资

核算模块、固定资产核算模块、销售核算模块、成本核算模块、应收款核算模块、应付款核算模块定义、生成机制转账凭证,然后传递到账务处理模块,通过记账、结账,形成各种总分类账、明细分类账、序时账簿等,最后在报表处理模块定义好各种单元公式、审核公式、舍位平衡公式,实现从账务处理模块自动取数计算生成相关报表,如资产负债表、利润表。

## 第四节 会计电算化信息系统的建设与管理

建设会计电算化信息系统,是会计工作的发展方向,是促进会计基础工作规范化以及提高经济效益的重要手段和有效措施。同时,会计电算化信息系统的建设又是一项系统而复杂的工程,会计电算化信息系统的建设绝非一朝一夕就能完成的。企事业单位的会计电算化信息系统需要大量人力、财力、物力的投入,如果不能科学地实施,可能会导致巨大的浪费,甚至达不到实施目标而失败。

### 一、会计电算化信息系统的实施准备

(一)会计电算化信息系统工作组织的建立

为了确保会计电算化信息系统工作的顺利实施,必须建立专门的组织来负责领导和具体实施工作,这个专门的组织通常由会计电算化领导工作小组和会计电算化实施小组构成。

**1. 会计电算化领导工作小组**

会计电算化是一项复杂的系统工程,涉及单位内部各个方面,并需要单位的人力、物力、财力等多项资源支持,各单位负责人或总会计师应当亲自领衔建立会计电算化领导工作小组,组织领导全单位的会计电算化实施工作,并主持拟定本单位会计电算化工作规划,协调各部门共同搞好会计电算化工作。

会计电算化领导工作小组的主要任务是:

(1)统一安排、全面部署会计电算化工作,制定中、长期发展计划与目标及远景规划;

(2)对实施计划的执行情况定期检查;

(3)组织电算化会计信息系统的建立;

(4)及时协调各方面的工作;

(5) 建立会计电算化内部管理制度；
(6) 组织财务人员接受会计电算化培训教育；
(7) 确保会计电算化系统投入运行；
(8) 督促指导基层单位，实施与加强电算化后的微观工作。

为确保会计电算化项目的顺利实施，项目领导小组应定期召开会议，以商讨会计电算化实施进程中出现（或可能出现）的问题，并制定应对措施。

**2. 会计电算化实施小组**

各单位的财务会计部门是会计电算化工作的主要承担者，在各部门的配合下，财务会计部门负责和承担会计电算化的具体组织实施工作，负责提出实现本单位会计电算化的具体方案。

实施小组的主要任务是：
(1) 制定会计电算化实施计划；
(2) 报告计划执行情况；
(3) 合理配置资源；
(4) 组织会计电算化工作的具体实施工作；
(5) 改变重要决定及制定政策。

## (二) 会计电算化信息系统实施工作规划与工作计划

**1. 会计电算化信息系统实施工作规划**

会计电算化信息系统的应用是一个长期的过程，在会计电算化信息系统实施之前，统筹安排和规划企业会计电算化信息系统的实施工作，是会计电算化信息系统顺利工作、健康发展的重要前提保证。会计电算化信息系统的实施工作规划主要包含以下几方面的内容。

(1) 确定总体目标

根据企业发展的总目标，并结合企业硬件、软件、财力、人力、国家方针政策确定会计电算化的总目标，并明确会计电算化信息系统总体实施要求。

(2) 确定会计电算化信息系统软件的取得方式

企业根据自身的实际情况确定会计电算化信息系统应用软件的取得方式。取得方式一般有自行开发、委托开发、联合开发、外购商品化软件等几种方式。

(3) 确定会计电算化信息系统的总体结构

根据企业实际情况，确定会计信息系统的总体结构，划分各子系统，并确认它们之间的联系。

同时需要注意的是，会计电算化信息系统要与企业管理信息系统总体结构相适应，会计信息系统内部具体功能分解，要与现行功能尽可能一致，要考虑各子系统的内部联系,要考虑功能改进措施。

(4) 确定会计电算化信息系统实现顺序

企业开展会计电算化信息系统工作,可根据本单位的具体情况,按照循序渐进、逐步提高的原则进行,比如,可先实现账务处理、报表编制、工资核算等工作电算化,然后实现应收/应付账款核算、固定资产核算、存货核算、成本核算、销售核算等工作的电算化,再进一步实现财务分析和财务管理工作电算化;在技术上,可先采用微机单机运行,然后逐步实现网络化;也可以根据单位实际情况,先实现工作量大、重复劳动多、见效快项目的电算化,然后逐步向其他项目发展。会计电算化实现原则有:以总体结构为基础;按照数据处理的先后顺序,先基础,后扩充;优先考虑当前手工业务处理工作量大、加工方法严格和存在问题的薄弱环节;考虑企业的人员、资金、技术、基础工作等客观条件。

(5) 明确硬件与软件配置

企业可根据实际情况和财力状况,选择与本单位会计电算化信息系统工作规划相适应的计算机机种、机型和系统软件及有关配套设备。实行垂直领导的行业、大型企业集团,在选择计算机机种、机型和系统软件及有关配套设备时,应尽量做到统一,为实现网络化打好基础。

(6) 确定会计电算化信息系统管理体制及组织机构

企业应根据工作需要,建立健全包括会计电算化信息系统岗位责任制、会计电算化信息系统操作管理制度、计算机硬软件和数据管理制度、会计电算化信息系统档案管理制度的会计电算化信息系统内部管理制度,保证会计电算化信息系统工作的顺利开展。

(7) 编制人员培训计划

人员培训计划的主要内容有:各类培训人员的数量、培训要求、培训方式、培训时间。人员培训方式有:从院校或外单位接收;原有人员培训。

(8) 安排费用预算及资金来源

安排预算应全面考虑,不仅考虑硬件费用,还应考虑软件开发、人员培训及运行维护费用。预算内容主要包括:硬件费用、软件费用、人员培训费用、基础费用、运行维护等费用。预算资金来源主要有:单位自筹、银行贷款等。

**2. 会计电算化信息系统实施工作计划**

会计电算化信息系统工作规划只是实施会计电算化信息系统工作的一个纲领性文件,操作性不强。为保证会计电算化信息系统工作的顺利进行,必须将会计电算化信息系统工作规划进一步细化,层层分解,制定出具体可行的实施工作计划,并在实施过程中根据计划进行考核。

实施工作计划是实施小组的日常行为准则,是制定各阶段详细计划的依据,其内容包括：实施阶段的划分；各阶段的时间分配；具体工作内容；应配备的资源；阶段目标及应提交的工作成果等。

## 二、会计电算化信息系统的实施

### （一）计算机系统的配置

计算机系统配置主要包括计算机硬、软件配置。计算机系统配置是实现会计电算化的重要物质基础，企业可根据实际情况和发展目标，投入一定的财力，以保证会计电算化信息系统实施工作的正常进行。

**1. 计算机系统配置原则**

系统配置应以用户当前需要为基准，以应用软件为重点，配置的服务器和系统软件应满足用户应用的需求，从而实现最佳的整体系统性能。系统配置应突出以下原则：

（1）先进性和成熟性的结合

计算机技术仍处于飞速发展时期，组建计算机应用环境时，为避免落后和在过短时期内升级，必须考虑选型的先进性和成熟性。先进性表现在选择先进的技术和软硬件设备，但是技术和设备都必须是成熟的，以避免被淘汰的风险。

（2）稳定性和安全性

随着计算机应用水平的提高，用户的工作会在一定程度上依赖稳定的计算机环境，因此系统的稳定性和安全性是提高效率和避免损失的保证。稳定性表现在网络的稳定连接、计算机的稳定运行和软件的稳定使用；安全性既包括防止被破坏和对信息的保密，也包括系统数据的安全性。

（3）开放性

开放性使系统本身具有很强的生命力，开放性所带来的灵活性和适应能力可以大大降低用户的维护和升级费用。

（4）可管理性

可管理性是指系统可管理能力强且易于管理。对系统的管理包括网络资源、用户以及使用应用软件的管理。系统的可管理性一方面可以提高系统管理的效率，另一方面，也可使用户降低在维护方面的开销。

（5）整体性能和性能价格比

在系统的软、硬件配置方面，必须考虑系统的整体性能，如网络宽带的配置应以满足传输要求为基础；同时，一个好的系统配置必须有好的性能价格比。

**2. 计算机系统资源配置**

（1）硬件设备的配置

硬件设备的配置主要指主机、显示器、外部设备、通讯设备、网络设备、办公自动化设备和接口设备等的选择和配置。硬件设备配置的合理性意味着能以最少的人、财、物较好地完成系统功能。

(2) 软件的配置

软件的配置包括系统软件的配置和应用软件的配置。

系统软件是由支持应用程序的一些计算机程序组成,系统软件的不配套会影响系统的运行及各项工作的进展。

应用软件是为解决某类应用问题而专门编制的程序,这类程序要得到系统软件的支持才可以正常工作。在会计电算化信息系统环境下,应用软件的配置主要包括办公自动化软件及其他工具软件的配置。

(二) 会计软件系统的配置

配备会计软件是会计电算化信息系统的基础工作,会计软件的好坏对会计电算化的成败起着关键性作用;同时,配备会计软件要与计算机硬件配置相适应,企业可逐步从微机单用户会计软件向网络会计软件、客户/服务器会计软件发展。配备会计软件主要有选择通用会计软件、定点开发、通用与定点开发相结合三种方式,企业应根据实际需要和自身的技术力量,选择配备会计软件的方式。

企业在开展会计电算化的初期,应尽量选择通用会计软件,选择通用会计软件投资少、见效快,在软件开发或服务单位的协助下易于应用成功;但选择通用会计软件应注意软件的合法性、安全性、正确性、可扩充性和满足审计要求等方面的问题,还应注意软件服务的便利性问题。

定点开发会计软件包括本单位自行开发、委托其他单位开发和联合开发三种形式。大中型企业、事业单位会计业务一般都有其特殊需要,在取得一定的会计电算化经验以后,也可根据实际工作需要选择定点开发的形式开发会计软件,以满足特殊需要。

部分需要选用国外会计软件的外商投资企业或其他单位,可选用通过财政部评审的国外商品化会计软件。

(三) 会计基础工作的完善

在实际会计工作中,不少手工会计核算随意性大,会计业务处理程序极其不规范,甚至有些账户一直都不平衡。在会计电算化系统中,是绝不允许出现这些问题的,因此,企业在实现会计电算化之前,必须做好会计基础完善工作。通过会计基础的规范化工作,可对以前会计工作进行全面清理,彻底解决遗留问题,为正确实施会计电算化信息系统做好准备。

**1. 会计核算业务的整理**

在手工核算条件下，一些单位，特别是会计基础工作较差的单位，会计工作规范化较差，账、证、表格式和内容混乱，核算方法、程序不统一，同一类业务，不同的人做法不完全相同，而且不符合要求。会计软件不提供某一具体核算的不规范处理方法，并且商品化会计核算软件的功能，相应的处理过程、方法和有关约定、要求都是在软件研制时就规定好的。因此，在系统试运行之前，应整理本单位会计核算业务，使之适应计算机处理的需要。

**2. 记账方法、程序的确定**

目前，手工核算方式一般有记账凭证记账程序、日记账记账程序、科目汇总表记账程序、汇总记账凭证记账程序等几种形式。采用计算机处理之后，业务量大小已不是主要矛盾，因此，计算机内没有必要沿用手工记账程序记账，没有必要对记账凭证进行汇总或科目汇总，依据记账凭证直接登记明细账、日记账，然后登记总分类账。有的商品化软件可提供记账方法的选择，有的只能适应某一种记账方法。无论怎样，在系统试运行之前，要确定好记账方法和记账程序。

**3. 科目编码方案的确定**

商品化会计核算软件一般都对会计科目编码作原则规定，并允许各单位根据自身需要进行设置。因此软件使用前需确定本单位会计科目体系及其编码。在会计电算化条件下，会计科目设置既要符合会计制度的规定，又要满足本单位会计核算和管理要求，同时还要考虑该商品化软件对会计科目编码的规定。

**4. 账、证、表的规范化**

保证凭证编号方式、凭证摘要与凭证内容符合会计软件给出的方式；在会计核算软件使用前，要确定哪些明细账为数量金额式，哪些为三栏式、多栏式。如果软件不提供多种账簿格式的选择，同时核算又需要多种格式，则应进行二次开发，或设立辅助明细账以弥补软件功能不足；明确各种会计报表的制表格式、列表元素和尺寸等，以规范电算化系统的数据输入和输出内容及格式。

**5. 核对、整理、清理各类凭证和账簿，做到账证相符、账账相符、账实相符**

完成各种对账工作，保证本单位的会计数据在核对后账账相符、账实相符，为各种会计数据在进入电算化系统前的准确性提供保障；对账户里记录的金额、摘要、备注进行清理及核对，对账户结构进行整理，以确保本单位的会计结构科学、合理；将本单位的往来账户进行整理，将银行账户与银行对账单进行核对，并查清未达账项的原因；在试运行前对往来账户与银行账户进行清理，以保证电算化系统中此类账户初始数据的准确性。

**6. 规范会计核算方式**

主要是要求单位财务工作的组织形式科学，核算次序明确，先做和后做的工作统一安排；对成本的核算应根据实际情况明确核算方法。

(四) 会计电算化信息系统的试运行

会计软件实施一般需要经过试运行、申请甩账和正式运行三个阶段。只有软件试运行与手工处理得到一致的会计数据，并且经过甩账审批单位批复后，才能够进入软件的正式运行阶段。

**1. 会计软件的试运行阶段**

(1) 会计软件试运行的主要任务

会计软件试运行又称做人机并行，是手工和计算机核算并行以共同完成会计核算工作和管理工作的过渡阶段，是会计软件正式使用前的测试阶段。会计软件试运行阶段的主要任务是实现计算机核算结果与手工核算结果的一致，建立相应的会计电算化信息系统制度，同时向有关部门申请批准计算机代替手工记账。

(2) 会计软件试运行注意的问题

会计软件试运行过程中，应当注意如下几个问题。

① 测试会计软件各个功能模块时应注意：账务处理模块的测试，着重检查输入过程中的错误以及结账数据的正确性；固定资产模块的测试，着重检查折旧的提取口径和正确性；材料模块的测试，着重检查材料收入或发出后软件能否按金额与数量分别处理以及处理是否得当；成本模块的测试，着重检查软件能否顺利执行成本核算方案以及成本还原能否达到满意效果；工资模块的测试，着重检查软件能否正确计提和分配工资；报表模块的测试，着重检查软件能否正确生成单位所需的各种会计报表。

② 分析会计电算化信息系统的核算质量与手工核算质量。会计软件试运行是人机并行，两者核算结构的理想状态应该是一致的。但并行的结构往往是不一致的，不一致的原因需要分析。如果是由于计算机的核算精度比手工核算高造成的，例如在计算生产成本、销售成本、税金、利润时，精度不同就会造成两者结构出现差异，这种差异从管理上看是合法合理的，就可以认为试运行通过。如果是其他不合法不合理的原因造成的差异，那么意味着试运行失败，需要改进后再进入下一次的试运行。

③ 在开始试运行工作之初，一般是以手工核算为主，计算机核算为辅。而随着试运行阶段的时间推移，电算化人员对会计软件的操作逐步熟练起来，工作重点应当逐步转移到计算机核算上，即以手工核算为辅，以计算机核算为主，为试运行阶段结束后进入会计软件的正式运行阶段做准备。

④ 在试运行过程中，对于出现的各种问题应当进行认真仔细的分析，并采取必要的措施予以解决。如果使用的是商品化会计软件，对于出现的软件问题，应当

向软件提供商提出。如果是自行开发的会计软件,对于出现的软件问题,应当与软件开发人员磋商寻求最佳解决方案。

⑤ 会计软件试运行的时间最少为三个月,一般不超过六个月。为了能够全面、准确地测试会计软件,最好选择第四季度的全部业务作为试运行数据,因为会计业务在接近年底时较为全面,数据量也比较大,这样有利于下一年的软件正常运行。

**2. 申请甩账阶段**

根据制度规定,单位进行会计软件试运行后与手工处理取得完整的一致的会计数据,还必须经审批单位审批后,才能够以计算机替代手工记账,即甩账。

甩账程序主要分为下面几步:第一,由甩账单位向审批单位提出申请。第二,由审批单位审核申请甩账单位的甩账资格。第三,申请甩账单位在得到审批单位同意甩账的批复后,就可以甩掉手工账的工作,进行会计软件正式运行阶段。

**3. 会计软件的正式运行阶段**

会计软件的正式运行说明手工会计信息系统下重复繁重的会计记账、结账工作以及编制会计报表工作开始由计算机来完成,会计人员解放出来可以真正做一些预测、决策等管理工作,这一阶段的主要工作内容如下:

(1) 根据会计软件的要求,首先在计算机上完成各项初始化工作,如设置操作人员的角色与权限,建立本单位账套,设置单位内部部门档案及职员档案,设置单位的客户、供应商以及存货分类情况及其档案信息,设置开户银行信息与结算方式等。

(2) 日常记账凭证的输入工作。目前我国会计软件的工作起点一般是从记账凭证的输入开始,输入记账凭证时可以直接根据原始凭证输入,不熟练的人员也可以将原始凭证手工制成记账凭证后再输入。

(3) 记账凭证的审核和修改工作。记账凭证输入到计算机,由具有审核凭证权限的人员审核确认后方可进行记账。记账凭证的修改要视错误情况而定,分为有痕迹修改和无痕迹修改两大类。

(4) 完成各种核算,建立相应的财务数据。会计软件一般都提供辅助核算功能,从而扩大了会计核算的广度。例如客户辅助核算、部门辅助核算、供应商辅助核算等扩展了手工核算方式下不容易完成的内容。

(5) 由具有记账权限的人员将记账凭证数据登记到机内账簿,机内账簿有日记账、总分类账、明细分类账、各种辅助账簿等。在电算化方式下,记账自动化使工作效率显著提高,一个人可以同时在短时间内记数本账,一般短则数秒、长则数分钟就可以将全部账簿登记完成。

(6) 输出各种会计数据资料。输出主要有两种方式:可以随时在屏幕查询输出,也可以随时通过打印机将各种记账凭证、账簿、报表打印输出。输出的会计数据资料能够为本单位的其他部门和单位管理人员提供数据资料。

(7) 由具有结账权限的人员进行结账。在手工核算方式下,凡到期末结账时,会计人员就需要加班加点,工作辛苦,效率低下。在电算化方式下,只要输入到计算机中的原始数据正确无误,那么结账工作也实现了自动化,一般短则数秒、长则数分钟就可以准确无误地结算出全部账户的本期发生额及期末余额。

(8) 编制和输出各种报表。各种会计报表只要事先定义好格式及公式,那么随时可以快速自动生成。各种正版的商品化会计软件全部提供打印功能,报表生成后,可以按照规定格式打印输出,有条件的通过网络报送。

(五) 会计电算化信息系统工作人员配备及培训

建设会计电算化信息系统,人才是关键。只有使会计人员普遍掌握会计电算化的基础知识与操作技能,建设会计电算化信息系统才能有保障。

**1. 应用人员培训状况**

为培养会计电算化人员,普及会计电算化知识,1995年4月财政部颁布了《会计电算化知识培训管理办法》。该办法把会计电算化知识培训分为初级、中级和高级三个层次,而且对每个层次的培训目标、培训教材、教学软件、师资力量以及考核方式等都做了明确规定,这是我国各级部门、各个地区开展会计电算化知识培训的主要依据。

会计电算化培训主要有正规教育、委托培养和在职短期培训三种形式。正规教育培训周期长,培养的人员数量少。委托培养也是正规培养的一种,只是生源不同而已,一般是培养基础单位的业务骨干。在职短期培训是培养在职人员的主要方式。

**2. 会计电算化信息系统人员的工作职责和知识结构**

会计电算化信息系统人员一般可分为三大类:开发人员、应用人员和管理人员。

会计电算化信息系统的开发人员主要负责完成会计软件的开发工作,可分为系统分析员、系统设计员、系统程序员和系统测试员等。会计电算化信息系统的应用人员主要负责电算化系统的使用和维护,可分为操作员、软件维护员和硬件维护员等。会计电算化信息系统的管理人员主要从事会计电算化的组织协调工作,领导基层会计电算化工作的正常开展。

(六) 会计电算化信息系统的维护管理

会计电算化信息系统维护管理是为了使会计电算化系统适应环境和其他因素

的变化,当会计电算化系统发生故障或局部不理想的时候,及时地进行维修和改进,以保证会计电算化系统正常工作,以满足用户对系统的要求。维护管理具体有系统运行情况记录、系统运行的日常维护及系统的适应性维护等工作。

**1. 系统运行情况记录**

从每天工作站点计算机的打开、应用系统的进入、功能项的选择与执行,到下班前的数据备份、存档、关机等,按要求来说都要就系统软硬件及数据等的运作情况做记录。运行情况有正常、不正常与无法运行等,对后两种情况应将所见的现象、发生的时间及可能的原因做尽量详细的记录。系统运行情况的记录应事先制定尽可能详尽的规章制度,具体工作主要由使用人员完成。系统运行情况无论是自动记录还是人工记录,都应作为基本的系统文档长期保管,以备系统维护时参考。

**2. 系统运行的日常维护**

系统的日常维护包括硬件维护与软件维护两部分,其中软件维护是会计电算化信息系统中最重要的方面。目前的统计资料表明,软件系统生命周期各部分的工作量中,软件维护的工作量一般占70%以上,因此,单位应加强对软件维护工作的管理,以保证软件故障及时得到排除,保证软件及时满足企业财务管理工作的需要。

**3. 系统的适应性维护**

企业是社会环境的子系统,为适应环境,为生存与发展,企业也必然要做相应的变革。从技术角度看,一个会计电算化信息系统不可避免地存在一些缺陷与错误,它们会在运行过程中逐渐暴露,为使系统始终正常运行,所暴露出的问题必须及时地予以解决。为适应环境的变化及克服本身存在的不足对系统作调整、修改与扩充即为系统的适应性维护。

系统的适应性维护是一项长期的、有计划的工作,并以系统运行情况记录与日常维护记录为基础。系统的适应性维护应由会计电算化领导小组负责,指定专人落实。为强调该项工作的重要性,在工作条件的提供上及工作业绩的评定上应与系统的开发同等看待。

**(七) 会计电算化信息系统运行审查**

由于会计电算化信息系统实施阶段存在的时间压力等原因,一些业务需求往往没来得及提出,或者由于企业发展、管理和业务流程的变化,需要对会计电算化信息系统运行进行审查。审查内容主要包括年度审查、技术审查及应用审查。

**1. 年度审查**

年度审查在会计电算化信息系统实施完成后的6~12个月进行。审查工作主要是帮助用户充分用好已运行的软件;让用户了解该软件系统在功能与技术上的最新发展;帮助用户应用软件系统功能以适应业务需求的变化;同时指出当前系统应用中的不足之处,并帮助用户更新以前的文档。

**2. 技术审查**

技术审查由软件开发商的技术专家执行审查,主要包括操作规程(如夜间运行、数据备份与恢复、升级管理与安全管理等)、系统运行指标、数据维护、技术维护人员的知识更新和改进版本的技术特性等。

**3. 应用审查**

应用审查由软件应用专家执行审查,主要包括与关键用户的交流,了解系统运行情况,确定会计电算化系统运行或业务处理过程的不足之处,审阅报表及帮助企业提高业务处理能力。

## 三、会计电算化信息系统内部管理制度的建立

### (一) 会计电算化信息系统内部管理制度概述

实现会计电算化,不仅使会计核算手段发生了重大变化,而且还改变了许多手工管理的习惯和方法。针对会计电算化信息系统工作的特点,内部会计管理制度的内容必须进行相应的调整,才能适应实行会计电算化信息系统后的新情况。

会计电算化信息系统内部管理制度是根据国家有关法规、制度的规定,结合本单位实际而制定的会计软件操作、管理办法,是对已建立的会计电算化信息系统进行全面管理的安全保证,是保证单位会计工作和会计电算化工作有序进行的重要措施。开展会计电算化的单位应根据工作需要,建立健全包括会计电算化信息系统岗位责任制、会计电算化信息系统操作管理制度、计算机硬软件和数据管理制度、会计电算化信息系统会计档案管理制度在内的会计电算化信息系统内部管理制度。

### (二) 会计电算化信息系统岗位责任制度的建立

建立会计电算化信息系统岗位责任制,就是要明确每个工作岗位的职责范围,切实做到事事有人管,人人有责任,办事有要求,工作有检查。会计电算化信息系统的工作岗位可分为基本工作岗位和电算化会计岗位。电算化会计工作岗位通常包括电算化主管岗位、软件操作岗位、审核记账岗位、电算维护岗位和数据分析岗位等。

### (三) 会计电算化信息系统操作管理制度的建立

操作管理主要是指对会计电算化信息系统日常操作、运行过程的控制和管理工作。建立健全操作管理制度并严格实施,是系统安全、有效、正常运行的保证,也是操作管理体制的具体体现。操作管理制度主要内容如下。

**1. 操作人员持证上岗**

系统所有操作人员必须经过会计电算化知识培训,培训合格持有电算化证书方可上岗。

**2. 操作人员的操作权限**

通常由账套主管或系统管理员为每个操作人员设置使用期限和初始操作密码,操作人员只能按照特定的权限进行操作。

**3. 操作规程**

操作人员的登录密码应该注意保密,不能随意泄露,操作人员必须严格按照操作权限、操作步骤和操作方法进行操作。

### (四) 计算机硬件、软件和数据管理制度的建立

硬件、软件管理制度主要包括以下内容。

**1. 保证机房设备安全和电子计算机正常运行的措施**

单位要经常对有关设备进行保养,保证系统工作环境的整洁,保证机房设备安全,防止意外事故的发生。

**2. 会计数据和软件安全的措施**

为确保会计数据和会计软件的安全,防止对会计数据和会计软件的非法修改和删除,操作人员每次上机完毕,应当及时做好各项会计数据备份工作;对在用的会计核算软件进行修改、对通用会计软件进行升级和对计算机硬件设备进行更换等工作,要有一定的审批手续;在软件修改、升级和硬件更换过程中,要保证会计数据的连续和安全,并由有关人员进行监督;对于需要通过磁性介质存储的数据要做好双备份以防发生意外;系统维护人员负责会计软件的维护工作,及时排除故障,确保系统的正常运行;系统维护人员必须按照有关的维护规定进行操作,除了系统维护人员之外,其他人员不得直接打开数据库文件进行操作。

**3. 修改会计软件的审批和监督制度**

会计软件确实需要修改,系统维护人员必须写出书面申请,经过单位领导审批后,在会计电算主管等相关人员的监督下方可进行修改。

### (五) 会计电算化信息系统档案管理制度的建立

会计电算化档案包括存储在计算机中的会计数据(以磁性介质或光盘存储的

会计数据)和打印在纸介质上的书面形式的会计数据。会计电算化信息系统档案管理制度主要包括以下内容。

**1. 会计档案保管期限**

存储在计算机中的会计数据,是会计电算化情况下新的会计档案形式,作为会计档案保存,其保存期限、归档时间、保管期满销毁等手续制度,同《会计档案管理办法》中规定的相应会计数据(书面形式的会计账簿、报表)一致。

**2. 磁性介质档案的保存方法**

对磁性档案需要进行定期检查、定期复制,防止因磁性介质损坏而使会计档案丢失。保管时不仅做好防火、防潮、防虫蛀、防霉烂、防盗等工作,还需要做好防磁、防尘等工作。双备份的重要会计档案需要存放在不同的地点,最好是分别存放在不同的建筑物内。

**3. 磁性介质会计档案保密措施**

磁性介质会计档案的保管实行权限分割制度,系统操作人员和程序开发人员不得兼任会计档案保管工作;会计档案不得随意堆放,严防毁损、散失;会计档案未经领导同意,不得外借和拿出单位。经领导同意借阅会计资料,应该履行相应的借阅审批登记手续,经手人必须签字记录。存放在磁性介质上的会计资料借阅归还时,还应该认真检查病毒,防止感染病毒。

**4. 会计软件的文档和程序**

不论自行开发的会计软件,还是购买的商品化会计软件,软件的全套文档以及会计软件程序,视同会计档案保管。保管期截止于该软件停止使用或有重大更改之后的五年。

# 第二章 系统管理与企业应用平台

## 第一节 系统管理

### 一、系统管理概述

用友网络会计软件由多个产品组成,各个产品之间相互联系,数据共享,完整实现财务、业务一体化管理。在财务业务一体化应用模式下,系统管理(系统服务)为各子系统运行提供一个公共平台,对整个系统的公共任务进行统一管理,如企业账套的建立、修改、删除和备份,操作员的建立和权限的分配等,其他任何产品的独立运行都必须以此为基础。

(一)系统管理的功能

**1. 对账套进行管理**

账套指的是一组相互关联的数据。一般来说,可以为企业中每一独立核算的单位建立一个账套。账套管理包括建立账套、修改账套、引入和输出账套等。

**2. 对年度账进行管理**

年度账与账套是两个不同的概念,一个账套中包含了企业所有的数据。把企业数据按年度划分,称为年度账。一个账套可以拥有多个年度的年度账。年度账管理包括建立年度账,清空年度数据,引入、输出年度账和结转上年数据等。

**3. 对系统操作员及操作权限的集中管理**

对系统操作员及权限的集中管理包括定义操作员角色、设定系统用户和分配权限。

**4. 设立统一的安全机制**

设立统一的安全机制包括查看运行状况,清除异常任务,清除单据锁定,管理上机日志等。

（二）系统管理的操作流程

系统正确安装完毕后,必须按照正确的操作流程才能准确及时地完成各项系统管理操作,一般操作流程是:安装系统→启动系统管理→增加操作员→建立账套→设置操作员权限→启动其他系统。

## 二、启用和退出系统管理

启用系统管理就是注册登录到系统管理模块,使用系统管理模块所提供的功能。鉴于系统管理模块在整个会计信息系统中的地位和重要性,对系统管理模块的使用系予以严格控制。系统只允许以两种身份注册进入系统管理:一是以系统管理员的身份,二是以账套主管的身份。首次启用该模块时,由于系统中尚未设置其他用户,所以必须以系统管理员（Admin）的身份登录。

（一）以系统管理员的身份注册登录系统管理的步骤

**1. 启动系统管理**

选择【开始】|【程序】|【用友 ERP-U8 院校专版】|【系统服务】|【系统管理】命令,如图 2.1 所示,打开"用友 ERP-U8——系统管理"窗口,如图 2.2 所示。

图 2.1　启动系统管理

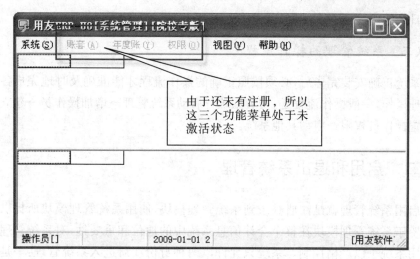

图 2.2 "系统管理"窗口

**2. 登录系统管理**

**操作步骤**

(1) 在"系统管理"窗口,选择【系统】|【注册】命令,打开登录对话框,如图 2.3 所示。

(2) 输入服务器,此处为默认;输入操作员名称"Admin";密码:(空)。选择系统默认账套(default),单击【确定】按钮,以系统管理员身份进入系统管理。

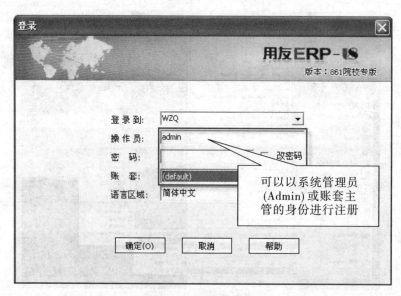

图 2.3 "登录"窗口

系统管理员进入系统后,有权建立新的账套并为其设置账套主管和一般操作员。如果系统中已经建立了账套,并为之设置了账套主管或其他操作员用户,则可以在图2.3所示的系统管理界面中,以账套主管的身份进行系统管理的操作。

系统管理员或账套主管登录后显示的"系统管理"界面分为上下两部分,如图2.4所示。上面部分列示的是正登录到系统管理的各系统名称、运行状态和注册时间,下一部分列示的是各系统中正在执行的功能。查看时,用户可在上一部分用鼠标选中一个子系统,下一部分将自动列示出该子系统中正在执行的功能。这两部分的内容都是动态的,它们将根据系统的执行情况而自动更新变化。

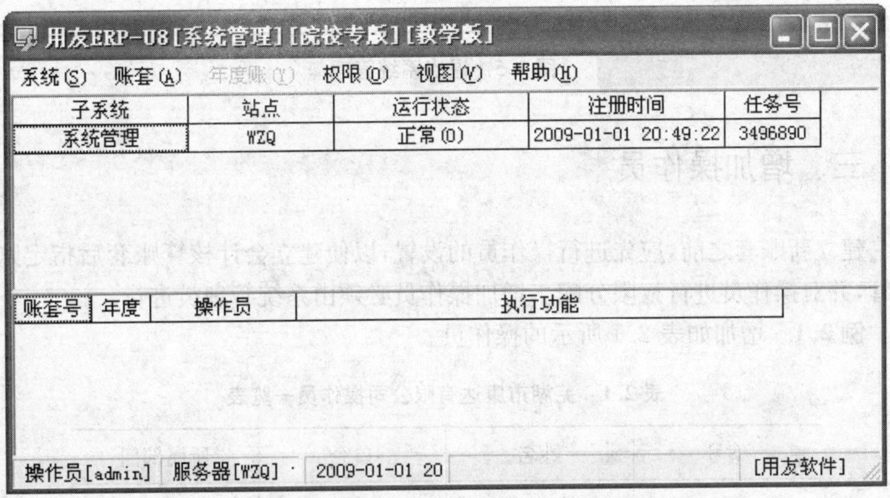

图2.4 系统管理员或账套主管登录后显示的"系统管理"窗口

(二)退出系统管理

如果你不想使用网络财务软件的任何模块,可采用下列方法之一关闭系统管理窗口。

(1)在系统管理窗口中选择【系统】|【退出】命令。

(2)或者直接双击系统管理窗口左上角的控制图标,也可单击系统管理窗口左上角的控制图标,再选择【关闭】命令,如图2.5所示。

(3)或者单击系统管理窗口右上角的 ⊠ 按钮。

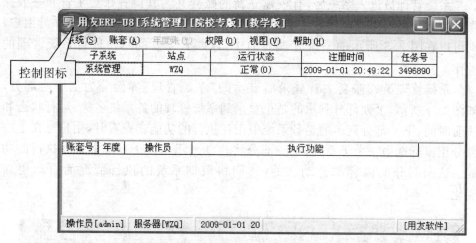

图 2.5 退出系统管理

## 三、增加操作员

建立新账套之前,应先进行操作员的设置,以便建立会计核算账套后指定账套主管,并对操作员进行权限分配。增加操作员必须由系统管理员进行。

例 2.1 增加如表 2.1 所示的操作员。

表 2.1 芜湖市康达有限公司操作员一览表

| 编号 | 姓名 | 口令 | 所属部门 |
|---|---|---|---|
| 001 | 秦 岚 | 略 | 财务部 |
| 002 | 王 辰 | 略 | 财务部 |
| 003 | 陈德好 | 略 | 财务部 |

**操作步骤**

(1) 以系统管理员身份进入"系统管理",选择【权限】|【用户】命令,打开"用户管理"窗口,窗口中显示系统预设的几位用户:demo、SYSTEM、UFSOFF。

(2) 单击工具栏中的【增加】按钮,打开"增加用户"对话框,按表中所示资料依次输入用户的编号、姓名、口令、所属部门等信息后,单击【增加】按钮完成添加操作员的工作,如图 2.6 所示。删除、修改操作员的操作类似。

第二章 系统管理与企业应用平台

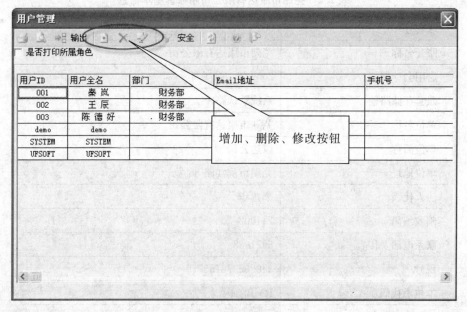

图 2.6 用户管理

提示
① 只有系统管理员用户才有权限设置操作员。
② 操作员编号在系统中必须唯一，即使是不同的账套，操作员编号也不能重复。
③ 所设置的操作员用户一旦被引用，便不能被修改和删除。
④ 如果操作员调离企业，可以通过"修改"功能注销当前用户。
⑤ 在"增加用户"对话框中，蓝色字体标注的项目为必输项，其余项目为可选项，这一规则适用于所有界面。

## 四、建立新账套

建立账套，即采用财务软件为本企业建立一套账簿文件。在使用系统之前，首先要建立本单位的账套。只有系统管理员可以建立企业账套。建账过程在建账向导引导下完成。

例 2.2 建立如表 2.2 所示的芜湖市康达有限公司的新账套。

表 2.2　芜湖市康达有限公司新账套基本信息

| 账套号 | 002 |
| --- | --- |
| 账套名称 | 芜湖市康达有限公司 |
| 启用会计期 | 2009 年 1 月 1 日 |
| 账套存储路径 | 系统默认路径 |
| 单位名称 | 芜湖市康达有限公司 |
| 单位简称 | 康达公司 |
| 单位地址 | 芜湖市滨江路 88 号 |
| 法人代表 | 李建华 |
| 邮政编码 | 241002 |
| 联系电话及传真 | 5971088 |
| 税号 | 340202378765775 |
| 本位币代码 | RMB |
| 企业类型 | 工业 |
| 行业性质 | 新会计制度科目 |
| 账套主管 | 秦　岚 |
| 按行业性质预设会计科目 | 按行业性质预设会计科目 |
| 基础信息 | 该企业无外币核算;进行经济业务处理时,不需要对存货、客户、供应商进行分类。 |
| 分类编码方案 | 科目编码级次:4－2－2;其他科目编码级次采用默认值。 |
| 数据精度 | 该企业对存货数量、单价的小数位数定为 2 |
| 需要立即启用的模块 | 总账、应收款管理系统、应付款管理系统、薪资管理、固定资产;启用时间为 2009 年 1 月 1 日 |

**操作步骤**

(1) 在"系统管理"窗口,选择【账套】|【建立】命令,打开"账套信息"对话框。

(2) 输入账套号"002"、账套名称"芜湖市康达有限公司"及启用会计期"2009 年 1 月",如图 2.7 所示。

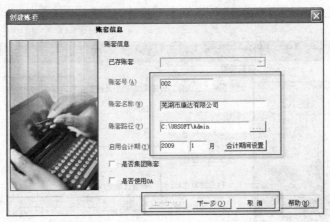

图 2.7 创建账套——账套信息

**提示**

① 已存账套:系统将已存在的账套以下拉列表框的形式显示,用户只能查看,不能输入或修改。演示账套是系统内置的。

② 账套号:必须输入,但不能与已存账套的账套号重复。账套号设置后将不允许修改。

③ 账套名称:必须输入。并可由账套主管在修改账套功能中进行修改。

④ 账套路径:用来确定新建账套将要被放置的位置,系统默认的路径为c:\U8SOFT\Admin,用户可以人工更改,也可以利用按钮进行参照输入。

⑤ 启用会计期:必须输入。启用会计期一旦设定,就不能修改。

(3) 单击【下一步】按钮,进行单位信息设置,如图 2.8 所示。

图 2.8 创建账套——单位信息

(4)单击【下一步】按钮,进行核算类型设置,如图2.9所示。

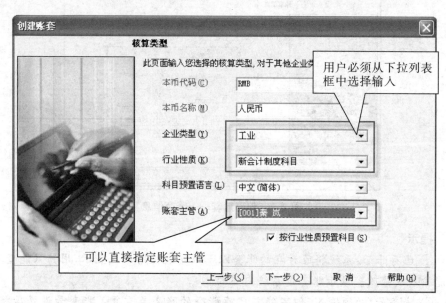

图 2.9 创建账套——核算类型

(5)单击【下一步】按钮,进行基础信息设置。根据单位的实际情况,决定选中某些项。在本例中这四个复选框均未选择,如图2.10所示。

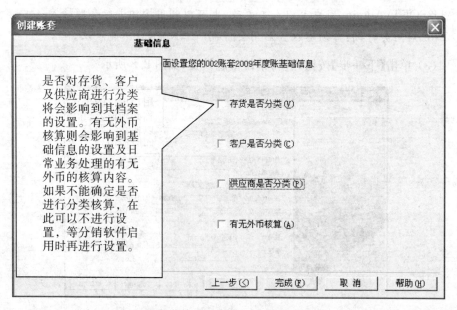

图 2.10 创建账套——基础信息

(6)单击【完成】按钮,弹出提示对话框"可以创建账套了么?",单击【是】按钮,打开"分类编码方案"对话框。

(7)在"编码方案"对话框中,根据单位制定的编码方案设置存货分类编码级次、客户分类编码级次、供应商等分类编码级次以及科目编码级次,设置完毕单击【确认】按钮,如图2.11所示。本例未进行设置,单击【取消】按钮。

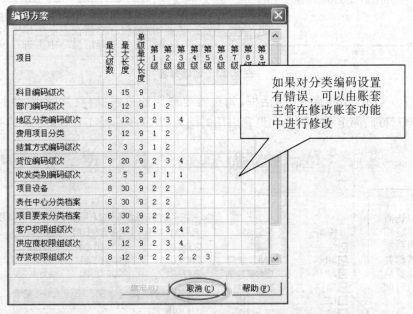

图 2.11 编码方案

(8)打开"数据精度"窗口,如图2.12所示,进行数据精度定义,定义完毕后单击【确认】按钮。

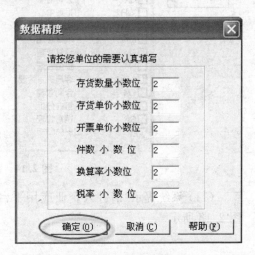

图 2.12 数据精度

(9) 打开"创建账套"对话框，如图 2.13 所示，系统提示是否现在进行系统启用的设置，单击【是】按钮。

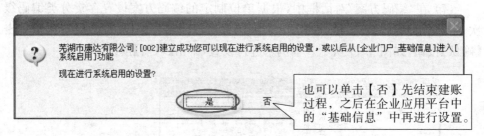

图 2.13　创建账套

(10) 打开"系统启用"对话框，勾选需要启用的总账、应收款管理、应付款管理、薪资管理、固定资产模块并设置启用时间为 2009 年 1 月 1 日，如图 2.14 所示。

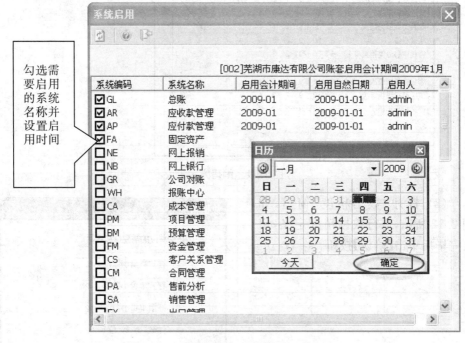

图 2.14　系统启用

(11) 系统提示"请进入企业应用平台进行业务操作!"，单击【确定】按钮。如图 2.15 所示。

图 2.15 创建账套

## 五、设置操作员权限

设置操作员权限也叫财务分工,是指对允许操作软件的用户规定操作权限,以便分清业务范围,明确职责,保证系统的安全性和可靠性。设置操作员权限的工作应由系统管理员(Admin)或该账套的主管,在系统管理中的权限功能中完成。如果在设置账套时已经正确地选择了该账套的主管,则此时可以查看到,否则,可以在权限功能中设置账套主管。如果在设置用户时已经指定该用户所属的角色,并且该角色已经被赋权,则该用户已经拥有了与所选角色相同的权限,如果经查看后发现该用户的权限并不与该角色完全相同,则可以在权限功能中修改,如果在设置用户时并未指定该用户所属的角色,或虽已指定该用户所属的角色,但该角色并未进行权限设置,则该用户的权限应直接在权限功能中进行设置,或者应先设置角色的权限再设置用户并指定该用户所属的角色,则角色的权限就自动传递给用户了。

(一)为某人赋予账套主管的权限

**例 2.3** 为秦岚赋予账套主管的权限。
**操作步骤**
(1)以系统管理员的身份进入"系统管理"窗口,单击【权限】|【权限】,如图 2.16 所示;打开"操作员权限"窗口,依次选定操作员(如秦岚)、账套(如 002)及

会计年度(如2009),勾选"账套主管"后单击【退出】,则完成账套主管的设置,如图2.17所示。

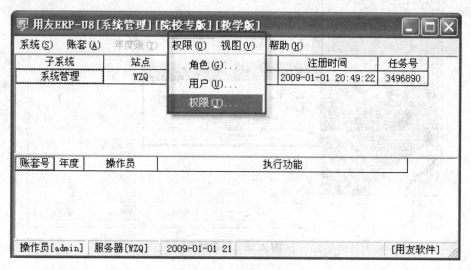

图2.16 系统管理

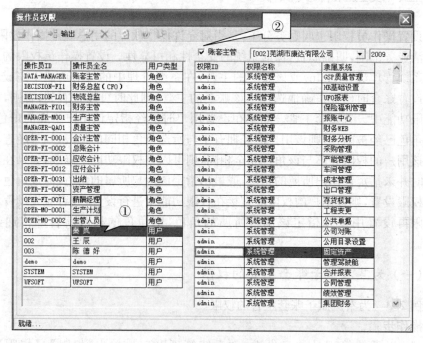

图2.17 操作员权限

**提示**

① 只有系统管理员才能进行账套主管的权限分配。而账套主管只有权对所辖账套进行操作员的权限设置。

② 如果在角色管理或用户管理中已将用户归属于账套主管角色,则该操作员即已定义为系统内所有账套的账套主管。本例中,由于在用户管理中指明了秦岚具有账套主管角色,因此,秦岚不仅是 002 账套的账套主管,同时也是本系统中其他账套的账套主管。

③ 由于在建立账套时已经指定了秦岚为 002 账套的账套主管,这里也可不进行这项操作。

④ 所设置的操作员权限一旦被引用,便不能被修改或删除。

### (二) 为一般操作员赋权

**例 2.4** 为王辰、陈德好赋予表 2.3 中所列示的权限。

表 2.3 康达有限公司操作员权限一览表

| 编号 | 姓名 | 权限规定 |
|---|---|---|
| 002 | 王 辰 | 1. 拥有总账系统的下列权限<br>(1) 具有【凭证处理】的全部权限<br>(2) 具有【查询凭证】的权限<br>(3) 具有【科目汇总】的权限<br>(4) 具有【期末】的全部权限<br>2. 具有【薪资管理】的全部权限<br>3. 具有【固定资产】的全部权限<br>4. 具有【应收款管理】的全部权限<br>5. 具有【应付款管理】的全部权限<br>6. 具有【公共目录设置】的权限 |
| 003 | 陈德好 | 拥有总账系统的下列权限<br>(1) 凭证下的【出纳签字】权限<br>(2) 具有【出纳】的全部权限 |

**操作步骤**

(1) 以系统管理员的身份进入"系统管理"窗口,单击【权限】|【权限】,打开"操作员权限"窗口,依次选定操作员(如王辰)、账套(如 002)及会计年度(如 2009)。

(2) 单击【修改】按钮,打开"增加和调整权限"对话框,根据实验资料选择相应的权限项,如图 2.18 所示,单击【确定】按钮。

(3) 单击工具栏中的【退出】按钮,返回到"系统管理"。同样,可以增加陈德好的操作权限。

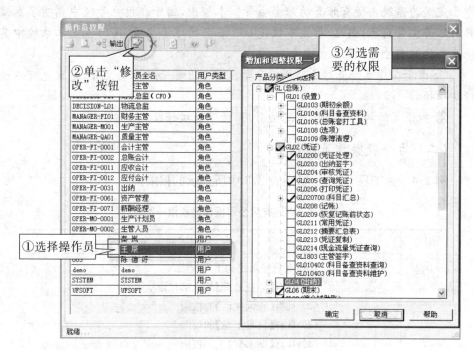

图 2.18　操作员权限

## 六、账套维护

建立账套之后的账套维护工作包括账套备份、账套引入、账套修改及账套删除等操作。

### (一) 账套备份

账套备份(即账套输出)就是将财务软件所产生的数据备份到硬盘、软盘或光盘上保存起来。其目的是:使会计数据得以长期保存;防止意外事故造成的硬盘数据丢失、非法篡改和破坏;能够利用备份数据,使系统数据尽快恢复,以保证业务正常进行。

使用账套输出功能输出账套时,还可以进行账套删除,但必须慎用,因为删除后将不能再恢复。

会计数据备份工作可以经常进行，在下列情况下，必须做数据备份：每月结账前和业务处理结束后；更新软件版本前；硬盘需要进行格式化时；会计年度终了进行结账时。

**例 2.5** 将 002 账套备份到"C:\09 年 1 月备份文件"文件夹中。

**操作步骤**

（1）以系统管理员的身份注册进入"系统管理"窗口，单击【账套】|【输出】，打开"账套输出"对话框。选择需要输出的账套 002，单击【确认】按钮，如图 2.19 所示。

（2）打开"请选择账套备份路径"对话框，选择 C 盘，单击【新建文件夹】按钮，输入文件夹名称"09 年 1 月备份文件"，单击【确认】按钮，如图 2.20 所示。

（3）单击"09 年 1 月备份文件"文件夹，单击【确认】按钮，系统提示"输出成功"，单击【确定】按钮。

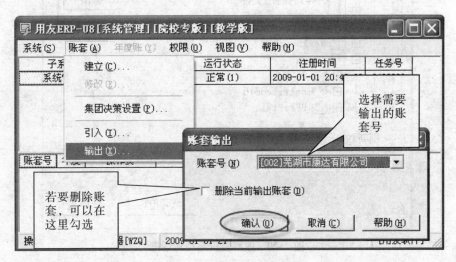

图 2.19 系统管理——账套输出

**提示**

① 只有系统管理员（Admin）才能进行账套备份。备份的账套数据名以"Uferpact"为前缀。

② 若要删除已选中的账套数据，则在输出账套时，选中"删除当前输出账套"即可。

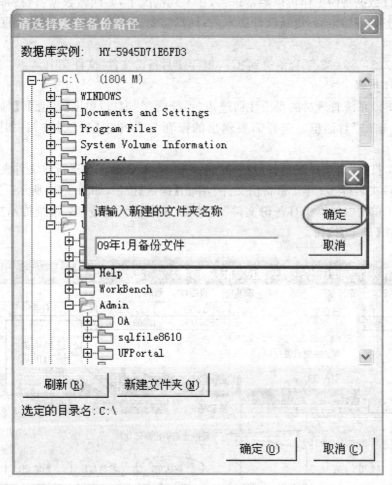

图 2.20 账套备份路径对话框

## (二) 账套引入

账套引入(又称账套数据恢复),是指把软盘、硬盘或光盘上的数据恢复到硬盘上指定的文件夹中。只有系统管理员(Admin)才能进行账套引入。

**例 2.6** 将所备份的 002 账套数据引入到用友系统中。

**操作步骤**

(1) 以系统管理员的身份注册进入"系统管理",单击【账套】|【引入】,打开"引入账套数据"对话框,如图 2.21 所示。

(2) 选择所要引入的账套备份数据"C:\09 年 1 月备份文件\UfErpAct.Lst",单击【确定】按钮,系统提示是否更改引入的目标账套路径,单击【否】按钮,默认系统路径,即可把资料引入进来。

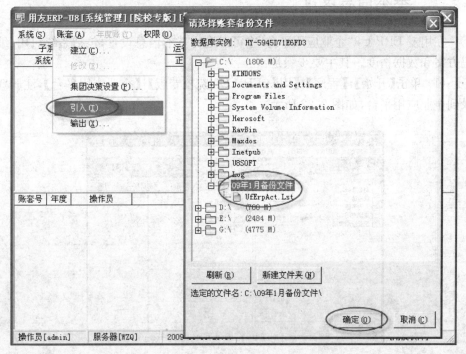

图 2.21　系统管理——账套引入

## 第二节　基础信息设置

  基础信息是企业各个部门都要用到的公共信息,是整个系统的基础。基础信息设置主要包括:编码方案、数据精度等基本信息设置;部门档案、人员档案等机构人员信息设置;地区分类、客户和供应商分类、客户和供应商档案等客商信息设置;存货分类和档案、计量单位等存货信息设置;凭证类别、外币设置、会计科目设置、项目目录等财务信息设置;结算方式、付款条件、银行档案和本单位开户银行等收付结算信息设置;仓库档案、收发类别、采购和销售类型、费用项目等业务信息设置。

## 一、基本信息设置

在用友 ERP-U8"企业应用平台"中可以进行基本信息设置,包括系统启用、编码方案和数据精度。其主要步骤是:

(1) 单击【开始】|【程序】|【用友 ERP-U8 院校专版】|【企业应用平台】,注册登录到企业应用平台,如图 2.22 所示。

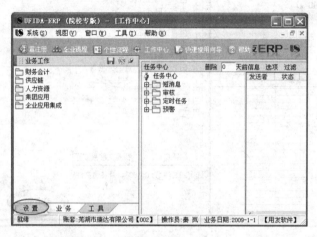

图 2.22　企业应用平台——工作中心

(2) 在企业应用平台的"设置"选项卡中,单击展开"基本信息"项,根据需要依次打开"系统启用"、"编码方案"和"数据精度"对话框,在此可以分别查询或修改系统启用信息、系统编码方案及数据精度,如图 2.23 所示。

图 2.23　工作中心——系统启用

系统启用设置、编码方案设置和数据精度设置内容已经在本章账套管理中详细讲解，请参阅其相关操作。

## 二、基础档案设置

基础档案是账套中各个子系统共享的公共信息，可以在企业应用平台的"基础档案"中设置，部分基础档案也可以在各个子系统中设置。在用友ERP-U8企业应用平台"设置"选项卡的"基础档案"项中，可以分别进行机构人员信息、客商信息、存货信息、财务信息、收付结算信息、业务信息、对照表和其他信息的设置。

### （一）机构人员设置

机构人员设置包括本单位信息设置、部门档案设置、人员档案设置、人员类别设置、职务档案设置和岗位档案设置等。

**1. 部门档案设置**

通常，在总账系统进行部门辅助核算时，或使用工资系统、固定资产系统时，或存货系统以部门作为统计项时，以及财务分析系统需要按部门进行预算管理时，需要调用部门档案。同样，在总账系统进行个人往来辅助核算时，使用工资系统时，或存货系统以个人作为统计项时，以及项目管理系统考核人员工资时，需要调用职员档案。

例2.7　设置如表2.4所示的康达有限公司的部门档案。

表2.4　康达有限公司部门档案一览表

| 部门编码 | 部门名称 | 部门属性 |
| --- | --- | --- |
| 1 | 总经理室 | 综合管理 |
| 2 | 财务部 | 财务管理 |
| 3 | 采购部 | 采购供应 |
| 4 | 销售部 | 市场营销 |
| 5 | 生产车间 | 产品生产 |

**操作步骤**

（1）在企业应用平台的"设置"选项卡中，选择【基础档案】|【机构人员】|【部门档案】命令，打开"部门档案"对话框。

（2）单击【增加】按钮，录入部门编码"1"、部门名称"总经理室"及部门属性"综合管理"，如图2.24所示。

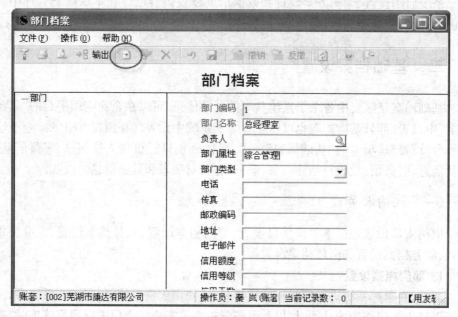

图 2.24 "部门档案"对话框

(3) 单击【保存】按钮,继续完成对其他部门的设置。

(4) 单击【退出】按钮。

**提示**

① 部门档案既可以在企业应用平台的"基础档案"中进行设置,也可以在使用部门档案的其他系统中设置,系统中基础档案信息是共享的。

② 部门编码必须符合编码原则。如果发现编码方案不适合,可以在部门档案数据为空时(若已增加档案,可将档案删除)修改部门编码方案。

③ 在设置部门档案时,部门负责人暂时不用设置,等职员档案设置完成后,再返回到部门档案中,以修改的方式补充设置负责人,并加以保存。

**2. 人员类别设置**

人员类别设置可用来对人员进行分类设置和管理。一般是按树形层次结构进行分类,系统预设了在职人员、离退人员、离职人员和其他人员四类顶级类别,用户可以自定义扩充人员子类别。

**例 2.8** 设置如表 2.5 所示的康达有限公司的人员类别。

表 2.5 康达有限公司人员类别一览表

| 档案编码 | 档案名称 |
|---|---|
| 1001 | 企业管理人员 |
| 1002 | 销售人员 |
| 1003 | 车间管理人员 |
| 1004 | A 产品生产人员 |
| 1005 | B 产品生产人员 |

**操作步骤**

(1) 在企业应用平台的"设置"选项卡中,选择【基础档案】|【机构人员】|【人员类别】命令,打开"人员类别"对话框。

(2) 单击"在职人员"类别,单击【增加】按钮,录入档案编码"1001"、档案名称"企业管理人员",如图 2.25 所示。

(3) 单击【确定】按钮,继续完成对其他人员类别的设置。

(4) 单击【退出】按钮。

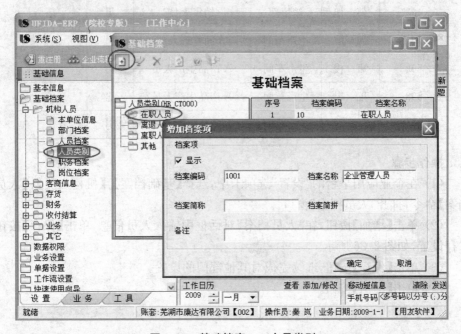

图 2.25 基础档案——人员类别

### 3. 人员档案设置

人员档案是指企业各个职能部门中参与企业业务活动,并且需要对其进行核算和业务管理的职员信息。建立人员档案不需要将企业所有的职员信息都设置进来。设置职员档案之前必须先设置部门档案。

**例 2.9** 设置如表 2.6 所示的康达有限公司的职员档案。

表 2.6 康达有限公司职员档案一览表

| 人员编码 | 姓名 | 行政部门 | 人员类别 | 性别 | 是否业务员 |
|---|---|---|---|---|---|
| 101 | 李建华 | 总经理室 | 企业管理人员 | 男 | |
| 201 | 秦 岚 | 财务部 | 企业管理人员 | 女 | |
| 202 | 王 辰 | 财务部 | 企业管理人员 | 男 | |
| 203 | 陈德好 | 财务部 | 企业管理人员 | 男 | |
| 301 | 翟 伟 | 采购部 | 企业管理人员 | 男 | 是 |
| 302 | 张 炀 | 采购部 | 企业管理人员 | 男 | 是 |
| 401 | 程永洁 | 销售部 | 销售人员 | 女 | 是 |
| 402 | 韩 旭 | 销售部 | 销售人员 | 男 | 是 |
| 501 | 魏 波 | 生产车间 | 车间管理人员 | 男 | |
| 502 | 唐 俊 | 生产车间 | A产品生产人员 | 男 | |
| 503 | 王 琳 | 生产车间 | A产品生产人员 | 男 | |
| 504 | 常 龙 | 生产车间 | B产品生产人员 | 男 | |

**操作步骤**

(1) 在企业应用平台的"设置"选项卡中,选择【基础档案】|【机构人员】|【人员档案】命令,打开"人员档案"窗口。

(2) 单击【增加】按钮,在"人员档案"对话框中输入人员信息,单击【保存】按钮保存设置,如图 2.26 所示。

(3) 单击【保存】按钮,继续完成对其他部门的设置。

(4) 单击【退出】按钮。

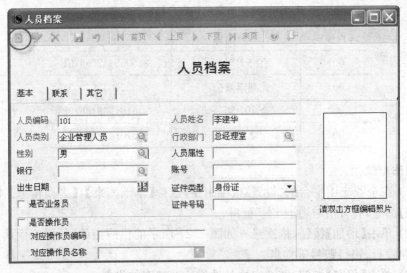

图 2.26　基础档案——人员档案

**提示**

① 人员编码具有唯一性,不可以重复。

② 在人员档案中,应考虑是否选中"是否业务员"复选框。如果在此不选中,则在总账系统录入辅助科目期初余额时,将不显示对应的个人档案信息。

③ "是否操作员"是指此人员是否可以操作 U8 产品。

(二) 客商信息设置

客商信息设置包括地区分类设置、行业分类设置、供应商分类设置、供应商档案设置、客户分类设置、客户级别设置和客户档案设置。

例 2.10　设置如表 2.7 所示的康达有限公司的供应商档案以及如表 2.8 所示的客户档案。

表 2.7　康达有限公司供应商档案一览表

| 供应编码 | 供应商简称 | 税号 | 开户银行 | 银行账号 |
| --- | --- | --- | --- | --- |
| 001 | 芜湖东锐公司 | 340202321001195 | 工行 | 18280235 |
| 002 | 芜湖立明木业公司 | 340202790346986 | 工行 | 21266384 |
| 003 | 合肥新欣材料公司 | 340101342561172 | 交行 | 28706759 |
| 004 | 芜湖供电公司 | 340202655723789 | 交行 | 52670889 |
| 005 | 芜湖供水公司 | 340202090801221 | 交行 | 52670909 |

表 2.8 康达有限公司客户档案一览表

| 客户编码 | 客户简称 | 税号 |
|---|---|---|
| 001 | 上海大兴公司 | 210003432569701 |
| 002 | 芜湖康威公司 | 340202632932098 |
| 003 | 合肥中邦公司 | 340101563496722 |
| 004 | 合肥昌盛公司 | 340101452366126 |

**操作步骤**

（1）在企业应用平台的"设置"选项卡中，选择【基础档案】|【客商信息】|【供应商档案】命令，打开"供应商档案"窗口。

（2）单击【增加】按钮，依次录入如图 2.27 所示的供应商编码、供应商简称、税号、开户银行、银行账号等信息。

（3）单击【保存】按钮，继续完成其他供应商档案的设置。

（4）单击【退出】按钮。

同样，单击"客户档案"，可输入各客户的信息资料。

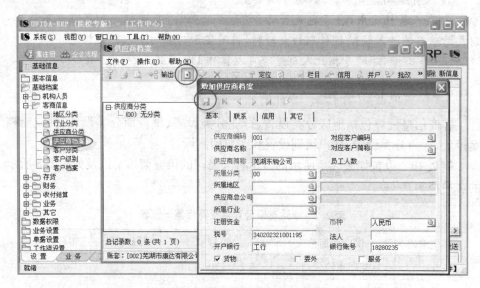

图 2.27 基础档案——供应商档案

**提示**

① 供应商编码、供应商简称及客户编码、客户简称必须录入。

② 供应商编码与客户编码必须唯一。

③ 如果账套中并未对供应商、客户进行分类，则所属分类为"无分类"。

④ 如果在建账时选中了"供应商是否分类"或"客户是否分类"项,则必须先设置供应商或客户分类,然后才能编辑供应商或客户档案。

⑤ 在输入单据时,如果单据上的供应商或客户不在档案中,需要在此建立供应商或客户档案。

(三)设置计量单位和存货档案

用友 ERP-U8 中处理存货业务的方法有两种,一是在会计科目下设置明细科目,如在会计科目"1211 原材料"下面再设置明细科目(该科目可进行数量金额式的核算),然后通过直接填制记账凭证的方式来处理存货的出入库业务;二是启用存货核算系统,建立明细的存货档案,通过出入库单据来处理出入库业务。本书中,由于未启用存货子系统,所以设置存货计量单位以及建立存货档案均在科目设置中实现。

(四)设置存货

**1. 存货分类**

系统可以按照企业的需要对存货进行分类,从而可以统计各种存货的相关信息。其操作步骤是:在企业应用平台的"设置"选项卡中,选择【基础档案】|【存货】|【存货分类】命令,打开"存货分类"窗口,进行存货分类设置。本书设置存货不分类,所以在此不再演示增加类别。

**2. 存货计量单位**

各种存货可能有不同的计量单位,通过该设置可以满足我们的需要。

例 2.11　设置如表 2.9 所示的康达有限公司的计量单位组以及计量单位。

表 2.9　康达有限公司计量单位组、计量单位一览表

| 设置组 | 计量单位组编码:01 | 计量单位组名称:<br>基本计量单位 | 计量单位组类别:<br>无换算率 |
|---|---|---|---|
| 设置计量单位 | 计量单位编码:01 | 计量单位名称:公斤 | |
| | 计量单位编码:02 | 计量单位名称:件 | |

**操作步骤**

(1)在企业应用平台的"设置"选项卡中,选择【基础档案】|【存货】|【计量单位】命令,打开"计量单位"|"计量单位组"窗口。

(2)单击【分组】按钮,打开"计量单位组"对话框。

(3)单击【增加】按钮,输入计量单位组编码"01";输入计量单位组名称"基本

计量单位",并选择计量单位组类别"无换算率",如图2.28所示。

(4) 单击【保存】按钮,单击【退出】按钮,返回到计量单位窗口。

(5) 单击【单位】按钮,打开"计量单位"对话框。

(6) 单击【增加】按钮,输入计量单位编码"01",计量单位名称"公斤",如图2.29所示。单击【保存】按钮。

(7) 输入计量单位编码"02",计量单位名称"件",单击【保存】按钮。

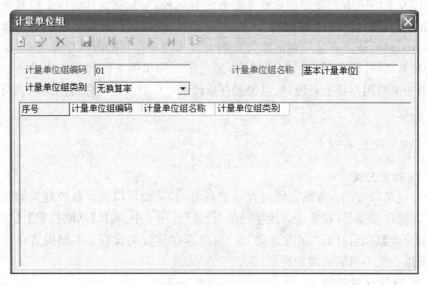

图2.28 计量单位组

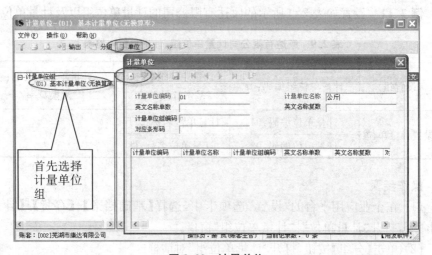

图2.29 计量单位

## 3. 存货档案

**例 2.12** 设置如表 2.10 所示的康达有限公司的存货档案。

表 2.10 康达有限公司存货档案一览表

| 存货编码及名称 | 具体档案资料 |
| --- | --- |
| 001, A 产品 | 计量单位组:基本计量单位。 |
| | 计量单位:件。存货属性:自制、销售。 |
| 002, B 产品 | 计量单位组:基本计量单位。 |
| | 计量单位:件。存货属性:自制、销售。 |
| 003, 甲材料 | 计量单位组:基本计量单位。 |
| | 计量单位:公斤。存货属性:外购、生产耗用。 |
| 004, 乙材料 | 计量单位组:基本计量单位。 |
| | 计量单位:公斤。存货属性:外购、生产耗用。 |

**操作步骤**

(1) 在企业应用平台的"设置"选项卡中,选择【基础档案】|【存货】|【存货档案】命令,打开"存货档案"窗口。

(2) 单击【增加】按钮,打开"增加存货档案"对话框,输入 A 产品的存货档案,如图 2.30 所示。输入完毕,单击【保存】按钮。

(3) 继续完成对其他存货档案的设置。

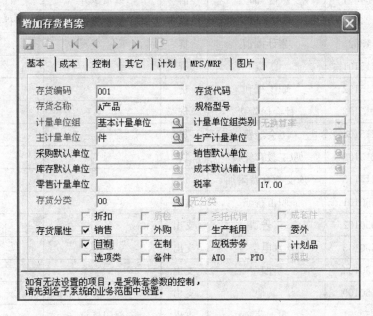

图 2.30 增加存货档案

## （五）财务设置

财务设置包括会计科目设置、凭证类别设置、外币设置、项目目录设置和备查科目设置等。

**1. 会计科目设置**

（1）增加会计科目

如果所用的会计科目与所在行业会计制度规定的一级会计科目基本上一致，则可以在建立账套时选择预置标准会计科目。这样在会计科目初始设置时只需对部分不同的会计科目进行修改，对缺少的会计科目进行增加处理即可。如果所使用的会计科目与会计制度规定的会计科目相差较多，则可在系统初始化设置时选择不预留行业会计科目，而是根据企业的需要自行设置全部会计科目。

例 2.13 增加如表 2.11 所示的康达有限公司的会计科目。

表 2.11 康达有限公司需要增加的会计科目一览表

| 科目代码 | 科目名称 | 方向 | 辅助账类型 | 计量单位 |
| --- | --- | --- | --- | --- |
| 100201 | 交行存款 | 借 | 日记账、银行账 |  |
| 121101 | 甲材料 | 借 | 数量核算 | 公斤 |
| 121102 | 乙材料 | 借 | 数量核算 | 公斤 |
| 124301 | A产品 | 借 | 数量核算 | 件 |
| 124302 | B产品 | 借 | 数量核算 | 件 |
| 1802 | 累计摊销 | 贷 |  |  |
| 215101 | 工资 | 贷 |  |  |
| 215102 | 职工福利 | 贷 |  |  |
| 215103 | 社会保险费 | 贷 |  |  |
| 215104 | 工会经费 | 贷 |  |  |
| 215105 | 职工教育经费 | 贷 |  |  |
| 217113 | 应交教育费附加 | 贷 |  |  |
| 550101 | 职工薪酬 | 支出 |  |  |
| 550102 | 广告费 | 支出 |  |  |
| 550103 | 水电费 | 支出 |  |  |
| 550104 | 折旧费 | 支出 |  |  |
| 550109 | 其他 | 支出 |  |  |
| 550201 | 职工薪酬 | 支出 | 部门核算 |  |

续表

| 科目代码 | 科目名称 | 方向 | 辅助账类型 | 计量单位 |
|---|---|---|---|---|
| 550202 | 办公费 | 支出 | 部门核算 | |
| 550203 | 折旧费 | 支出 | 部门核算 | |
| 550204 | 业务招待费 | 支出 | 部门核算 | |
| 550209 | 其他 | 支出 | 部门核算 | |
| 5602 | 资产减值损失 | 支出 | | |
| 5901 | 公允价值变动损益 | 收入 | | |

**操作步骤**

① 在企业应用平台的"设置"选项卡中,选择【基础档案】|【财务】|【会计科目】命令,打开"会计科目"窗口。

② 单击【增加】按钮,打开"新增会计科目"对话框。

③ 依次输入科目编码"100201",科目中文名称"交行存款",选择"日记账、银行账",若有辅助核算的科目可以设置辅助核算选项,单击【确定】按钮,如图 2.31 所示。继续完成其他会计科目的设置。

图 2.31 会计科目——新增会计科目

④ 单击【退出】按钮。

**提示**

① 增加会计科目时,要遵循先建上级再建下级的原则;会计科目编码的长度及每级位数要符合编码规则;编码不能重复。

② 科目使用后再增加明细科目,系统自动将上级科目的数据自动结转到新增加的第一个明细科目上,以保证账账平衡相符。

(2) 修改会计科目

如果需要对原有的会计科目的某些项目进行修改,如科目名称、账页格式、科目编码及辅助项目等,应在会计科目未使用之前在会计科目的"修改"功能中完成。

例 2.14　修改如表 2.12 所示的康达有限公司的会计科目。

表 2.12　康达有限公司需要修改的会计科目一览表

| 原科目代码 | 原科目名称 | 修改内容 | | |
|---|---|---|---|---|
| | | 新科目名称 | 辅助账类型 | 受控系统 |
| 1001 | 现金 | 库存现金 | 日记账 | |
| 1101 | 短期投资 | 交易性金融资产 | | |
| 1111 | 应收票据 | | 客户往来 | 应收系统 |
| 1131 | 应收账款 | | 客户往来 | 应收系统 |
| 1151 | 预付账款 | | 供应商往来 | 应付系统 |
| 1133 | 其他应收款 | | 个人往来 | |
| 1201 | 物资采购 | 材料采购 | | |
| 1221 | 包装物 | 周转材料 | | |
| 1402 | 长期债权投资 | 持有至到期投资 | | |
| 1603 | 在建工程 | | 项目核算 | |
| 1605 | 在建工程减值准备 | | 项目核算 | |
| 2111 | 应付票据 | | 供应商往来 | 应付系统 |
| 2121 | 应付账款 | | 供应商往来 | 应付系统 |
| 2131 | 预收账款 | | 客户往来 | 应收系统 |
| 2151 | 应付工资 | 应付职工薪酬 | | |
| 2171 | 应交税金 | 应交税费 | | |
| 2191 | 预提费用 | 应付利息 | | |
| 410101 | 基本生产成本 | A产品 | | |

续表

| 原科目代码 | 原科目名称 | 修改内容 | | |
|---|---|---|---|---|
| | | 新科目名称 | 辅助账类型 | 受控系统 |
| 410102 | 辅助生产成本 | B产品 | | |
| 5402 | 主营业务税金及附加 | 营业税金及附加 | | |
| 5405 | 其他业务支出 | 其他业务成本 | | |
| 5501 | 营业费用 | 销售费用 | | |
| 5701 | 所得税 | 所得税费用 | | |

**操作步骤**

① 在"会计科目"窗口，双击"1001 现金"或选中"1001 现金"后单击【修改】按钮，打开"会计科目_修改"对话框。

② 单击【修改】按钮，如图 2.32 所示，将科目中文名称改为"库存现金"，并选择"日记账"辅助核算项。

③ 单击【确定】按钮。继续完成其他会计科目的修改。

④ 单击【返回】按钮。

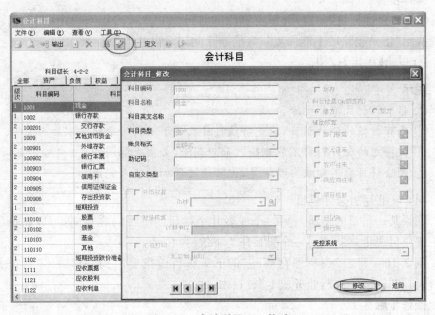

图 2.32 会计科目——修改

**提示**

① 如果要修改已设置明细科目的会计科目，应自下而上进行操作，即先修改

明细科目,然后再修改一级科目。

② 已有数据的会计科目,应先将该科目及其下级科目余额清零后再修改。

③ 已经使用过的末级会计科目不能再修改科目编码。

④ 非末级会计科目不能再修改科目编码。

(3) 删除会计科目

对于目前暂时不需用或者不适用的会计科目,可以将其删除。

**例 2.15** 删除如表 2.13 所示的康达有限公司的会计科目。

表 2.13 康达有限公司需要删除的会计科目一览表

| 科目代码 | 科目名称 |
| --- | --- |
| 1102 | 短期投资跌价准备 |
| 1231 | 低值易耗品 |
| 1301 | 待摊费用 |
| 2153 | 应付福利费 |
| 2176 | 其他应交款 |

**操作步骤**

① 在"会计科目"窗口,选择要删除的科目,如"待摊费用",单击【删除】按钮,系统提示"记录删除后不能修复! 真的删除此记录吗?"。

② 单击【确定】按钮。

**提示**

① 非末级科目不能删除。

② 已有数据的会计科目,应先将该科目及其下级科目余额清零后再删除。

③ 被指定的会计科目不能删除。如想删除,必须先取消指定。

④ 删除科目后不能被自动恢复,但可通过增加功能来完成。

(4) 成批复制会计科目

如果某一科目的下级与另一个或者几个科目的下级内容相同,可以将该科目的下级科目成批复制到另一个科目作为下级科目。

**例 2.16** 将"1243 库存商品"的下级科目成批复制到"5101 主营业务收入"科目和"5401 主营业务成本"科目中。

**操作步骤**

① 在"会计科目"窗口,选择【编辑】|【成批复制】命令,打开"成批复制"对话框。

② 输入源科目编码"1243"和目标科目编码"5101",勾选"数量核算"复选框,

如图 2.33 所示。单击【确认】按钮。

③ 继续完成其他科目的成批复制。

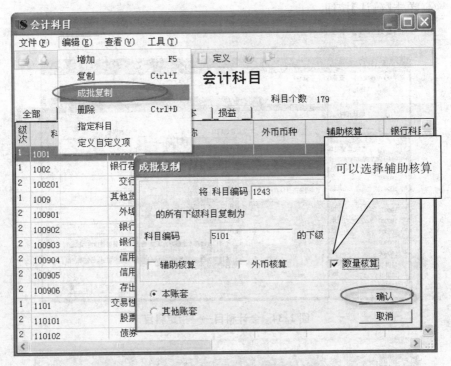

图 2.33 会计科目——成批复制

**提示**

① 源科目与目标科目的级次必须相同。

② 源科目和目标科目的级次必须是非末级。

(5) 指定会计科目

指定会计科目是指确定出纳的专管科目。指定科目后，才能执行出纳签字，进行出纳管理，从而实现现金、银行管理的保密性。只有被指定为现金或银行存款的会计科目才能查看现金、银行存款日记账。

**例 2.17** 请指定会计科目："1001 库存现金"为"现金总账科目"；"1002 银行存款"为"银行总账科目"。

**操作步骤**

① 在"会计科目"窗口，选择【编辑】|【指定科目】命令，打开如图 2.34 所示的"指定科目"对话框。

② 在"指定科目"对话框，单击 > 按钮。

③ 单击"银行总账科目"后,在待选科目中选中"1002 银行存款",单击 > 按钮,将其添加到右侧"已选科目"文本框中,如图 2.35 所示。

④ 单击【确认】按钮。

⑤ 单击【退出】按钮。

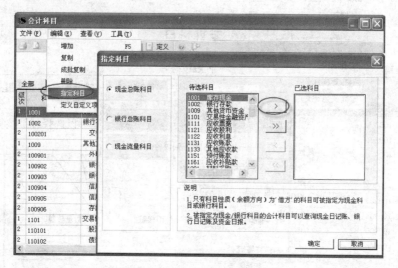

图 2.34 会计科目——指定科目

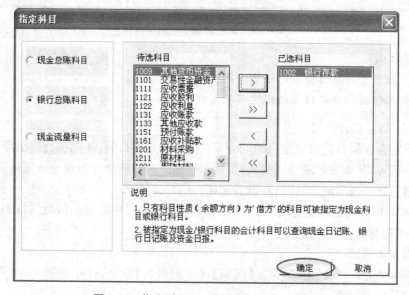

图 2.35 指定科目——指定"银行总账科目"

**提示**

① 只有科目性质（余额方向）为借方的科目才可被指定为"现金科目"或"银行科目"。

② 只有指定现金及银行总账科目才能进行出纳签字的操作，才能查询现金及银行存款日记账，才能进行银行对账，才能在制单中进行支票控制和资金赤字控制。

**2. 设置凭证类别**

电算化方式同手工方式一样，可根据企业管理和核算的要求，将会计凭证进行分类编制。系统提供了四种方式：①收款凭证，付款凭证，转账凭证；②现金凭证，银行凭证，转账凭证；③现金收款凭证，现金付款凭证，银行收款凭证，银行付款凭证，转账凭证；④通用格式的记账凭证。最后一种适合企业规模不大、业务较为简单的企业单位采用。以上几种方式，用户可以根据自己的实际情况从中选择。

**例 2.18** 设置康达有限公司的凭证类别为通用型记账凭证。

**操作步骤**

（1）在企业应用平台的"设置"选项卡中，选择【基础档案】|【财务】|【凭证类别】命令，打开如图 2.36 所示的"凭证类别预置"对话框。

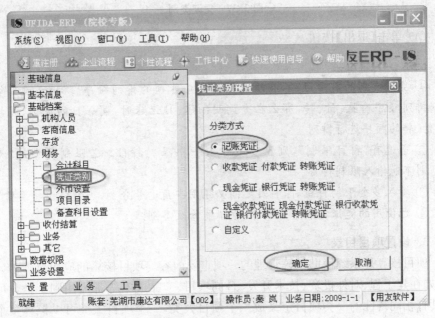

图 2.36 凭证类别预置

（2）在"凭证类别预置"对话框中，选择适合企业的凭证类别，如"记账凭证"。

(3) 单击【确定】按钮,系统自动保存定义的凭证类别,如图 2.37 所示。

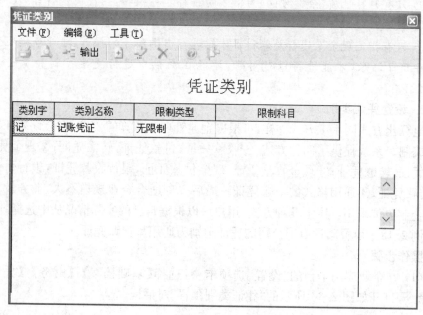

图 2.37 凭证类别

(4) 单击【退出】按钮。

**提示**

① 凭证类别的前后顺序,将决定明细账中账项的排列顺序。例如:设置凭证类别排列顺序为收、付、转,那么在查询明细账、日记账时,同一日的凭证,将按照收、付、转的顺序进行排列。

② 若选有"科目限制",则至少要输入一个限制科目。若限制类型选"无限制",则不能输入限制科目。

③ 输入多个限制科目时,科目之间必须用半角逗号分割,否则会出错误信息。

④ 已使用的凭证类别不能删除,也不能修改类别。

**3. 设置项目目录**

项目核算是系统辅助核算管理的一项重要内容。项目核算的应用范围十分广泛,如在建工程、对外投资、技术开发、合同项目、产品成本等都需用到。企业可以将具有相同特性的一类项目定义成一个项目大类,一个项目大类可以核算多个项目,企业可以对这些项目进行分类管理。项目目录功能有项目大类的设置、项目目录及分类的维护。

例 2.19  设置如表 2.14 所示的康达有限公司的项目目录。

表 2.14 康达有限公司需要设置的项目目录一览表

| 项目设置步骤 | 设置内容 |
| --- | --- |
| 项目大类 | 在建工程 |
| 核算科目 | 在建工程(410101) |
|  | 在建工程减值准备(410102) |
| 项目分类 | 分类编码:1. 分类名称:自营工程 |
|  | 分类编码:2. 分类名称:出包工程 |
| 项目名称 | 项目编号:1<br>项目名称:办公楼工程<br>所属分类码:1 |
|  | 项目编号:2<br>项目名称:厂房工程<br>所属分类码:2 |

**操作步骤**

(1) 在企业应用平台的"设置"选项卡中,选择【基础档案】|【财务】|【项目目录】命令,打开"项目档案"对话框,如图 2.38 所示。

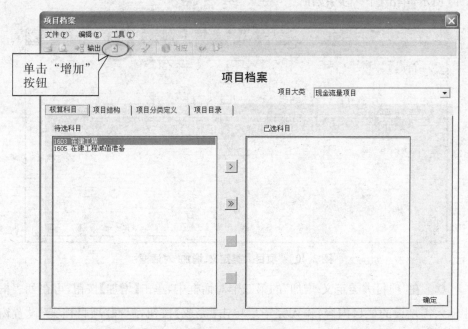

图 2.38 项目档案

(2)单击【增加】按钮,打开"项目大类定义_增加"对话框,在"新项目大类名称"中输入"在建工程",如图 2.39 所示,单击【下一步】按钮。

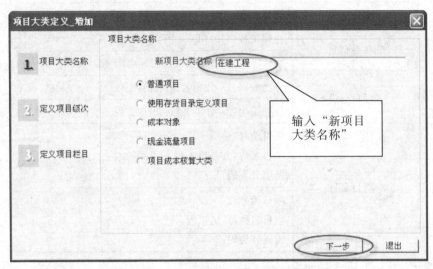

图 2.39 "项目大类定义_增加"对话框

(3)在"项目大类定义_增加"的第二个对话框中,定义项目的分类级次,如图 2.40 所示,单击【下一步】按钮。

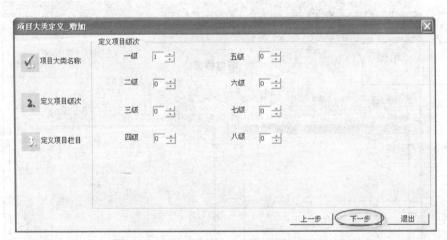

图 2.40 "项目大类定义_增加"对话框

(4)在"项目大类定义_增加"的第三个对话框中,单击【增加】按钮,可在列表框中输入需增设的栏目内容,输入完毕后单击【完成】按钮,返回"项目档案"设置窗口,如图 2.41 所示。

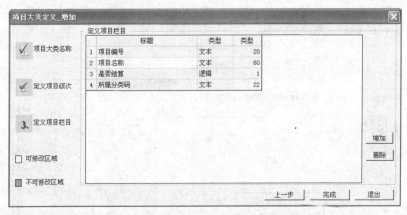

图 2.41 "项目大类定义_增加"对话框

(5) 在"项目档案设置"窗口中,首先从"项目大类"下拉列表框中选择"在建工程",然后将待选科目"在建工程"和"在建工程减值准备"移至右边的【已选科目】列表框中并单击【确定】按钮,如图 2.42 所示。

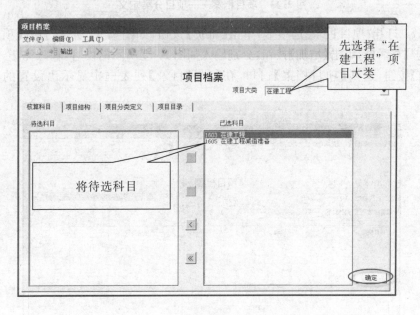

图 2.42 项目档案——核算科目

(6) 打开"项目分类定义"选项卡,输入项目的分类编码"1"和分类名称"自营工程",单击【确定】按钮,继续输入分类编码"2"和分类名称"出包工程",如图 2.43 所示。输入完毕,单击【确定】按钮。

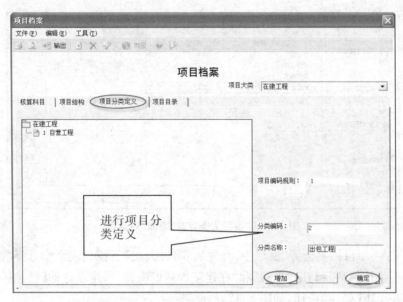

图 2.43 项目档案——项目分类定义

(7) 打开"项目目录"选项卡,单击【维护】按钮,如图 2.44 所示,打开【项目目录维护】对话框,单击【增加】按钮,分别输入如图 2.45 所示的内容,输入完毕,单击【退出】按钮,返回【项目档案】窗口,在【项目目录】列表框中显示出设置的项目内容。

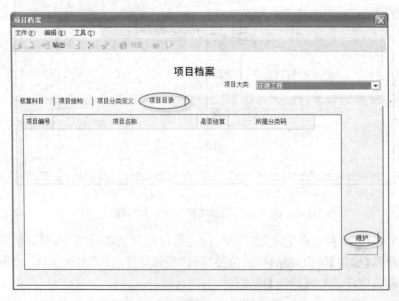

图 2.44 项目档案——项目目录

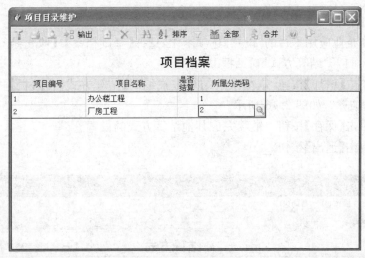

图 2.45 项目目录维护

**提示**

① 如果用户需要修改项目大类名称、项目分类级次、项目栏目结构等项目大类的相关信息,可单击工具栏上的【修改】按钮,进入项目大类修改向导,进行修改。

② 如果在"项目目录维护"对话框中多拉出一行,可按【Esc】键退出。

## (六) 收付结算设置

收付结算设置包括结算方式、付款条件、银行档案和本单位开户银行设置。

### 1. 结算方式设置

为便于管理和提高银行自动对账的效率,系统提供了设置与管理银行的资金结算方式的功能,用来建立在经营活动中涉及的结算方式。它与财务结算方式一致,包括现金结算、支票结算等。

**例 2.20** 设置如表 2.15 所示的康达有限公司的结算方式。

表 2.15 康达有限公司结算方式一览表

| 结算方式 | 结算方式名称 | 票据管理 |
| --- | --- | --- |
| 1 | 现金支票 | 是 |
| 2 | 转账支票 | 是 |
| 3 | 银行承兑汇票 | 是 |
| 4 | 商业承兑汇票 | 是 |
| 5 | 其他 | 否 |

操作步骤

(1) 在企业应用平台的"设置"选项卡中,选择【基础档案】|【收付结算】|【结算方式】命令,打开"结算方式"对话框。

(2) 单击【增加】按钮,依次录入结算方式编码、结算方式名称,根据需要选择"是否票据结算",如图 2.46 所示。

(3) 单击【保存】按钮。继续完成其他结算方式的设置。

(4) 单击【退出】按钮。

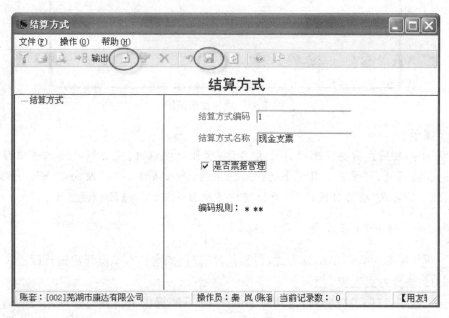

图 2.46　结算方式

**2. 银行档案设置**

例 2.21　设置银行档案:银行编码:05;银行名称:交通银行。

操作步骤

(1) 在企业应用平台的"设置"选项卡中,选择【基础档案】|【收付结算】|【银行档案】命令,打开"银行档案"对话框。

(2) 单击【增加】按钮,依次录入银行编码:05;银行名称:交通银行。如图 2.47 所示。

(3) 单击【保存】按钮。

(4) 单击【退出】按钮。

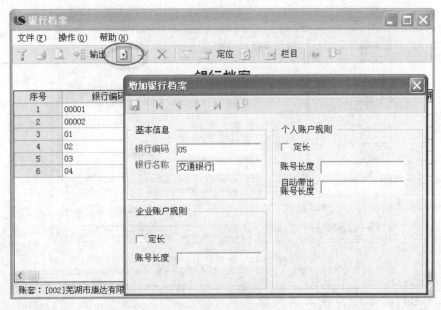

图2.47 银行档案

### 3. 本单位开户银行设置

开户银行功能用于维护及查询单位的开户银行信息。系统能支持多个开户行及账号的情况。

**例 2.22** 设置如表 2.16 所示的康达有限公司的开户银行。

表2.16 康达有限公司开户银行一览表

| 编码:001 | 银行账号:34020277657 |
|---|---|
| 币种:人民币 | 开户银行:交行滨江路支行 |
| 所属银行编码:05 | |

**操作步骤**

(1) 在企业应用平台的"设置"选项卡中,选择【基础档案】|【收付结算】|【本单位开户银行】命令,打开"本单位开户银行"对话框。

(2) 单击【增加】按钮,打开"增加本单位开户银行"对话框,依次录入如图2.48所示的编码、银行账号、币种、开户银行名称及所属银行编码。

(3) 单击【保存】按钮。

(4) 单击【退出】按钮。

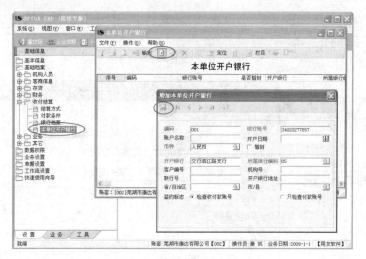

图 2.48　本单位开户银行

（七）其他——常用摘要设置

企业可以将常用摘要事先设置好，在填制凭证时直接调用，可大大提高工作效率。其主要操作步骤是：

（1）在企业应用平台的"设置"选项卡中，选择【基础档案】|【其他】|【常用摘要】命令，打开"常用摘要"设置窗口。

（2）单击【增加】按钮，输入摘要编码、摘要内容等信息，按回车键予以保存。如图 2.49 所示。

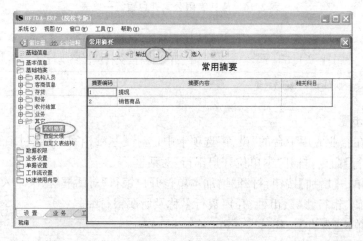

图 2.49　常用摘要

(3) 在填制凭证时,单击"摘要"栏中的【参照】按钮,打开"常用摘要"窗口,选定需要的常用摘要后,单击【选入】按钮,或者直接在"摘要"栏中输入常用摘要的编号即可。

提示

① 设置常用摘要后可以在填制凭证时调用。

② 常用摘要中的"相关科目"指使用该摘要时通常使用的相关科目。如果设置了相关科目,则在调用该常用摘要时系统会将相关科目一一列出,相关科目可以修改。

# 第三章 总账系统

## 第一节 总账系统概述

总账系统是指完成设置账户、复式记账、填制和审核凭证、登记账簿等工作的子系统。在整个会计电算化信息系统中,总账系统既是中枢,又是最基本的系统,它综合、全面、概括地反映企业各个方面的会计工作内容,其他子系统的数据必须传输到总账系统进行相应的处理,同时总账系统还把某些数据传输给其他子系统使用。许多单位的会计电算化工作往往都是从总账系统开始的。用友 ERP－U861 的总账系统与其他子系统之间的数据传递关系如图 3.1 所示。

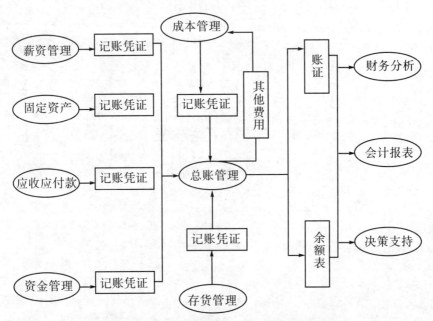

图 3.1　总账系统与其他子系统之间的数据传递关系

## 一、总账系统的功能结构

一般来说,总账系统的基本功能主要包括系统设置(初始化)、凭证管理、记账结账、查询、打印输出、系统维护等。其基本功能模块结构如图 3.2 所示。

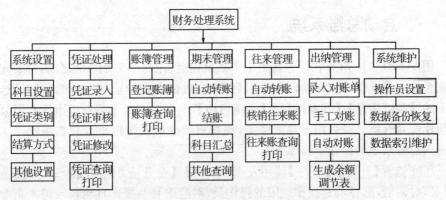

图 3.2　总账系统基本功能模块结构

## 二、总账系统的业务处理流程

第一次使用总账系统时,操作流程如图 3.3 所示。对于已有上年数据的老用户来说,只需要在上年数据的基础上进行操作即可。

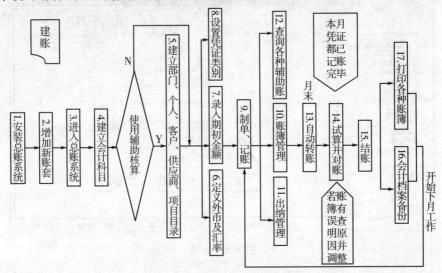

图 3.3　总账系统基本操作流程

## 第二节 总账系统的初始设置

### 一、启动总账系统

用友 ERP-U8 财务软件包含多个子系统,在使用每一个子系统之前,都要先启用该系统。系统既可以在新建账套时启用,也可以在企业应用平台的"设置"选项卡下的"【基础信息】|【基本信息】|【系统启用】"中启用。由于芜湖市康达有限公司在新建账套时就已经启用了总账系统,现在只要注册就可以进入总账系统了。注册进入总账系统的操作步骤如下。

(1)选择【开始】|【程序】|【用友 ERP-U8】|【企业应用平台】命令,弹出系统"登录"对话框,选择具有操作权限的操作员、对应账套及操作日期登录进入企业应用平台。

(2)选择"业务"选项卡,单击【财务会计】|【总账】,打开总账系统,如图 3.4 所示。

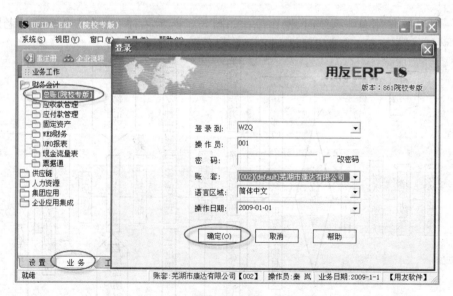

图 3.4 登录

## 二、选项设置

总账系统的选项设置就是进行系统参数设置,如果系统默认的业务参数与企业实际要求不符,应先进行业务处理控制参数的设置,使总账系统能更好地适用于本单位的会计核算。需要设置的业务处理控制参数一般主要包括"凭证"、"凭证打印"、"账簿"、"预算控制"、"权限"、"会计日历"和"其他"等选项设置。

**例 3.1** 设置如表 3.1 所示的康达有限公司的总账系统参数。

表 3.1 康达有限公司的总账系统参数

| 选项卡 | 参数设置 |
| --- | --- |
| 凭证 | 制单序时控制;支票控制;可以使用应收受控科目;可以使用应付受控科目;取消"现金流量科目必录现金流量项目";自动填补凭证断号;其他采用系统默认值。 |
| 账簿/凭证打印/预算控制 | 采用系统默认值。 |
| 权限 | 凭证审核控制到操作员;出纳凭证必须经由出纳签字;取消"允许修改、作废他人填制的凭证";其他采用系统默认值。 |
| 会计日历 | 数量小数位、单价小数位均为 2 位;其他采用系统默认值。 |
| 其他 | 部门、个人、项目排序方式均按编码排序。 |

**操作步骤**

(1) 在总账系统中,选择【设置】|【选项】命令,打开"选项"对话框。

(2) 在"选项"对话框中,单击【编辑】按钮,分别选择"凭证"、"权限"、"会计日历"、"其他"、"凭证打印"、"账簿"、"预算控制"等选项卡进行具体设置,如图 3.5、图 3.6、图 3.7、图 3.8、图 3.9 所示。

(3) 设置完毕后单击【确定】按钮。

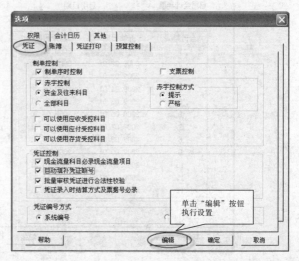

图 3.5 选项——凭证

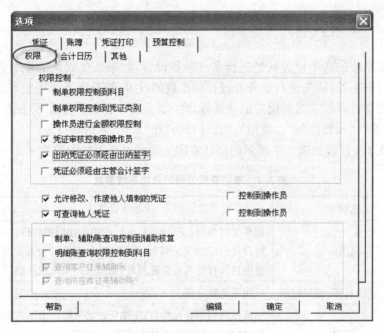

图 3.6 选项——权限

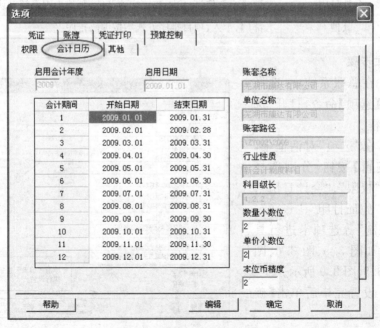

图 3.7 选项——会计日历

图 3.8 选项——其他

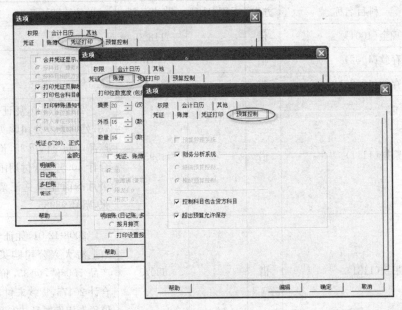

图 3.9 选项——凭证打印,选项——账簿和选项——预算控制

## 三、录入期初余额

录入期初余额是将企业在启用账套时的期初业务数据资料输入系统,这是初始化工作中必不可少的工作。如果在年初建立账套,可直接录入年初余额。如果非年初建立账套,则录入建账月份前各月的借方累计发生额、贷方累计发生额和建账月份的期初余额,系统将自动计算年初余额。

在用友软件的期初余额录入界面可以看到期初余额栏有三种不同的颜色。

(1) 数据栏为白色,表示该科目是末级科目,可以直接录入科目余额。

(2) 数据栏为灰色,表示该科目是非末级科目,此余额不需录入,系统将根据其下级明细科目的余额自动汇总计算。

(3) 数据栏为黄色,表示该科目为带有辅助核算项的会计科目余额,将光标移至设有辅助项的科目处,双击鼠标,进入相应辅助核算期初录入窗口,录入辅助核算期初数据,系统将自动计算汇总其辅助核算项金额。

(4) 借、贷方累计发生额直接输入汇总数。

**例 3.2** 录入如表 3.2 所示的康达有限公司的总账期初余额并进行期初试算平衡。

表 3.2 康达有限公司的总账期初余额

| 科目名称 | 方向 | 币别/计量 | 期初余额 | 辅助核算期初数据 |
| --- | --- | --- | --- | --- |
| 库存现金(1001) | 借 | | 11800 | |
| 银行存款(1002) | 借 | | 346464 | |
| 交行存款(100201) | 借 | | | |
| 应收票据(1111) | 借 | | 40950 | 2008-11-30,凭证号:76;芜湖康威公司购买A产品1000件,@35,价税合计40950元,付期限六个月的商业承兑汇票一张,票号98985 |
| 应收账款(1131) | 借 | | 68075 | 2008-12-01,凭证号:2;上海大兴公司购买A产品500件,@35,价税合计20475,货款未付,增值税专用发票号:98986 |

续表

| 科目名称 | 方向 | 币别/计量 | 期初余额 | 辅助核算期初数据 |
|---|---|---|---|---|
| | | | | 2008-12-10,凭证号:32;合肥中邦公司购买B产品1000件,@40,价税合计46800,货款未付,增值税专用发票号:98987 |
| | | | | 2008-12-12,凭证号:39;为合肥中邦公司代垫运费800元 |
| 原材料(1211) | 借 | | 78000 | |
| 甲材料(121101) | 借 | | 75000 | |
| | 借 | 公斤 | 15000 | |
| 乙材料(121102) | 借 | | 3000 | |
| | 借 | 公斤 | 1000 | |
| 库存商品(1243) | 借 | | 150000 | |
| A产品(124301) | 借 | | 80000 | |
| | 借 | 件 | 4000 | |
| B产品(124302) | 借 | | 70000 | |
| | 借 | 件 | 2800 | |
| 固定资产(1501) | 借 | | 3280000 | |
| 累计折旧(1502) | 贷 | | 246274 | |
| 短期借款(2101) | 贷 | | 800000 | |
| 应付账款(2121) | 贷 | | 5031 | 2008-12-02,凭证号:6;向芜湖东锐公司购买甲材料500公斤,@5.2,价税合计3042 |
| | | | | 2008-12-10,凭证号:35;向合肥新欣材料公司购买乙材料500公斤,@3.4,价税合计1989 |

续表

| 科目名称 | 方向 | 币别/计量 | 期初余额 | 辅助核算期初数据 |
|---|---|---|---|---|
| 预收账款 | 贷 | | 10000 | 2008-11-28，凭证号：66；预收合肥中邦公司货款 10000 元（转账支票，674098） |
| 应付职工薪酬(2151) | 贷 | | 45000 | |
| 职工福利(215102) | 贷 | | 45000 | |
| 长期借款(2301) | 贷 | | 500000 | |
| 实收资本（或股本）(3101) | 贷 | | 2243984 | |
| 盈余公积(3121) | 贷 | | 50000 | |
| 法定盈余公积(312101) | 贷 | | 50000 | |
| 利润分配(3141) | 贷 | | 75000 | |
| 未分配利润(314115) | 贷 | | 75000 | |

**操作步骤**

（1）在总账系统中，选择【设置】|【期初余额】命令，打开"期初余额"对话框，直接录入数据栏为白色的各末级科目的余额。

（2）双击数据栏为黄色的带有辅助核算项的会计科目，打开与辅助核算项对应的期初录入窗口，单击【增加】按钮，录入辅助核算的明细期初数据，如图 3.10 所示。

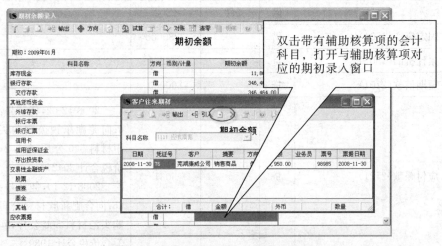

图 3.10　期初余额录入——客户往来期初

（3）各账户期初余额录入完毕后，单击【试算】按钮，弹出期初试算平衡表对话框，当显示"试算结果平衡"时，表明期初数据录入基本正确，否则需要进一步核对期初数据，如图3.11所示。

（4）单击【确认】按钮。

图3.11　期初余额录入——期初试算平衡

**提示**

① 期初余额试算不平衡，可以填制凭证，但不能记账。

② 系统只能对月初余额的平衡关系进行试算，而不能对年初余额进行试算。

③ 总账科目与其下级科目的方向必须一致。如果所录明细余额的方向与总账余额方向相反，则用"—"表示。

④ 如果某一科目有数量（外币）核算的要求，录入余额时还应输入该科目的数量（外币）。

⑤ 如果某科目涉及客户、供应商辅助核算，则必须按辅助项录入期初余额。录入余额时应分别按不同情况处理。如在总账系统中进行客户、供应商往来核算，则其操作规程与录入个人往来余额相似。如使用应收应付系统，那么应该到应收应付系统中录入客户、供应商账类的科目的明细期初余额。在总账系统中，只能录入这些科目的总余额。使用应收应付系统，若往来科目还有其他辅助核算，如部门核算或项目核算，则只能录入这些科目下各部门的总余额或各项目的总余额。

⑥ 在总账系统录入辅助科目期初余额时，如果不显示对应的个人档案信息（或录入人员编码时，系统提示"人员非法"），原因是未录入"人员档案"信息，或在

"人员档案"设置中,没有选中"是否业务员"项。

⑦ 如果要修改余额的方向,可以在未录入余额的情况下,单击"方向"按钮,改变余额的方向。

⑧ 如果年中某月开始建账,需要输入启用月份的月初余额及年初到该月的借贷方累计发生额(年初余额由系统根据月初余额及借贷方累计发生额自动计算生成)。

⑨ 凭证记账后,期初余额变为只读状态,不能再修改。

## 第三节 总账系统日常业务处理

当初始设置工作完成并确保正确后,就可以开始进行日常业务处理了。日常账务处理的任务是根据原始凭证编制的记账凭证或接收其他系统的记账凭证,经审核后完成记账工作,根据记账数据进行账证的查询、打印、输出等,同时对部门、项目和往来辅助账进行管理。

### 一、凭证处理

(一)新增凭证

在会计电算化实际工作中,凭证输入方式一般有两种:一是直接在计算机上根据审核无误准予报销的原始凭证填制记账凭证,即前台处理方式;二是先由人工制单,审核无误后再集中输入计算机系统,即后台处理方式。一般来说业务量不大或会计基础工作较好或使用网络版的用户可采用前台处理方式,而在第一年使用或正处于人机并行阶段的用户,则比较适合于采用后台处理方式。

例3.3 2009年1月,根据表3.3所示的康达有限公司发生的经济业务填制记账凭证(附单据张数略)。

表 3.3　康达有限公司 2009 年 1 月经济业务一览表

| 凭证序号 | 凭证类别 | 业务日期 | 业务摘要 | 会计分录 | | 辅助核算信息 |
|---|---|---|---|---|---|---|
| 1 | 记 | 2009.01.01 | 提现 | 借:库存现金<br>　贷:银行存款——交行存款 | 5000<br>5000 | 现金支票,票号:6767 |
| 2 | 记 | 2009.01.02 | 销售 | 借:银行存款<br>　贷:主营业务收入——A 产品<br>　　应交税费——应交增值税<br>　　　——销项税额 | 70200<br>60000<br><br>10200 | 转账支票,票号:9981;<br>数量:1000;单价:60 |
| 3 | 记 | 2009.01.10 | 报销费用 | 借:管理费用——办公费<br>　贷:库存现金 | 2000<br>2000 | |
| 4 | 记 | 2009.01.15 | 购买材料 | 借:原材料——甲材料<br>　应交税金——应交增值税<br>　　——进项税额<br>　贷:银行存款—交行存款 | 5000<br><br>850<br>5850 | 数量:1000;单价:5;<br>转账支票,票号:6768 |
| 5 | 记 | 2009.01.30 | 在建工程人员工资 | 借:在建工程<br>　贷:应付职工薪酬——工资 | 10000<br><br>10000 | 工程名称:办公楼工程 |
| 6 | 记 | 2009.01.31 | 购入包装物 | 借:周转材料<br>　贷:库存现金 | 200<br>200 | |
| 7 | 记 | 2009.01.31 | 生产车间耗用原材料甲 | 借:制造费用<br>　贷:原材料——甲材料 | 25000<br><br>25000 | 数量:5000 公斤;<br>单价:5 元 |

**操作步骤**

(1) 以具有填制凭证功能的操作员登录"总账系统"。

(2) 在"总账系统"窗口,选择【凭证】|【填制凭证】命令,打开"填制凭证"对话框,单击【增加】按钮,增加一张新凭证。

(3) 填制凭证头部分。首先选择"凭证类别",再输入"制单日期"和"附单据数"。

(4) 输入凭证正文部分。依次输入摘要、科目代码、借方金额或贷方金额,然后按回车键,继续输入下一条分录的摘要、科目代码、借方金额或贷方金额。若借贷方均无辅助账科目,则输入完内容后,可单击【保存】按钮。

(5) 若借贷方科目有辅助核算项,则要在弹出的对话框中输入辅助核算内容,如银行结算方式、往来核算、部门核算、数量核算等内容,然后单击【保存】按钮。第一笔业务的凭证如图 3.12 所示。

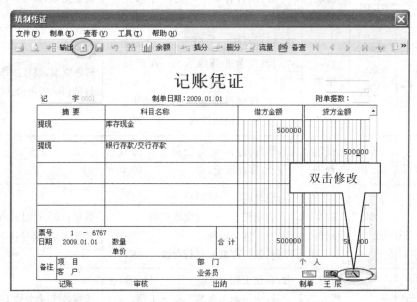

图 3.12 填制凭证

**提示**

① 输入科目编码时必须输入最末级科目编码。

② 在"科目参照"对话框中,如果没有所需科目,可以直接在"科目参照"对话框中单击【编辑】按钮,进入"新增科目设置"对话框进行科目设置。

③ 在填制凭证时如果含有辅助核算内容的会计科目,则应选择相应的辅助核算内容,否则将不能查询辅助核算的服务资料。

④ 按空格键可以改变账户的借贷方向。

⑤ 可以按"="键取当前凭证借贷方金额的差额到当前光标位置。每张凭证上只能使用一次。

⑥ 输完金额后在金额处按"—"(键盘上的减号键),系统会显示金额为红字。

⑦ 凭证填制完成后,在未审核前可以直接修改。

⑧ 凭证一旦保存,其凭证类别、凭证编号将不能修改。

⑨ 凭证日期应满足总账选项中的设置,如果默认系统的选项,则不允许凭证日期逆序。

### (二) 未审核签字前错误凭证的修改

填制凭证时,尽管系统提供了多种控制错误的措施,但误操作还是在所难免,为更正错误,可以通过系统的修改功能对错误凭证进行修改。其操作步骤是:

(1) 在"填制凭证"界面上,单击【查询】按钮,打开"查询"对话框,录入查询条件,单击【确定】按钮,查找出需要修改的凭证直接进行修改。

(2) 在"填制凭证"界面上,也可以单击"上张"或"下张"等翻页按钮,查找出所需修改的凭证直接进行修改。

(3) 单击【保存】按钮保存修改内容,如图 3.13 所示。

**提示**

① 凭证中会计科目的辅助项内容如果有错误,应先单击含有错误辅助项的会计科目,将鼠标移到备注栏中错误的辅助项所在位置,当出现"笔头状光标"时双击鼠标,在弹出的辅助项录入窗口,直接修改辅助项的内容,或者按"Ctrl+S"键或双击右下角第三个按钮调出辅助项录入窗口后进行修改,如图 3.13 所示。

② 外部系统传来的凭证不能在总账管理系统中进行修改,只能在生成该凭证的系统中进行修改。

③ 如果在总账系统的选项中没有选中"允许修改、作废他人填制的凭证",则只能由原制单人在填制凭证功能中修改或作废凭证。

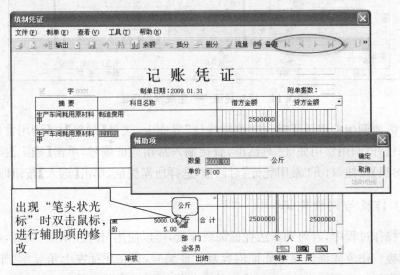

图 3.13 填制凭证——辅助项

## （三）常用凭证的保存与调用

在日常账务处理中,对于经常发生的业务凭证可通过"生成常用凭证"功能将凭证以常用凭证模板的方式保存起来,以后需要时只要通过"调用常用凭证"命令调出来,稍加修改即可满足需要。

**例 3.4** 将所编制的 1 号提现凭证生成常用凭证。

**操作步骤**

（1）在"填制凭证"界面,查询到 1 号凭证,选择【制单】|【生成常用凭证】命令,打开"常用凭证生成"对话框,输入代号和说明。

（2）单击【确定】按钮保存为常用凭证,如图 3.14 所示。

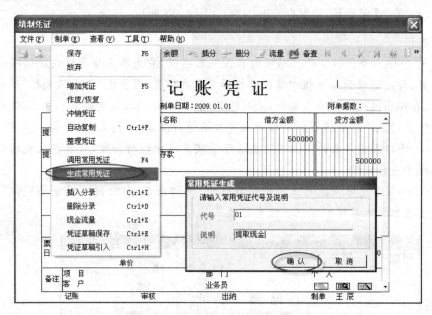

图 3.14　填制凭证——生成常用凭证

以后需要调用常用凭证时,在"填制凭证"界面上,选择【制单】|【调用常用凭证】命令,打开"调用常用凭证"对话框,直接输入常用凭证编号,单击【确定】按钮,或单击【参照】按钮,打开"常用凭证"对话框,选择所需凭证,单击【选入】按钮即可。

## （四）作废与删除凭证

日常操作过程中,若遇到非法凭证需要作废,可以使用"作废/恢复"功能,将这些凭证作废。作废凭证仍保留凭证内容及凭证编号,只在凭证左上角显示"作废"字样。作废凭证既不能修改,也不能审核。如果作废凭证不想保留时,可通过"整理凭证"功能,将其彻底删除,并对未记账凭证重新编号。

**例 3.5** 将例 3.4 中第 6 号凭证作废并删除。

**操作步骤**

(1) 在"填制凭证"窗口,通过单击【首页】、【上页】、【下页】、【末页】按钮翻页查找,或单击【查询】按钮,输入条件查找要作废的 6 号凭证。

(2) 选择【制单】|【作废/恢复】命令,凭证左上角显示"作废"字样,表示已将该凭证作废。

(3) 选择【制单】|【整理凭证】命令,在弹出的对话框中选择要整理的月份,如"2009-01",单击【确定】按钮。

(4) 在打开的"作废凭证表"对话框中,双击需删除凭证所在行"删除"空白栏,显示"Y"标志,单击【确定】按钮。

(5) 系统提示"是否还需整理凭证断号",单击【是】按钮进行整理。如图 3.15 所示。

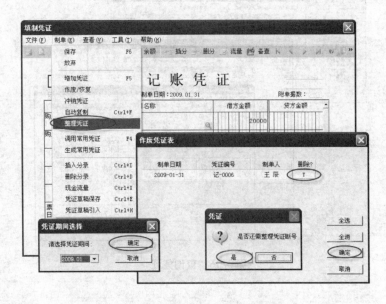

图 3.15 填制凭证——整理凭证

**提示**

① 若要彻底删除凭证,必须先将凭证进行"作废"操作,然后再进行"整理"操作。

② 只能对未记账凭证进行凭证整理。已记账凭证进行凭证整理,应先取消记账,再做凭证整理。

③ 作废凭证不能修改、不能审核。

④ 对于作废凭证,可以单击"作废/恢复"命令,取消"作废"标志。

⑤ 账簿查询时查不到作废凭证的数据,但该张凭证仍然占有原凭证编号。

⑥ 未审核的凭证可以直接删除,已审核或已进行出纳签字的凭证,必须在取消审核及出纳签字后才能删除。

### (五)查询凭证

在制单过程中,可以通过查询功能对已记账和未记账的凭证进行查看。

(1)单击【凭证】|【查询凭证】命令,打开"查询凭证"对话框,输入查询凭证的条件后,系统显示凭证一览表。在凭证一览表中双击所要查询的凭证,则显示该张凭证,如图3.16所示。

(2)在单张凭证界面,可通过翻页查找,或者单击【查询】按钮进行凭证查询。

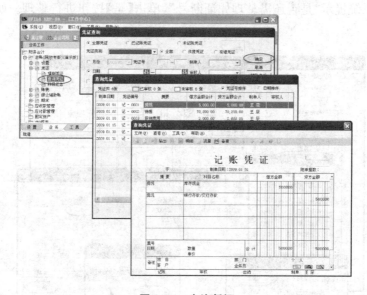

图3.16 查询凭证

**提示**

① 在"查询凭证"功能中既可以查询已记账凭证,也可以查询未记账凭证。而在填制凭证功能中只能查询到未记账凭证。

② 在"查询凭证"功能中还可以查询作废凭证、有错凭证、某制单人填制的凭证、其他子系统传递过来的凭证及一定日期区间、一定凭证号区间的记账凭证。

③ 已记账凭证除了可以在"查询凭证"功能中查询之外,还可以在"查询账簿资料"时,以联查的方式查询。

## 二、审核凭证

凭证审核是指由具有审核权限的操作员按照会计制度规定,对制单人填制的记账凭证进行合法性检查。只有经过审核的记账凭证才能作为正式凭证进行记账处理。在实际工作中,有的企业需要进行出纳签字管理,由出纳对带有现金或银行存款科目的凭证进行检查并签字后,才可以进行凭证审核。所以,凭证审核主要包括出纳签字、审核员审核签字、主管签字等方面的工作。

### (一)出纳签字

企业可根据实际需要决定是否要对出纳凭证进行出纳签字管理,若不需要此功能,可在"选项"中取消"出纳凭证必须经由出纳签字"的设置。

**例3.6** 对002账套的记账凭证进行出纳签字。

**操作步骤**

(1)以出纳身份(陈德好)进入总账系统,选择【凭证】|【出纳签字】命令,打开"出纳签字"对话框。

(2)在"出纳签字"对话框中,选择凭证类别"记账凭证",单击【确认】按钮,打开"出纳签字"情况窗口。

(3)在"出纳签字"情况窗口中,单击【确定】按钮,打开待签字的第一张凭证。

(4)单击【签字】按钮,逐张进行出纳签字或者选择【签字】|【成批出纳签字】命令,进行成批出纳签字,如图3.17所示。

(5)单击【确定】按钮,完成出纳签字。

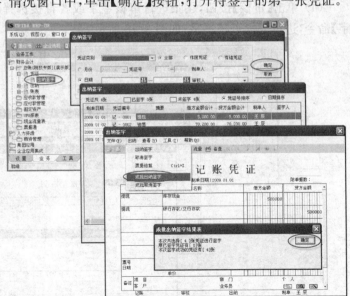

图3.17 出纳签字

**提示**

① 要进行出纳签字的操作应至少满足以下两个条件：第一，在"总账系统"的"选项"中已经设置了"出纳凭证必须经由出纳签字"；第二，已经在会计科目中进行了"指定科目"的操作。

② 出纳签字后的凭证不能直接修改与删除，只有取消签字后才可以修改或删除。取消签字只能由出纳员自己进行。

③ 出纳签字并非审核凭证的必要步骤。若在设置总账参数时，未选择"出纳凭证必须经由出纳签字"，则可以不执行出纳签字的操作。

### （二）审核签字

审核是指具有审核权限的操作员按照会计制度规定，对制单人填制的记账凭证进行合法性检查。

**例3.7** 对002账套的记账凭证进行审核签字。

**操作步骤**

（1）以账套主管身份（秦岚）进入总账系统，选择【凭证】|【审核凭证】命令，打开"审核凭证"对话框。

（2）在"凭证审核"对话框中，单击【确认】按钮，打开"凭证审核"窗口。

（3）在"凭证审核"窗口中，单击【确定】按钮，打开待审核签字的第一张凭证。

（4）单击【审核】按钮，逐张进行审核签字或者直接选择【审核】|【成批审核签字】命令，进行成批审核签字，如图3.18所示。

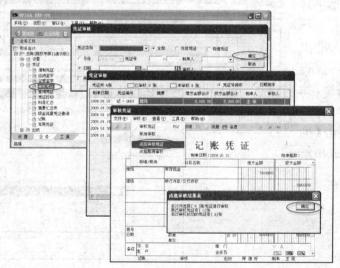

图3.18 审核凭证

（5）单击【确定】按钮。

提示

① 审核人和制单人不能是同一人。

② 审核人必须具有审核权限。若在总账系统的选项中选中"凭证审核控制到操作员"复选框，则应继续设置审核的明细权限，即"数据权限"中的"用户"权限，该用户才真正拥有了审核凭证的权限。

③ 在审核凭证时还可以对错误凭证进行"标错"处理。作废凭证既不能被审核，也不能被标错。

④ 凭证审核签字后，不能对其进行修改或删除，只有取消审核签字后才可以进行修改或删除。

## 三、记账

记账，即登记账簿。记账凭证经过审核签字后，即可用来登记总账、明细账、日记账、部门账、往来账、项目账及备查账等。记账工作采用向导方式，使记账过程更加明确。

（一）记账的操作方法

**例 3.8** 对 002 账套 2009 年 1 月已经审核签字的记账凭证进行记账处理。

**操作步骤**

（1）选择有记账权限的操作员，如秦岚，选择【凭证】|【记账】命令，打开"记账"对话框中的"选择本次记账范围"命令，双击并输入需要记账的凭证范围，如果不输入记账范围，系统默认为所有凭证，如图 3.19 所示。

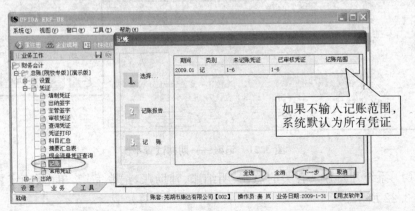

图 3.19 记账——选择

(2) 单击【下一步】按钮，打开"记账——记账报告"对话框，单击【下一步】按钮，进入如图 3.20 所示的记账报告对话框。

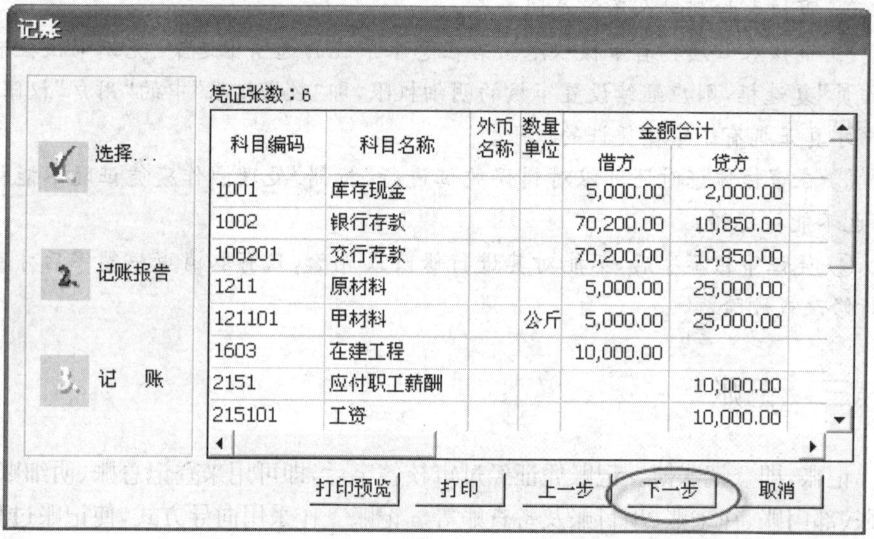

图 3.20　记账——记账报告

(3) 单击【下一步】按钮，进入"记账"对话框，单击【记账】按钮，打开"期初试算平衡表"对话框，单击【确定】按钮，如图 3.21 所示。

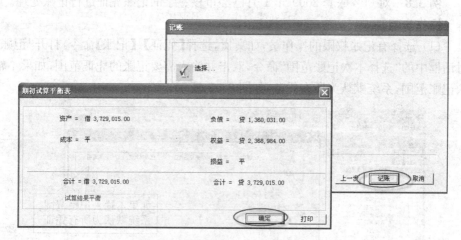

图 3.21　记账——期初试算平衡

(4) 系统开始登录有关的总账、明细账、辅助账，记账完毕，单击【确定】按钮，如图 3.22 所示。

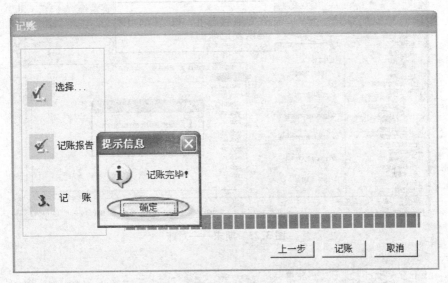

图 3.22　记账

**提示**

① 第一次记账时,若期初余额试算不平衡,不能记账。

② 上月未记账,本月不能记账。

③ 未审核凭证不能记账。

④ 如果不输入记账范围,系统默认为所有凭证。

⑤ 已记账的凭证不能在填制凭证功能中查询。

（二）恢复记账前状态（取消记账）

由于某种原因,如记账过程中,由于断电使记账发生中断等,导致记账错误,或者记账后发现输入的记账凭证有错误,需进行修改,可调用恢复记账前状态功能,将数据恢复到记账前状态,待调整完成后再重新记账。系统提供两种恢复记账前状态的方式:一种是将系统恢复到最后一次记账前状态;另一种是将系统恢复到本月月初状态。取消记账的操作步骤是：

（1）在"总账系统"窗口,选择【期末】|【对账】命令,打开"对账"对话框。

（2）按"Ctrl+H"键,系统弹出如图 3.23 所示的"恢复记账前状态功能已被激活"提示对话框,单击【确定】按钮。

（3）单击【退出】按钮,返回到"总账系统"窗口,选择【凭证】|【恢复记账前状态】命令,打开如图 3.24 所示的"恢复记账前状态"对话框。

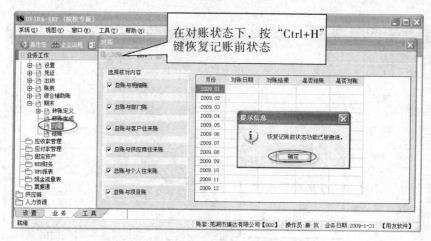

图 3.23　期末——对账

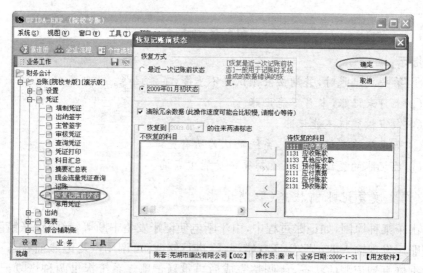

图 3.24　凭证——恢复记账前状态

(4) 选择一种恢复方式,如选择恢复到"2009 年 01 月初状态",单击【确定】按钮。弹出"请输入主管口令"对话框(本例中无口令),单击【确认】按钮。提示"恢复记账完毕!"信息,单击【确定】按钮。

提示

① 只有账套主管才能取消记账,恢复到记账前状态。

② 已结账的月份不能取消记账。如果要恢复到记账前状态,可以取消结账后再取消记账。

## 四、已记账凭证的修改

日常业务处理时,如果在未记账前发现凭证有错误,可以通过直接修改或取消签字后进行修改的方法来保证凭证的正确无误。如果凭证已记过账,按照有关规定,只能对错误凭证采取红字冲销法或补充登记法进行更正,即对凭证修改采取有痕迹的修改,以保证留下审计线索。

### (一)红字冲销凭证

红字冲销凭证法,即对错误凭证采用增加一张红字凭证全额冲销,若需要,再增加一张蓝字正确凭证补充的方法。会计电算化方式下,红字冲销凭证的适用条件和操作思路与手工会计相同。

**例 3.9**  1 月 31 日,出纳员经过对账发现第 3 号记账凭证有错误,报销的办公费应为 1800 元,而凭证误操作为 2000 元。要求王辰予以更正。

**分析**:通过查询凭证功能发现,这张凭证已经记过账,所以只能采取红字冲销法来更正。

**操作步骤**

(1)选择具有冲销凭证权限的人(本例为王辰)登录总账系统并进入"填制凭证"窗口。

(2)选择【制单】|【冲销凭证】命令,出现"冲销凭证"对话框。

(3)在"凭证号"栏录入"3",如图 3.25 所示。

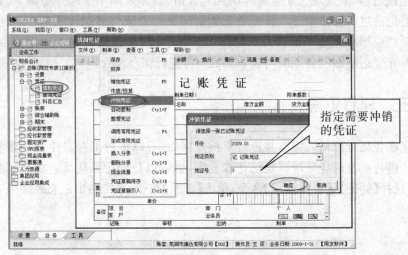

图 3.25  "冲销凭证"对话框

（4）单击【确定】按钮，系统自动生成一张红字冲销凭证，将借贷方红字金额改为200，如图3.26所示，单击【确定】按钮。

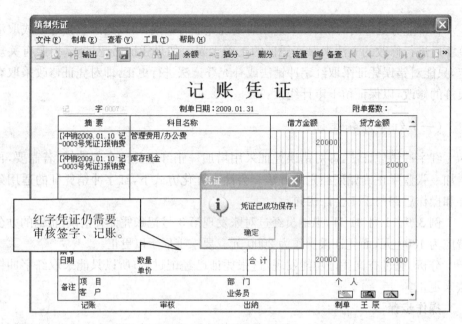

图3.26　生成的红字凭证

### （二）补充登记法

记账后，如果发现凭证金额有误且凭证借、贷方金额小于应计金额，可以采取补充登记法进行更正修改。补充登记凭证的操作方法与填制凭证基本相同，只是在摘要栏应填写补充×年×月×号××××字样，在金额栏输入少记金额即可。通过补充登记增加的凭证应与正常凭证一样进行保存和管理。

## 五、科目汇总

记账凭证全部输入完毕并进行审核签字后，可以进行汇总并生成一张科目汇总表。进行汇总的凭证可以是已记账凭证，也可以是未记账凭证。在"填制凭证"窗口，选择【凭证】|【科目汇总】命令，单击【汇总】按钮，系统给出汇总表结果。

## 第四节 出纳管理

出纳管理包括现金日记账、银行存款日记账的输出,支票登记簿的管理以及银行对账等功能,利用"出纳管理"功能将有利于企业出纳人员完成出纳工作,提高现金、银行账的信息化处理能力。

### 一、出纳账的查询

出纳账查询包括现金日记账、银行日记账和资金日报表的查询,通过出纳查询可对现金、银行存款进行了解、分析,并为企业管理提供及时准确的信息。

**例3.10** 查询002账套2009年1月的银行存款日记账。

**操作步骤**

(1) 在"总账系统"中,选择【出纳】|【银行存款日记账】命令,打开"银行日记账查询条件"对话框。

(2) 选择查询科目、查询期间及查询方式,如图3.27所示。

(3) 单击【确定】按钮,打开"银行日记账"窗口,如图3.28所示,选中某条记录,单击【凭证】按钮,可查看对应的记账凭证,单击【总账】按钮,可查看银行存款总账。

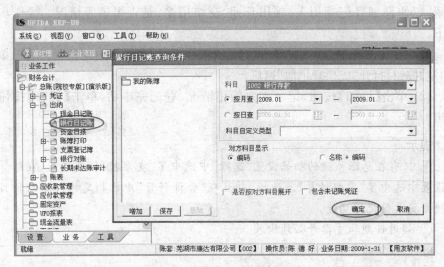

图3.27 银行日记账查询条件

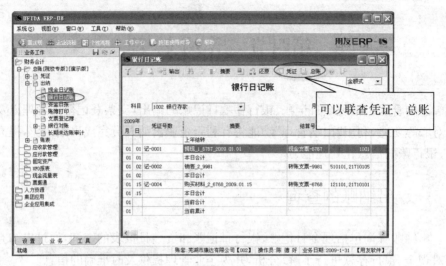

图 3.28 银行日记账——联查凭证

**提示**

只有在"会计科目"功能中使用"指定科目"功能指定"现金总账科目"及"银行总账科目",才能查询"现金日记账"及"银行存款日记账"。

## 二、支票登记簿

与手工会计一样,为了加强对银行支票的管理,出纳人员通常需要建立支票登记簿,以便详细登记领用人、领用日期、支票用途、是否报销等情况。操作步骤如下:

(1) 在"总账系统"中,选择【出纳】|【支票登记簿】命令,选择"银行科目",单击【确定】按钮,打开"支票登记簿"窗口。

(2) 单击【增加】按钮,记录支票领用情况,登记完毕后,单击【保存】按钮后退出。

**提示**

① 只有在总账系统的初始设置"选项"中选中了"支票控制"复选框,在结算方式设置中选中了"票据结算"复选框,并且在"会计科目"中已指定银行账的科目才能使用支票登记簿功能。

② 领用日期和支票号必须输入。

③ 已报销的支票可成批删除。

④ 针对不同的银行账户分别登记支票登记簿。

## 三、银行对账

银行对账是将单位的银行存款日记账与银行传递来的对账单进行勾对,以及时查明未达账项、记录差错等情况,这是企业财务管理的一项重要工作。

银行对账一般通过以下几个步骤来完成:录入银行对账期初数据、录入银行对账单、进行银行对账、编制余额调节表、查询对账单和日记账的勾对情况、核销已达账。

### (一) 录入银行对账期初数据

为了保证银行对账的正确性,在使用银行对账功能进行对账之前,必须在开始对账的月初将日记账、银行对账单未达项输入系统中。使用账务处理系统处理日常业务后,系统将自动形成银行日记账的未达账项。

**例 3.11** 002 账套银行账的启用日期为 2009 年 1 月 1 日,交行人民币户企业银行存款日记账余额为 346464 元,银行对账单期初余额为 345567 元,未达账系企业已收、银行未收款 897 元(2008 年 12 月 31 日,记账凭证 88 号;结算方式:其他)。请根据以上资料录入 002 账套银行对账期初余额。

**操作步骤**

(1) 在"总账系统"中,选择【出纳】|【银行对账】|【银行对账期初录入】命令,打开"银行科目选择"对话框。

(2) 单击【确定】按钮,打开"银行对账期初"对话框。

(3) 在单位日记账"调整前余额"栏输入 346464,在银行对账单"调整前余额"栏输入 345567,如图 3.29 所示。

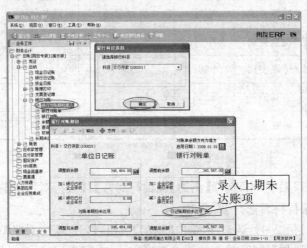

图 3.29 银行对账期初录入

(4)单击"日记账期初未达项"录入单位日记账期初未达项,在"企业方期初"窗口单击"增加"按钮,输入未达账项数据,如图 3.30 所示。

(5)单击【返回】按钮,在"银行对账期初"窗口显示调整后余额。

(6)单击【退出】按钮。

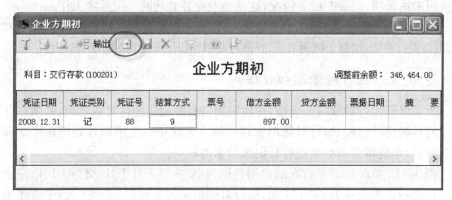

图 3.30　企业方期初

### (二)录入银行对账单

要实现计算机自动进行银行对账,在每月月末对账前,必须将银行开出的银行对账单输入计算机,存入对账单文件。

**例 3.12**　输入芜湖市康达有限公司 2009 年 1 月交行的银行对账单见表 3.4。

表 3.4　芜湖市康达有限公司 2009 年 1 月交行的银行对账单

| 日期 | 结算方式 | 票号 | 借方金额 | 贷方金额 | 余额 |
| --- | --- | --- | --- | --- | --- |
| 2009.01.01 | 现金支票 | 6767 |  | 5000.00 | 340567.00 |
| 2009.01.03 | 转账支票 | 9981 | 70200.00 |  | 410767.00 |
| 2009.01.05 | 其他 | 1235 |  | 8750 | 402017.00 |
| 2009.01.15 | 转账支票 | 6768 |  | 25000 | 377017.00 |

**操作步骤**

(1)在"总账系统"中,选择【出纳】|【银行对账】|【银行对账单】命令,打开如图 3.31 所示的"银行科目选择"对话框。

(2)选择月份 2009 年 1 月,单击【确定】按钮,打开"银行对账单"对话框。

(3)单击【增加】按钮,输入如图 3.32 所示的对账单记录。

(4) 单击【退出】按钮。

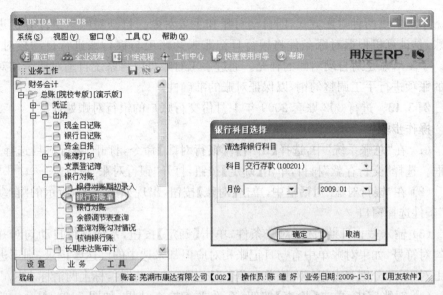

图 3.31 银行对账单——"银行科目选择"对话框

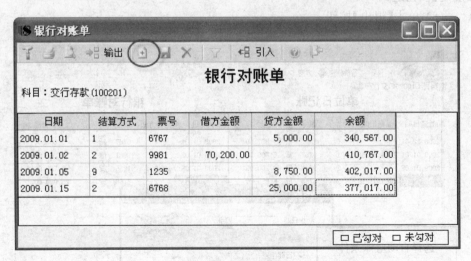

图 3.32 银行对账单

**提示**

录入银行对账单时,其余额由系统根据银行对账单期初自动计算生成。

## （三）进行银行对账

系统提供两种对账方式，即自动对账和手工对账。自动对账是由计算机进行对账，是计算机根据对账条件将银行日记账未达账项与银行账进行自动核对、勾销。手工对账是对自动对账的补充。通过手工对账可以将系统自动对账未勾对出来的账项进行手工调整勾销，以保证对账的准确性。

**例 3.13** 进行 002 账套 2009 年 1 月份交行账户的银行对账处理。

**操作步骤**

（1）在"总账系统"中，选择【出纳】|【银行对账】命令，打开"银行科目选择"对话框。选择"交行存款"科目，单击【确定】按钮，打开"银行对账"窗口。

（2）在"银行对账"对话框中，单击【对账】按钮，出现如图 3.33 所示的"自动对账"条件选择窗口。

（3）输入截止日期，选择对账条件，单击【确定】按钮，系统进行自动勾对并作出勾对符号，如果对账单中有与日记账相对应但却未选中的已达账记录，则可进行手工对账，即分别双击银行对账单和单位日记账的"两清"栏，标上两清标志"√"。

（4）对账完毕，单击【检查】按钮，查看平衡检查结果，如图 3.34 所示。单击【确定】按钮返回。

（5）单击【退出】按钮。

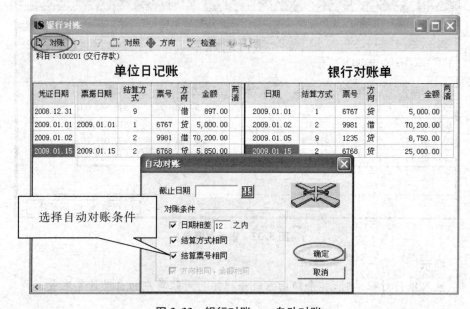

图 3.33　银行对账——自动对账

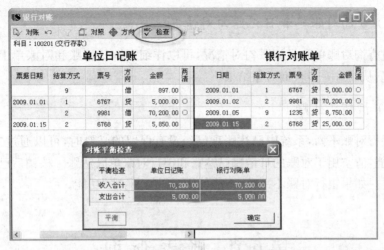

图 3.34　银行对账——对账平衡检查

## （四）查询余额调节表

对账完成后，可以查询余额调节表，其操作步骤是：

（1）选择【出纳】|【银行对账】|【余额调节表查询】命令，打开"银行存款余额调节表"窗口。

（2）单击【查看】按钮或直接双击该行，系统即显示出生成的"银行余额调节表"，如图 3.35 所示。

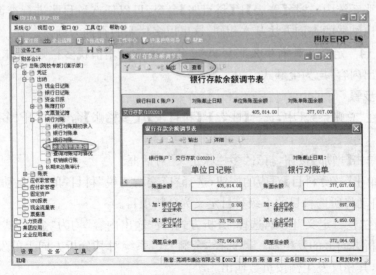

图 3.35　银行存款余额调节表

### (五)查询对账单和日记账勾对情况

通过查询对账单和日记账勾对情况,可以详细了解日记账和对账单上勾对的明细情况,从而进一步查询对账结果。

### (六)核销已达账

当银行对账平衡,系统中已达账项已经没有保留的必要时,可以通过"核销已达账"功能,清空用于对账的日记账已达账和银行对账单已达账。核销后已达账不能被恢复。如果银行对账不平整,不能使用"核销银行账"功能。

## 第五节 账表查询

凭证制单、审核和记账(如果在查询或打印时选择未记账功能也可)之后,系统就可以生成正式的会计账簿,可以进行查询、统计和打印等操作。会计账表查询主要包括总账、发生额、余额表、明细账、日记账、序时账、多栏账及日报表查询等基本账表查询,客户往来账、供应商往来账、个人往来账、部门辅助账、项目辅助账、综合辅助账等辅助账查询以及现金流量表的查询等。本节以科目账查询为例,简单介绍基本账表的查询方法。

在总账系统中,选择【账表】|【科目账】命令,可以任选科目账进行查询。其查询方法与出纳账的查询方法基本相同,这里以多栏账的查询为例。

**例3.14** 定义并查询002账套2009年1月应交增值税多栏账,要求"分析方式"及"输出内容"均为金额式。

**操作步骤**

(1) 在"总账系统"中,选择【账表】|【科目账】|【多栏账】命令,打开"多栏账"对话框。

(2) 单击【增加】按钮,打开"多栏账定义"对话框。

(3) 单击【核算科目】对应的按钮,选择"应交增值税"科目,单击【自动编排】按钮,系统自动将所选科目的下级科目定义为分析项目。

(4) 在"栏目定义"区域,选择"分析方式"及"输出内容"均为"金额"式,系统只输出其分析方向上的发生额。若选择"余额"式,系统对其分析方向上的发生额按正数输出,其相反发生额按负数输出。

(5) 单击【选项】按钮,单击"分析栏目前置"项,将"进项税额"的方向改为借方。如图 3.36 所示。

图 3.36　多栏账——多栏账定义

（6）单击【确定】按钮，返回到"多栏账"对话框。

（7）单击【查询】按钮，在"多栏账查询"对话框中，选择要查询的应交增值税多栏账及查询期间，如图 3.37 所示。

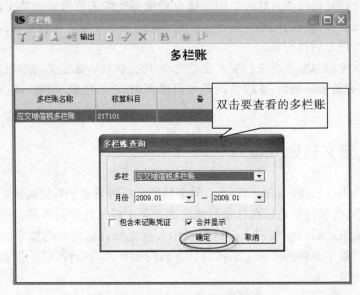

图 3.37　多栏账——多栏账查询

(8)单击【确认】按钮,即可查看到所定义的多栏账,如图 3.38 所示。

图 3.38  多栏账查询

## 第六节  总账系统期末处理

期末处理是指将本月所发生的经济业务全部登账之后所要做的工作,主要包括期末转账业务、对账、结账等内容。总账系统的期末处理要在其他业务管理系统完成期末处理之后进行。

第一次使用总账系统进行期末业务处理,应先执行转账定义,设置自动转账分录,在定义完转账分录后,在以后的各月只要调用"转账生成"功能,即可快速生成转账凭证。

### 一、定义转账凭证

转账分为外部转账和内部转账。外部转账是指将其他子系统生成的凭证转到总账系统中;内部转账是指在总账系统内部把某个或某几个会计科目中的余额或本期发生额结转到一个或多个会计科目中。这里所介绍的是总账系统的内部转账。自动转账主要包括自定义结转、对应结转、销售成本结转、汇兑损益结转和期间损益结转等。

## （一）自定义转账凭证的设置

"自定义转账"功能可以完成对各种费用的分配、分摊、计提及税金的计算等，可以自定义期间损益转账凭证，系统也单独提供了"期间损益转账"的功能，用户可根据实际情况决定采用哪一种。如果用户使用了应收、应付系统，那么，在总账系统中，不能按客户、供应商辅助项进行结转，只能按科目总数进行结转。

**例 3.15** 定义 001 账套预提短期借款利息的凭证，年利息率为 6%。

借：财务费用　　取对方科目计算结果

　　贷：应付利息　　2101 科目的贷方期末余额×0.06/12

**操作步骤**

(1) 在总账系统中，选择【期末】|【转账定义】|【自定义转账】命令，打开"自定义转账设置"对话框。

(2) 单击【增加】按钮，打开"转账目录"对话框。

(3) 输入转账序号"1"，转账说明"计提短期借款利息"，选择凭证类别"记账凭证"，单击【确定】按钮，如图 3.39 所示。

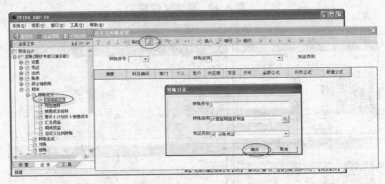

**图 3.39　自定义设置——转账目录**

(4) 在打开的"自定义转账设置"窗口，输入第一条记录的科目编码"5503"、方向"借"、金额公式"JG( )"等栏目内容。

(5) 单击【增行】按钮，继续定义转账分录下一行。科目编码选择"2191"，方向选择"贷"，在金额公式栏，单击按钮，选择期末余额，单击【下一步】按钮。

(6) 打开"公式向导"对话框，选择会计科目"2101"、期间"月"、方向"贷"，选中"继续输入公式"复选框，单击（*乘）按钮，单击【下一步】按钮，如图 3.40 所示。

(7) 选择常数，单击【下一步】按钮，在常数文本框中输入"0.06"；选中"继续输入公式"复选框；单击（/除）按钮；单击【下一步】按钮。

(8) 选择常数;在常数文本框中输入"12",如图 3.41 所示。

(9) 单击【完成】按钮,单击【保存】按钮,如图 3.42 所示。

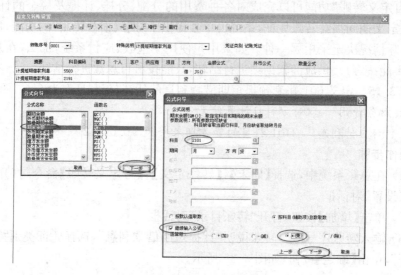

图 3.40 自定义设置

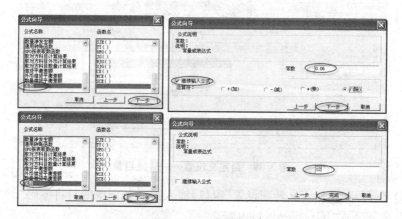

图 3.41 公式向导

图 3.42 自定义转账设置——计提短期借款利息

**提示**

① 转账科目可以为非末级科目,部门可为空,表示所有部门。

② 如果使用应收款、应付款管理系统,则在总账管理系统中,不能按客户、供应商辅助项进行结转,只能按科目总数进行结转。

## (二) 对应结转设置

对应结转就是将某个会计科目或某几个会计科目的余额结转到一个或多个会计科目中。对应结转功能只能结转期末余额。若要结转发生额,则应在自定义中设置。

**例 3.16** 定义 002 账套"结转制造费用"对应结转分录,内容如下:

借:生产成本——A 产品 (转入 60％)
  生产成本——B 产品 (转入 40％)
贷:制造费用(转出)

**操作步骤**

(1) 在总账系统中,选择【期末】|【转账定义】|【对应结转】命令,打开"对应结转设置"对话框,在编号栏输入"0001",选择凭证类型"记账凭证",在摘要栏输入"结转制造费用",从转出科目编码栏中选出制造费用的编码"4105",转出科目名称栏自动显示"制造费用"。

(2) 单击【增行】按钮,系统在下方窗口中新增一空白行,在转入科目编码栏中选出"生产成本——A 产品"科目编码"410101",在结转系数栏输入"0.6"。

(3) 单击【增行】按钮,在转入科目编码栏中选出"生产成本——B 产品"科目编码"410102",在结转系数栏输入"0.4",单击【保存】按钮。如图 3.43 所示。

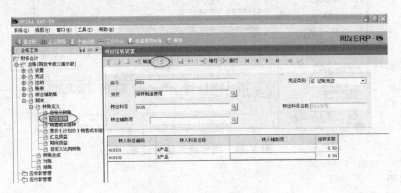

图 3.43 对应结转设置

**提示**

① 对应结转不仅可进行两个科目一对一的结转,还可以进行科目的一对多的结转。

② 对应结转功能只结转期末余额。如果有辅助核算,则两个科目的辅助核算必须一一对应。

③ 对应结转的科目可以是上级科目,但其下级科目的科目结构必须一致(相同明细科目)。

### (三) 销售成本结转

销售成本结转功能主要是月末辅助没有启用"购销存业务"模块的企业完成销售成本的计算和结转。

**例 3.17** 定义 002 账套结转当月销售成本的凭证。

**操作步骤**

(1) 在"总账系统"中,选择【期末】|【转账定义】|【销售成本结转】命令,打开"销售成本结转设置"对话框。

(2) 在"凭证类别"下拉列表框中选择凭证类别"记账凭证",在"库存商品科目"文本框中输入科目编码"1243";在"商品销售收入科目"文本框中输入科目编码"5101";在"商品销售成本科目"文本框中输入科目编码"5401",如图 3.44 所示。

(3) 单击【确定】按钮。

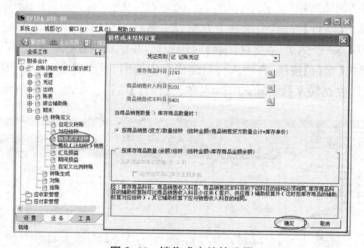

图 3.44 销售成本结转设置

**提示**

① 库存商品、主营业务收入、主营业务成本科目的账簿格式必须是数量金额式,且应一一对应。

② 库存商品、主营业务收入、主营业务成本科目的下级科目的结构必须相同,并且都不能带往来辅助核算。如果要对带往来辅助核算的科目结转成本,需到自

定义转账中定义。

### （四）期间损益结转

期间损益结转主要用于在一个会计期间终了时将损益类科目的余额结转到本年利润科目中,从而及时反映企业利润的盈亏情况。

**例 3.18**　定义 002 账套结转期间损益的凭证。

**操作步骤**

(1) 在总账系统中,选择【期末】|【转账定义】|【期间损益】命令,打开"期间损益结转设置"对话框。

(2) 在"凭证类别"下拉列表框中选择凭证类别"记账凭证",在"本年利润科目"文本框中输入科目编码"3131",如图 3.45 所示。

(3) 单击【确定】按钮。

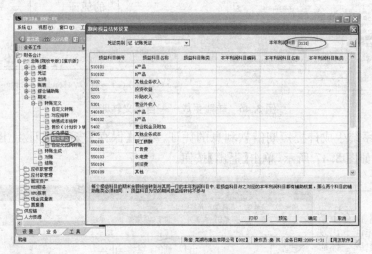

图 3.45　期间损益结转设置

## 二、转账凭证的生成

在定义完转账分录后,每月月末只需执行本功能,即可由计算机自动生成转账凭证,在此生成的转账凭证,仍需经审核、记账才真正完成结转工作。

由于转账是按照已记账的数据进行计算的,因此在进行月末转账工作之前,必须将所有未记账凭证记账,否则,将会影响生成的转账凭证数据的正确性。特别是对于相关转账分录,必须按顺序依次进行转账生成、审核、记账。转账凭证每月只能生成一次。

**例 3.19** 根据已自定义的转账凭证生成自动转账凭证。

**操作步骤**

（1）选择有生成自动转账凭证的操作员王辰，在总账系统中，选择【期末】|【转账生成】命令，打开"转账生成"对话框。

（2）双击要生成凭证所在的行，单击【确定】按钮，如图 3.46 所示。

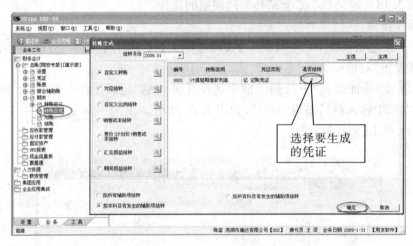

图 3.46 转账生成——自定义转账

（3）系统生成计提短期借款利息的凭证，单击【保存】按钮，凭证上出现"已生成"标志，如图 3.47 所示，单击【退出】按钮。

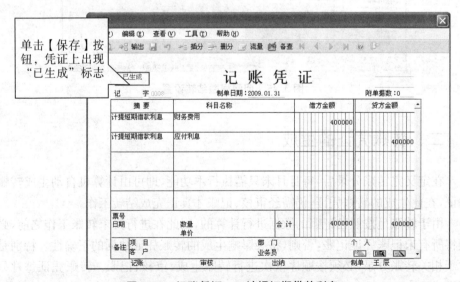

图 3.47 记账凭证——计提短期借款利息

## 提示

① 为保证自动转账凭证生成的正确性,当系统提示"2009.01月之前有未记账凭证,是否继续结转",先单击"否"按钮。

② 回到"填制凭证"窗口,查看未记账的凭证与要生成的自动转账凭证有无数据上的关联。若无关系,则可重新执行(1)(2)步骤生成凭证;若存在数据上的关联关系,则先将未记账的凭证审核、记账,然后执行生成自动转账凭证的步骤。

③ 自动转账生成的凭证仍需审核、记账。

**例 3.20** 根据已自定义的对应结转凭证生成自动转账凭证。

**操作步骤**

(1) 选择生成自动转账凭证的操作员王辰,在总账系统中,选择【期末】|【转账生成】命令,打开"转账生成"对话框。

(2) 在"转账生成"窗口,单击【对应结转】单选按钮,单击【全选】按钮,单击【确定】按钮,系统提示"2009.01月之前有未记账凭证,是否继续结转?",在确定未记账的凭证与要生成的自动转账凭证无数据上的关联后,单击【是】按钮。如图 3.48 所示。

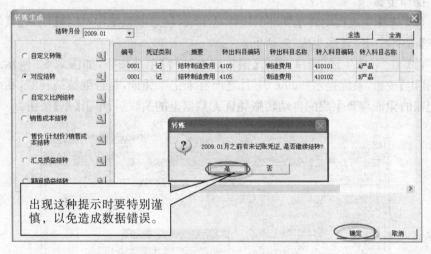

图 3.48 转账生成——对应结转

(3) 系统自动生成结转制造费用的凭证,单击【保存】按钮,凭证上出现"已生成"标志,如图 3.49 所示,单击【退出】按钮。

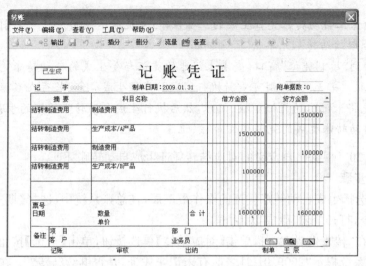

图 3.49 转账生成——对应结转凭证

**例 3.21** 根据已定义的结转销售成本的凭证生成自动转账凭证。

**操作步骤**

(1) 选择生成自动转账凭证的操作员王辰,在总账系统中,选择【期末】|【转账生成】命令,打开"转账生成"对话框。

(2) 在"转账生成"窗口,单击【销售成本结转】单选按钮,如图 3.50 所示。单击【确定】按钮,系统提示"2009.01 月之前有未记账凭证,是否继续结转?",在确定未记账的凭证与要生成的自动转账凭证无数据上的关联后,单击【是】按钮。

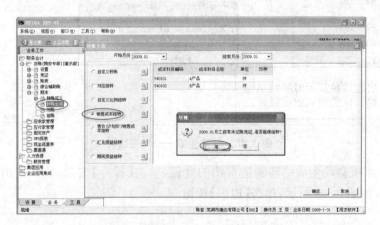

图 3.50 转账生成——销售成本结转

(3) 打开如图 3.51 所示的"销售成本结转一览表"窗口,单击【确定】按钮,系统生成结转销售成本的凭证,单击【保存】按钮,单击【退出】按钮。

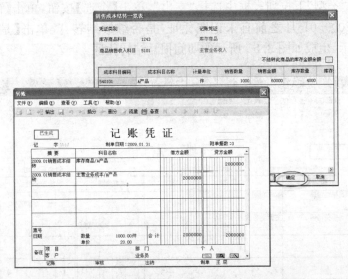

图 3.51　销售成本结转一览表与结转销售成本凭证

**例 3.22**　根据已定义的结转期间损益的凭证生成自动转账凭证。
**操作步骤**
(1) 检查当月所有凭证是否均已审核、记账。
(2) 选择生成自动转账凭证的操作员王辰,选择【期末】|【转账生成】命令,打开"转账生成"对话框,单击【期间损益结转】单选按钮,单击【确定】按钮,打开"转账生成"对话框。
(3) 在"类型"下拉列表框中选择"收入",单击【全选】按钮,如图 3.52 所示,单击【确定】按钮,生成如图 3.53 所示的期间损益结转凭证。

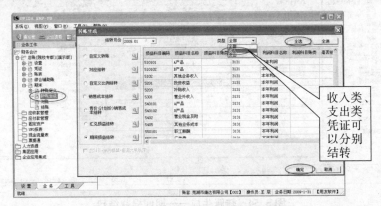

图 3.52　转账生成——期间损益结转

(4) 单击【保存】按钮,单击【退出】按钮。

(5) 在"类型"下拉列表框中选择"支出",单击【全选】按钮,单击【确定】按钮,系统提示"2009.01 月之前有未记账凭证,是否继续结转?",单击【是】按钮。如图 3.54 所示,生成如图 3.55 所示的期间损益结转凭证。

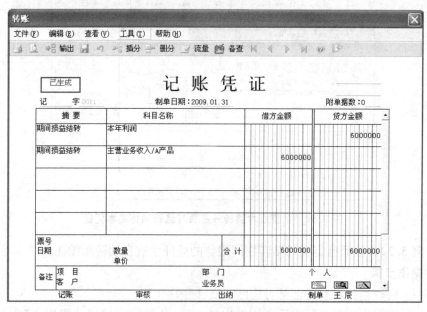

图 3.53 记账凭证——期间损益结转

图 3.54 转账生成——期间损益结转

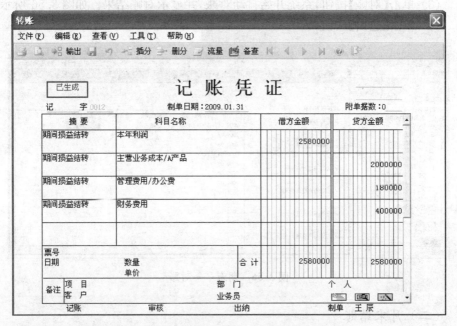

图 3.55　记账凭证——期间损益结转

**提示**

① 转账凭证生成的工作应在月末进行。如果有多种转账凭证形式,特别是涉及多项转账业务,一定要注意转账的先后次序。

② 期末自动转账处理工作是针对已记账业务进行的,因此,在进行月末转账工作之前应将所有未记账凭证记账。

## 三、月末对账和结账

### (一) 月末对账

在会计期末,除了对收入、费用类账户余额进行结转外,还要进行对账、结账。为了保证账证相符、账账相符,应经常使用本功能进行对账,至少一个月一次,一般可在月末结账前进行。

**例 3.23**　对 002 账套 2009 年 1 月业务进行期末对账。

**操作步骤**

(1) 选择【期末】|【对账】命令,打开"对账"对话框。

(2) 选中所要对账的月份,在"是否对账"栏双击鼠标,出现"Y"标记。

(3) 单击【对账】按钮，系统开始自动对账，并显示对账结果。如图3.56所示。
(4) 单击【退出】按钮。

图3.56 期末——对账

### （二）月末结账

结账就是计算和结转各账簿的本期发生额和月末余额，并结束会计期间的账务处理工作。结账每月只进行一次。

**例3.24** 对001账套2009年1月经济业务进行期末结账。

**操作步骤**

(1) 选择【期末】|【结账】命令，打开"开始结账"对话框，单击【下一步】按钮，如图3.57所示。

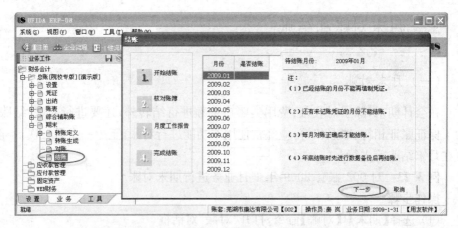

图3.57 期末——结账——开始结账

(2) 打开"结账——核对账簿"对话框,单击【对账】按钮,系统自动进行对账,当对账完毕后,单击【下一步】按钮,如图3.58所示。

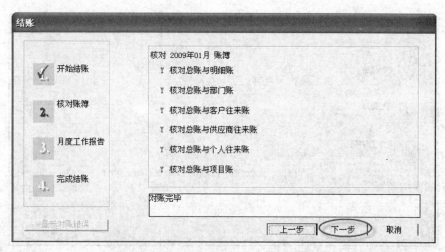

图3.58 期末——结账——核对账簿

(3) 打开"结账——月度工作报告"对话框,单击【下一步】按钮,如图3.59所示。

打开"结账——完成结账"对话框中,系统提示"2009年01月未通过工作检查,不可以结账!"。单击"取消"按钮。如图3.60所示。

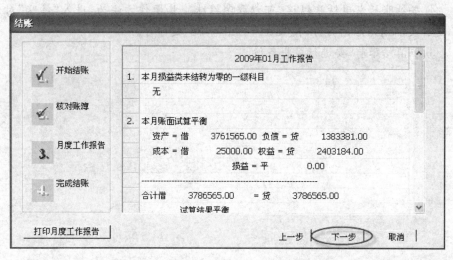

图3.59 期末——结账——月度工作报告

之所以未完成结账工作,是因为康达有限公司002账套同时启用了应收款管理、应付款管理、薪资和固定资产,这些子系统未结账,所以总账系统也无法结账。只有各个子系统结账后,才能执行总账系统的结账工作。

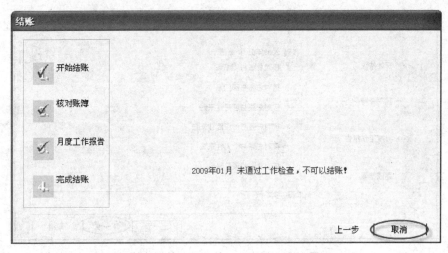

图3.60　期末——结账——完成结账

**提示**

① 结账必须按月连续进行,上月未结账,则本月不能结账。

② 每月对账正确后才可以进行结账。

③ 若与其他子系统联合使用,其他子系统未全部结账,本系统不能结账。

④ 若结账后发现结账错误,可以取消结账。其操作方法为:进入"结账"对话框,选择要取消结账的月份,按"Ctrl+Shift+F6"键即可。

⑤ 取消结账前,要进行数据备份。

# 第四章 应收款管理系统

## 第一节 应收款管理系统概述

### 一、应收款管理系统概述

应收款管理系统,通过发票、其他应收单、收款单等单据的录入,对企业的往来账款进行综合管理,及时、准确地提供客户的往来账款余额资料,提供各种分析报表,如账龄分析表、周转分析表、欠款分析表、坏账分析表、回款分析表等,通过各种分析报表,合理地进行资金的调配,提高资金的利用效率。

用友 U8.61 的应收款管理系统对应着企业的销售业务,应收款管理系统扩展了总账系统中对往来账款的管理,它使用户对往来账款的管理工作更加细致。在此系统中可录入销售发票(如果启用了销售管理系统,则销售发票由销售管理系统传递过来)和应收单据,并进行审核;填制收款单据并进行审核;核销应收账款(自动核销或手工核销);将这些原始凭证(单据)生成记账凭证传递到总账系统中;提供应收款账龄分析、欠款分析、回款分析等统计分析,提供资金流入预测功能,根据客户信用度或信用天数的设置,提供自动报警和预警功能。

### 二、应收款管理系统功能概述

应收款管理系统主要提供了设置、日常处理、单据查询、账表管理、其他处理等功能。

**1. 设置**

提供系统参数的定义,用户结合企业管理要求进行的参数设置,是整个系统运行的基础。

设置功能提供单据类型设置、账龄区间的设置和坏账初始设置,为各种应收款业务的日常处理及统计分析作准备;提供期初余额的录入,保证数据的完整性与连续性。

**2. 日常处理**

提供应收单据、收款单据的录入、处理、核销、转账、汇兑损益、制单等处理。

**3. 单据查询**

提供单据查询的功能,如各类单据、详细核销信息、报警信息、凭证等内容的查询。

**4. 账表管理**

提供总账表、余额表、明细账等多种账表查询功能;提供应收账款分析、应收款账龄分析、欠款分析等丰富的统计分析功能。

**5. 其他处理**

其他处理提供用户进行远程数据传递的功能;提供用户对核销、转账等处理进行恢复的功能,以便进行修改;提供进行月末结账等处理。

## 三、应收款管理系统特点

系统提供两种核算模型,"详细核算"和"简单核算",以满足用户不同的管理需要。系统提供了各种预警,帮助及时进行到期账款的催收,以防止发生坏账,信用额度的控制有助于随时了解客户的信用情况;系统提供功能权限的控制、数据权限的控制来提高系统应用的准确性和安全性;提供票据的跟踪管理,可以随时对票据的计息、背书、贴现、转出等操作进行监控;提供结算单的批量审核、自动核销功能,并能与网上银行进行数据的交互;系统提供总公司和分销处之间数据的导入、导出及其服务功能,为企业提供完整的远程数据通讯方案;提供全面的账龄分析功能,支持多种分析模式,帮助企业强化对应收款的管理和控制。该系统既可独立运行,又可与销售系统、总账系统等其他系统结合运用,提供完整的业务处理和财务管理信息。

### (一)详细核算接口说明

在应收款管理系统核算应收账款时,主要与总账系统、销售系统、合同管理系统、出口系统、应付系统、财务分析系统有接口,如图 4.1 所示。

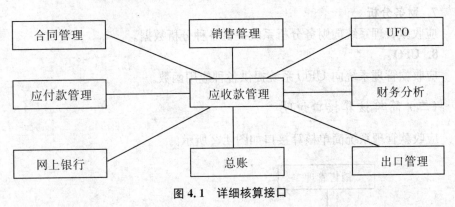

图 4.1 详细核算接口

**1. 合同管理**

生效以后的应收类合同结算单可以将余额转入应收款管理系统,在应收款管理系统中进行审核、收款、核销;应收款管理系统可以查询合同管理系统中生效的应收类合同结算单。

**2. 销售管理**

复核以后的销售发票在应收款管理系统中进行审核,记应收账款、收款、核销,已经现收的销售发票可以在应收款管理系统中进行记账、制单;应收款管理系统可以查询出销售系统中已经出库但还没有开票的实际应收信息和未复核的发票。

**3. 出口管理**

出口销售发票在应收款管理系统中进行审核,记应收账款、收款、核销;应收款管理系统可以对出口系统中的发票进行查询。

**4. 网上银行**

网上银行系统可向应收/付款管理系统导出已经有确认支付标记但未制单的付款单;应收/付款管理系统也可向网上银行系统导出未审核的付款单。所有相关单据全部由应收/付款管理系统生成凭证到总账。

**5. 总账**

所有凭证均应该传递到总账系统中;可以将结算方式为票据管理的付款单登记到总账系统的支票登记簿中。

**提示**

当应收款管理系统先于总账启用,则总账启用日之前的凭证总账会在审核时将其标上有错标志,并且这些凭证会导致总账和应收应付对账不平。

**6. 应付款管理**

应收、应付之间可以相互对冲;应收票据背书时可以冲应付账款。

**7. 财务分析**

应收款管理系统向财务分析系统提供各种分析数据。

**8. UFO**

应收款管理系统向 UFO 系统提供各种应用函数。

## (二)简单核算接口说明

应收款管理系统简单核算接口如图 4.2 所示。

图 4.2 简单核算接口

**1. 销售管理**

在销售管理系统录入的发票可以在应收款管理系统中进行审核、记应收账款,已经现结的销售发票可以在应收款管理系统中进行记账、制单。

**2. 总账**

销售发票生成的凭证都传递到总账系统中。

## 四、应用系统的前期准备工作

在应用系统之前,应该对现有的数据资料进行整理,以便能够及时、顺利、准确地运用系统。

### (一)期初数据的准备

为便于系统初始化,应该准备如下数据和资料:

有业务往来的所有客户的详细资料,包括客户名称、地址、联系电话、开户银行、所属总公司、信用额度、最后的交易情况等。可以根据系统客户目录中的内容来准备资料。

客户的分类方式,以便于按照分类进行各种统计分析。

用于销售的所有存货的详细资料,包括存货的名称、规格型号、价格、成本等数据。可以根据系统存货目录中的内容来准备资料。

存货的分类方式,以便于按照分类进行各种统计分析。

上一期期末，本期期初所有客户的应收账款、预收账款、应收票据等数据，这些期初数据最好能够精确到某一笔具体的发票或业务。

（二）日常处理的准备

为便于日常的处理业务，最好能够准备好如下数据和资料：

除销售业务之外，能够经常形成应收款的业务。准备这类资料的目的是将应收单划分为不同的类型，以便于按照业务类型统计应收账款。

发票、应收单的格式，以便于定义单据样式。

核算销售、收款等业务的科目，以预先设置各种凭证的科目。

进行收付款单的设计。在公共提供的单据模板设计和打印模板设计中进行该项处理。选择单据类型为应收/付款管理系统的收/付单据类型后即可对该单据进行模板设计。

在单据模板设计中提供如下四种单据类型：客户收款单、客户付款单和供应商付款单和供应商收款单。其中客户收款单、客户付款单在应收款管理系统中使用，供应商付款单、供应商收款单在应付款管理系统中使用。

（三）收付款单

表头提供如下设置项：客户、结算单号、结算日期、结算方式、结算科目、币种、汇率、金额、票据号、客户银行名称、客户银行账号、部门、业务员、项目、摘要、表头自定义项、本单位银行名称、本单位银行账号、制单人、审核人、核销人。

显示格式中表头必须有的项目：客户、结算单号、结算日期、结算方式、币种、金额。

表体提供如下设置项：款项类型、客户、原币金额、本币金额、对应科目、部门、业务员、项目、备注、表体自定义项。

显示格式中表体必须有的项目：款项类型、客户、原币金额。

打印格式中没有必须有的项目，可以任意设置需要的项目。打印格式设置中允许将表体删除。

## 五、应收款管理系统操作流程

系统接收销售系统提供的发票，并由此生成凭证，对发票进行收款结算处理。系统还可向总账系统传递凭证，并能够查询其所生成的凭证。系统和应付款管理系统之间可以进行转账处理。系统向财务分析系统提供各种分析的数据。系统向UFO提供应用函数。系统与网上银行进行付款单的导入导出。系统接收出口系统提供的发票,并由此生成凭证,对发票进行收款结算处理。应收款管理系统操作流程如图4.3所示。

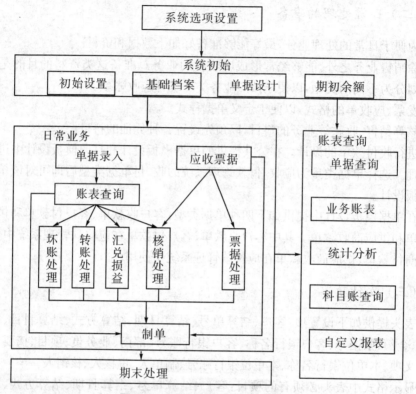

图4.3 应收款管理系统操作流程

系统主要帮助实现应收账款的核算和管理。系统的功能主要包括如下几点:根据输入的单据记录应收款项的形成,包括由于商品交易和非商品交易所形成的所有应收项目;帮助处理应收项目的收款及转账情况;对应收票据进行记录和管理;对应收项目的处理过程生成凭证,并向总账系统进行传递;对外币业务及汇兑损益进行处理。根据所提供的条件,提供各种查询及分析。

## 第二节 应收款管理系统初始化

对应收款管理系统进行设置是使用应收款管理系统的前提,直接关系到系统的日后使用和业务点控制,包括初始设置、期初余额和选项设置。

## 一、参数设置

系统参数是一个系统的灵魂,它将影响整个账套的使用效果,有些选项在系统使用后就不能修改,所以在选择时要结合本单位实际情况,事先进行慎重选择。系统选项分为常规选项、凭证选项、权限和预警。参数设置在【设置】中的【选项】下进行。

**例4.1** 设置如表4.1所示的康达有限公司的应收款管理系统参数。

表4.1 康达有限公司的应收款管理系统参数

| 常规参数 | 应收账款核销方式为"按单据";单据审核日期依据为"单据日期";坏账处理方式为"应收余额百分比";代垫运费类型为"其他应收款";应收账款核算类型为"详细核算";其他采用系统默认设置。 |
|---|---|
| 凭证参数 | 受控科目制单依据为"明细到客户";非受控科目制单方式为"汇总方式";其他采用系统默认设置。 |
| 权限与预警参数 | 启用客户权限,并且按信用方式根据单据提前7天自动报警。其他采用系统默认设置。 |

**操作步骤**

(1) 在应收款管理系统,选择【设置】|【选项】命令,打开"选项"对话框。

(2) 在"选项"对话框中,单击【编辑】按钮,分别选择"常规"、"凭证"、"权限与预警"等选项卡进行具体设置,如图4.4、图4.5、图4.6所示。

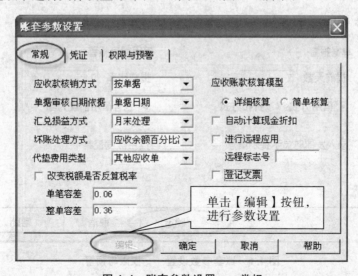

图4.4 账套参数设置——常规

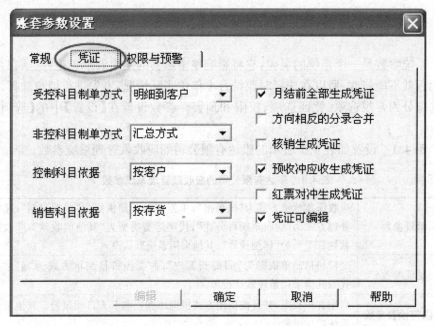

图 4.5　账套参数设置——凭证

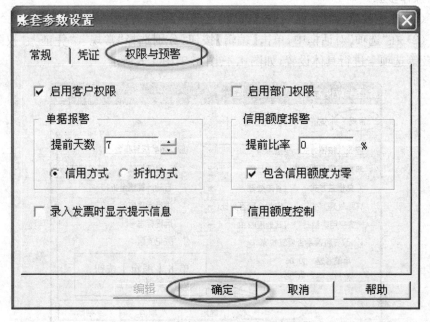

图 4.6　账套参数设置——权限与预警

提示

在修改账套参数设置时,需要单击【编辑】按钮,才可进行选项的修改,修改后,可单击【确定】按钮保存修改或单击【取消】按钮取消修改。

## 二、初始设置

初始设置包括会计科目设置、坏账准备设置、账期内账龄区间设置、逾期账龄区间设置、报警级别设置和单据类型设置。初始设置的作用是建立应收款管理的基础数据,确定使用哪些单据处理应收业务,确定需要进行账龄管理的账龄区间。有了这种功能,用户可以使用自己定义的单据类型,使应收业务管理更符合用户的需要。

### (一)设置科目

由于系统业务类型较固定,生成的凭证类型也较固定,因此为了简化凭证生成操作,可以在此处将各业务类型凭证中的常用科目预先设置好。

基本科目设置:用户可以在此定义应收系统凭证制单所需要的基本科目,如应收科目、预收科目、销售收入科目、税金科目等。若用户未在单据中指定科目,且控制科目设置与产品科目设置中没有明细科目的设置,则系统制单依据制单规则取基本科目设置中的科目设置。

控制科目设置:进行应收科目、预收科目的设置。在系统选项中的控制科目依据选项而显示设置依据。可按客户分类、客户、地区分类进行控制科目的设置。若单据上有科目,则制单时取单据上科目;若无,则系统依据单据上的客户信息在制单时自动带出控制科目。若控制科目没有输入,则系统取基本科目设置中应收、预收科目。

产品科目设置:进行销售收入科目、应交增值税科目、销售退回科目的设置。可按存货分类或存货进行产品科目的设置。若单据上有科目,则制单时取单据上科目;若无,则系统依据单据上的存货信息在制单时自动带出产品销售收入科目、税金科目等。若产品科目没有输入,则系统取基本科目设置中销售收入、税金科目。

结算方式科目设置:进行结算方式、币种、科目的设置。对于现结的发票及收付款单,若单据上有科目,则制单时取单据上科目;若无,则系统依据单据上的结算方式查找对应的结算科目,系统制单时自动带出。若未输入,则用户需手工输入凭证科目。

依据用户定义的科目,不同的业务类型,生成凭证时自动带出科目。

**例 4.2** 对康达有限公司的应收款管理进行科目设置。

**操作步骤**

(1) 打开应收款管理系统,选择【设置】|【初始设置】命令,打开"初始设置"窗口。

(2) 在"初始设置"窗口中,选择【设置科目】|【基本科目设置】命令,设置基本科目,如图 4.7 所示。

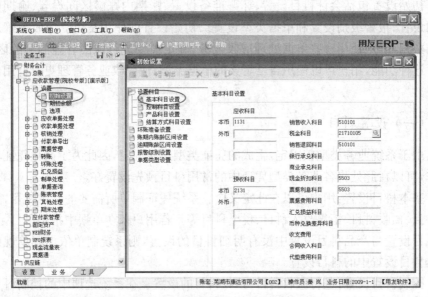

图 4.7 初始设置——基本科目设置

(3) 选择【设置科目】|【控制科目设置】命令,设置应收科目、预收科目,如图 4.8 所示。

图 4.8 初始设置——控制科目设置

注：录入的控制科目与应收款管理系统账套参数中的控制科目设置有关，而且还与总账系统中的科目设置有关。如在总账系统中明细科目是按客户分类或地区分类，则在此设置每一客户对应的应收、预收科目。在此没有设置科目的客户所生成的业务凭证使用基本科目的设置。

（4）选择【设置科目】|【产品科目设置】命令，设置销售收入科目、应交增值税科目和销售退回科目，如图 4.9 所示。

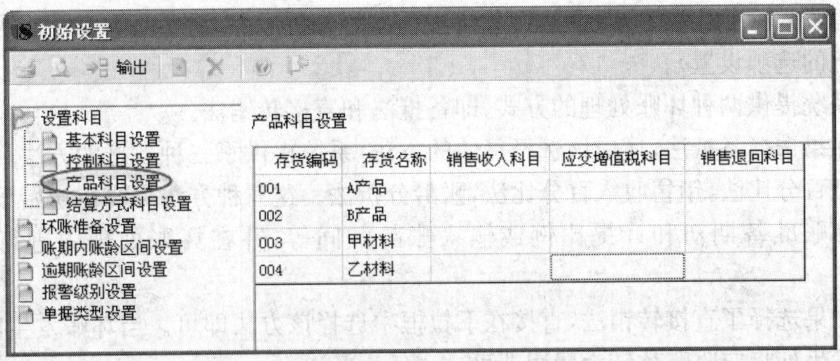

图 4.9　初始设置——产品科目设置

**提示**

如果在应收款管理系统中，针对不同的存货设置了不同的销售收入、应交税金和销售退货科目，则在此针对每种存货进行具体设置，如果这几个科目与基本科目的设置一样，则不必再设置。

（5）选择【设置科目】|【结算方式科目设置】命令，设置结算方式、币种、科目，如图 4.10 所示。对于现结的发票、收付款单，系统根据单据上的结算方式查找对应的结算科目，并在系统制单时自动带出。

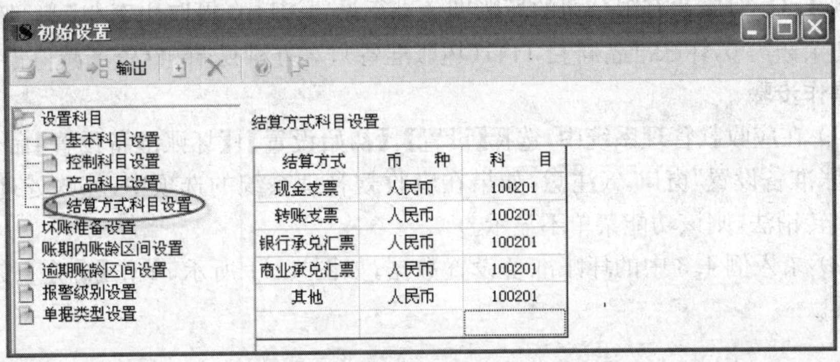

图 4.10　初始设置——结算方式科目设置

## （二）坏账准备设置

坏账是指无法核销的应收账款（比如客户公司倒闭），坏账准备以应收账款余额为基础，估计可能发生的坏账损失，以避免坏账突然发生时，当月的财务费过高。坏账初始设置是指用户定义系统内计提坏账准备比率和设置坏账准备期初余额的功能，它的作用是系统根据用户的应收账款计提坏账准备。

企业在期末针对不包含应收票据的应收款项进行计提坏账准备，其基本方法是销售收入百分比法、应收余额百分比法和账龄分析法等（请参阅本章中应收款管理系统的选项设置）。

系统提供两种坏账处理的方式，即备抵法和直接转销法。

如果选择备抵法，还应该选择具体的方法，系统提供了三种备抵的方法，即：应收余额百分比法，销售收入百分比法，账龄分析法。这三种方法需要在初始设置中录入坏账准备期初和计提比例或输入账龄区间等，并在坏账处理中进行后续处理。

如果选择了直接转销法，直接在下拉框中选择该方法即可。当坏账发生时，在坏账发生处将应收账款转为费用即可。

**提示**

① 销售收入百分比法根据历史数据确定的坏账损失占全部销售额的一定比例进行估计；应收账款余额百分比法是以应收账款余额为基础，估计可能发生的坏账损失；账龄分析法是根据应收账款账龄的长短来估计坏账损失的。账龄越长，账款被拖欠的可能性越大，应估计的坏账准备金额也越大。

② 在账套使用过程中，如果当年已经计提过坏账准备，则此参数不可以修改，只能下一年度修改。当做过任意一种坏账处理（坏账计提、坏账发生和坏账收回）后，就不能修改坏账准备数据，只允许查询。

**例 4.3** 对康达有限公司的坏账准备进行设置，其中，提取比率 0.5%，坏账准备期初余额为 0，坏账准备科目 1141（坏账准备），对方科目 5602（资产减值损失）。

**操作步骤**

（1）在应收款管理系统中，选择【设置】|【初始设置】|【坏账准备设置】命令，打开"坏账准备设置"窗口。（注意：如果在应收款管理系统的选项中，坏账处理方式为直接转销法，则该功能菜单不显示。）

（2）录入例 4.3 中的坏账准备设置数据，如图 4.11 所示，单击【确定】按钮保存设置。

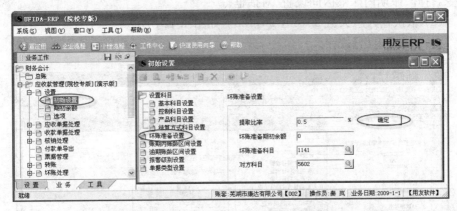

图 4.11　初始设置——坏账准备设置

## （三）账期内账龄区间设置

账期内账龄区间设置指用户定义账期内应收账款或收款时间间隔的功能,它的作用是便于用户根据自己定义的账款时间间隔,进行账期内应收账款或收款的账龄查询和账龄分析,清楚了解在一定期间内所发生的应收款、收款情况。序号:序号由系统生成,从 01 开始,不能修改。序号为 01 的区间由系统自动生成,不能修改、删除。总天数:直接输入该区间的截止天数。起止天数:系统会根据输入的天数自动生成相应的区间。

**例 4.4**　对康达有限公司的应收款管理进行账龄区间设置,设置数据如表 4.2 所示。

表 4.2　康达有限公司的应收款管理账龄区间设置一览表

| 序号 | 起止天数 | 总天数 |
| --- | --- | --- |
| 01 | 1~30 | 30 |
| 02 | 31~60 | 60 |
| 03 | 61~90 | 90 |
| 04 | 91~120 | 120 |
| 05 | 121 以上 | |

**操作步骤**

(1) 在应收款管理系统中,选择【设置】|【初始设置】|【账期内账龄区间设置】

命令,打开"账期内账龄区间设置"对话框。

(2) 依次输入总天数 30,60,90,120。如图 4.12 所示。

(3) 单击【退出】按钮。

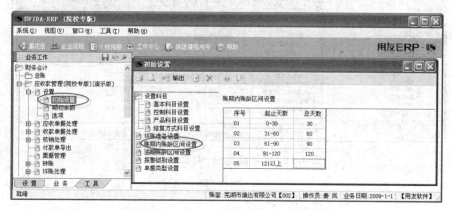

图 4.12 初始设置——账期内账龄区间设置

## (四)逾期账龄区间设置

逾期账龄区间设置指用户定义逾期应收账款或收款时间间隔的功能,它的作用是便于用户根据自己定义的账款时间间隔,进行逾期应收账款或收款的账龄查询和账龄分析,清楚了解在一定期间内所发生的收款情况。序号:序号由系统生成,从 01 开始,不能修改。序号为 01 的区间由系统自动生成,不能修改、删除。总天数:直接输入该区间的截止天数。起止天数:系统会根据输入的天数自动生成相应的区间。

**例 4.5** 对康达有限公司的应收款管理进行逾期账龄区间设置,设置数据如表4.3 所示。

表 4.3 康达有限公司的应收款管理逾期账龄区间设置一览表

| 序号 | 起止天数 | 总天数 |
| --- | --- | --- |
| 01 | 1~30 | 30 |
| 02 | 31~60 | 60 |
| 03 | 61 以上 | |

**操作步骤**

(1) 在应收款管理系统中,选择【设置】|【初始设置】|【逾期账龄区间设置】命令,打开"逾期账龄区间设置"对话框。

(2) 依次输入总天数 30,60,如图 4.13 所示。

(3) 单击【退出】按钮。

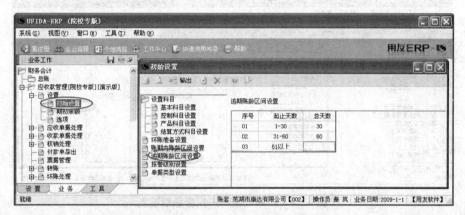

图 4.13　初始设置——逾期账龄区间设置

## (五) 报警级别设置

可以通过对报警级别的设置,将客户按照欠款余额和授信额度的比例分为不同的类型,以便于掌握各个客户的信用情况。序号:序号由系统生成,从 01 开始。序号为 01 的区间由系统自动生成,不能修改、删除。级别名称:应直接输入级别名称。可以采用编号或者喜欢的任何形式,注意名称最好能够上下对应。比率:应直接输入该区间的比率。起止比率:系统会根据输入的比率自动生成相应的区间。

**例 4.6**　对康达有限公司的应收款管理进行报警级别设置,设置数据如表 4.4 所示。

表 4.4　康达有限公司的应收款管理报警级别设置一览表

| 序号 | 起止比率 | 总比率 | 总天数 |
|---|---|---|---|
| 01 | 1%～10% | 10 | A |
| 02 | 10%～20% | 20 | B |
| 03 | 20%～30% | 30 | C |
| 04 | 30%以上 |  | D |

**操作步骤**

(1) 在应收款管理系统中,选择【设置】|【初始设置】|【报警级别设置】命令,打开"报警级别设置"对话框。

(2) 依次输入总比率和级别名称,如图 4.14 所示。

(3)单击【退出】按钮。

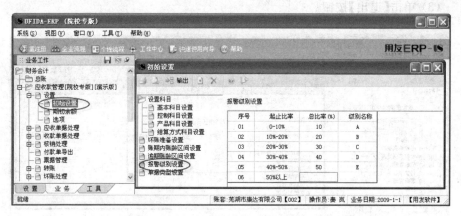

图 4.14 初始设置——报警级别设置

(六)单据类型设置

单据类型设置指用户将自己的往来业务与单据类型建立对应关系,达到快速处理业务以及进行分类汇总、查询、分析的目的,设置如图 4.15 所示。

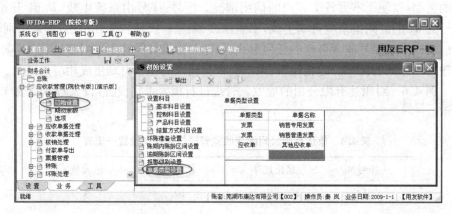

图 4.15 初始设置——单据类型设置

(七)单据设计

单据设计主要有两部分功能:其一是进行操作员显示模板的定义;其二是进行操作员打印模板的定义。单据模板设置指用户可依据自己的往来业务要求设计自己的单据模板,如×××应收单、×××收付款单,即操作员可与单据模板一一对应,它的主要作用是可以充分利用操作员在单据模板设置中所建立的自定义单据模板,使单据更加符合操作员的需要。操作员可在自定义的单据模板上进行表头、表体项目的删减,并可通过自定义项的设置使单据完全符合自己的需要。操作员可分别设置单据的显示模板及打印模板。

分类体系、编码档案、单据设计、单据编号设置、自定义项详情请见系统管理部分。

## 三、期初余额

通过期初余额功能,用户可将正式启用账套前的所有应收业务数据录入到系统中,作为期初建账的数据,系统可对其进行管理,这样既保证了数据的连续性,又保证了数据的完整性。

### (一) 录入期初余额

**例 4.7** 2008 年 11 月 30 日,芜湖康威公司购买本公司 A 产品 1000 件,单价 35 元,价税合计 40950 元,开来六个月的商业承兑汇票一张,票号 98985。(其他的期初余额见总账,在此不再一一列举。)

**操作步骤**

(1) 在应收款管理系统中,选择【设置】|【期初余额】命令,单击【确定】按钮,如图 4.16 所示。

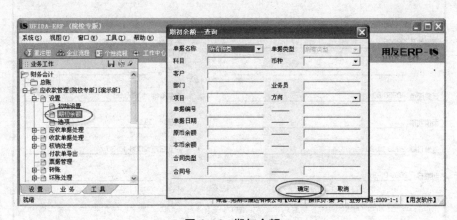

图 4.16 期初余额

(2) 在打开的"期初余额明细表"窗口中,单击【增加】按钮,如图 4.17 所示。
(3) 依次输入相关信息,单击【保存】按钮,如图 4.18 所示。

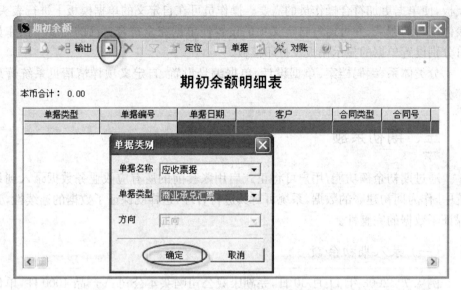

图 4.17　期初余额明细表

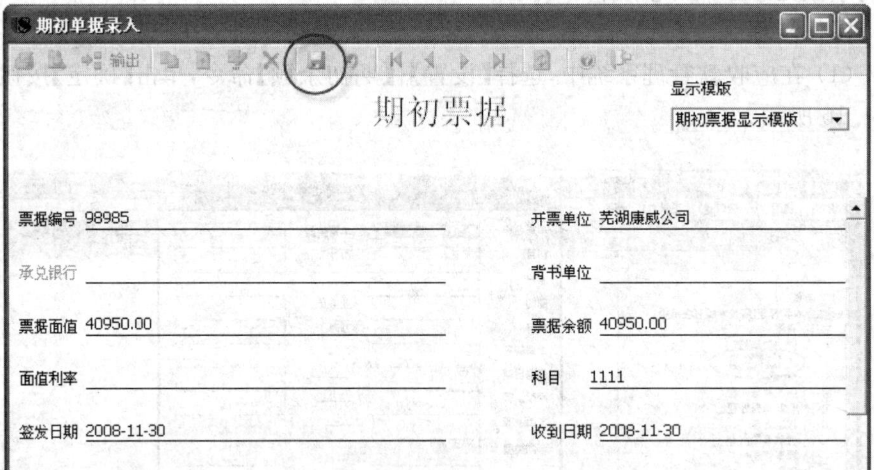

图 4.18　期初票据

**提示**

① 在期初余额明细表中，单击【增加】按钮。输入需要增加的单据类别后，单击【确定】按钮，系统会将出现空白单据，单击【增加】按钮，进行录入。

② 单据日期必须小于该账套启用期间（第一年使用）或者该年度会计期初（以后年度使用）。

③ 单据中的科目栏目，用于输入该笔业务的入账科目，该科目可以为空。我们建议在录入期初单据时，最好录入科目信息，这样不仅可以执行与总账对账功能，而且可以查询正确的科目明细账、总账。

④ 发票和应收单的方向包括正向和负向，类型包括系统预置的各类型以及用户定义的类型。

⑤ 期初发票中表头、表体中均可以输入科目、项目。表头、表体科目必须全为应收的受控科目。

⑥ 如果是预收款和应收票据，则不用选择方向，系统均默认为正向。预收款表头、表体科目必须全为应收的受控科目。

⑦ 增加预收款时，可以通过选择单据类型（收款单、付款单）来达到增加预收款、预付款的目的。

⑧ 引入合同结算单时，合同管理系统启用月份应在应收系统之前，引入的合同结算单生效日期在应收系统启用月之前。

⑨ 用户可以针对每条合同结算单对默认的科目初始值进行修改，但合同类型、编号不可编辑；项目的选项依据科目的选择而定，与科目相匹配。

⑩ 录入期初余额，包括未结算完的发票和应收单、预收款单据、未结算完的应收票据。这些期初数据必须是账套启用会计期间前的数据。

⑪ 期初余额录入或引入后，可与总账系统进行对账。

⑫ 在日常业务中，可对期初发票、应收单、预收款、票据、合同结算单进行后续的核销、转账处理。

⑬ 在应收业务账表中查询期初数据。

**（二）修改期初余额**

(1) 如果当前在期初余额主界面，则首先选中要修改的单据，然后双击鼠标，则可以进入该单据的界面。

(2) 当进入某张单据界面后，单击【修改】按钮，修改当前单据。

(3) 修改完成后，单击【保存】按钮，保存当前修改；单击【放弃】按钮取消此次修改。

(4) 已进行后续处理如转账、核销等的期初余额不允许修改。

(5) 引入的合同结算单无法修改。

(6) 第一个月结账后,不允许增、删、改、引。

### (三) 删除期初余额

(1) 如果当前在期初余额主界面,则首先选中要删除的单据,然后单击【删除】按钮,则可以进入该单据的删除界面。

(2) 如果当前已经处于某张单据的界面,则可以直接单击【删除】按钮,删除当前单据。

(3) 已进行后续处理如转账、核销等的期初余额不允许删除。

(4) 第一个月结账后,不允许增、删、改、引。

### (四) 查询期初余额

在期初余额主界面中单击【过滤】按钮。输入查询的条件后,单击【确定】按钮,系统会将满足条件的数据全部列示出来。可查看某个客户的期初余额,或者查看某个科目的期初余额。

### (五) 单据定位

在期初余额主界面中单击【定位】按钮。输入定位的条件后,单击【确定】按钮,系统会将光标定位在满足条件的第一条记录上。

### (六) 联查单据

联查单据有两种方法:第一,将光标定位在需要查询的单据记录上,单击【单据】按钮,即可显示该单据卡片;第二,双击需要查询的单据记录,即可显示该单据卡片。

### (七) 与总账对账

在期初余额主界面中单击【对账】按钮。屏幕上列示出应收款管理系统各控制科目与总账的对账结果。

## 第三节 应收款管理系统日常业务处理

应收账款是企业因销售商品和提供劳务等产生的应收取客户的款项。应收款管理系统主要提供用户对应收账款的管理,包括应收账款的形成及其偿还情况。应收业务来源于销售业务,与销售业务息息相关,企业在实际业务中,会因为销售业务支付方式、支付时点的不同而产生不同的会计处理。本章把销售与收款的关系分为应收款业务、预收款业务、现结业务,分别阐述应收账款、预收账款的形成及其偿还情况的系统处理。应收款业务:企业先开票,形成应收账款,后收款的业务。预收款业务:企业先收款,后开票的业务。现结业务:销售与收款同时发生的业务,分完全现结和部分现结业务。

# 一、应收款业务

## (一) 确认应收账款

应收款项是指企业因销售商品、提供劳务等业务而应向有关债务人收取的款项。它是流动资产的重要组成部分。

手工业务:一般来说,企业销售货物或提供其他服务后,开具销货发票或其他应收单据,将它交付给客户,确认应收账款。

系统处理:首先需要在系统中录入销售发票或应收单,然后对销售发票或应收单进行审核,系统用审核来确认应收业务的成立。系统在用户填制销售发票、其他应收单后,对发票进行审核,确认应收账款,并记入应收明细账。系统提供的审核有三个含义,其一是确认应收账款,其二是对单据输入的正确与否进行审查,其三是对应收单据进行记账。

在系统中,销售发票和应收单的处理都基于该发票或单据已经通过审核的基础上。

## (二) 应收单据录入

手工处理:企业在销售货物给客户,给客户开具增值税票、普通发票及其所附清单等原始销售票据,或企业因非销售业务应收取客户款项,而开具的应收款单据。

系统处理:在系统中填制的销售发票、应收单,统称为应收单据。应收单据录入是系统处理应收业务的起点。

销售发票录入分为两种情况:

如果启用销售管理系统,则销售发票及代垫费用产生的其他应收单不在应收系统中录入,而需要在销售管理系统填制销售发票,复核后,传递给应收款管理系统。

若没有启用销售管理系统,则所有应收款单据在应收管理系统中进行录入。(本书默认没有启用销售管理系统。)

**1. 增加销售发票**

**例 4.8** 2009 年 1 月 6 日,向上海大兴公司销售 B 产品 1000 件,单价 35 元,价税合计 40950 元,货款尚未收到。审核该张销售发票。

**操作步骤**

(1) 在应收款管理系统中,选择【应收单据处理】|【应收单据录入】命令,打开"单据类别"窗口,如图 4.19 所示。

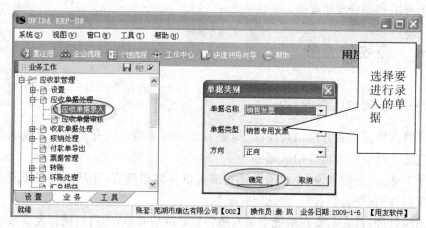

图 4.19 应收单据录入

(2) 单击【确定】按钮,即可进行销售发票的录入。

(3) 将例 4.8 中的数据录入本张销售发票中,如图 4.20 所示,单击【保存】按钮进行保存,单击【增加】按钮可再次新增单据。

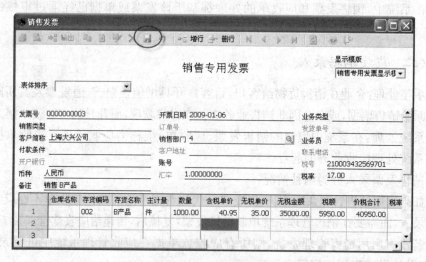

图 4.20 销售发票

发票分为普通发票与专用发票两种类型,单价均为不含税单价。

**2. 修改、删除销售发票**

若发现销售发票错了,则可以在应收款管理系统【应收单据录入】中对销售发票进行修改,除单据的名称和类型不能进行修改外,其他的可修改。

**操作步骤**

(1) 打开应收单录入窗口,如图 4.21 所示。

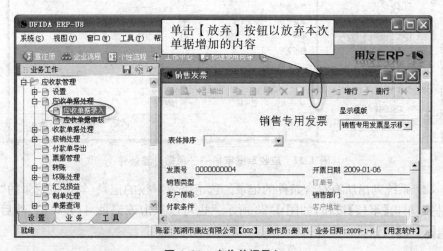

图 4.21 应收单据录入

(2) 单击【放弃】按钮以放弃本次单据增加的内容(只有如此才能将"首张"、"下张"等菜单激活),单击【首张】、【上张】、【下张】按钮找到需要修改的单据,然后单击【修改】按钮进行数据修改,如单击【删除】按钮则删除该张单据,最后单击【保存】按钮以保存所修改的数据。

**提示**

如果对销售发票已做过后续的处理,如审核、制单、核销等,则发票不能修改,但系统对所有的操作都提供了逆向操作的功能,可以通过取消后续操作达到修改的目的。如果发现录入的发票作废,则可以在应收款管理系统【应收单据录入】中把录入的销售发票进行删除。单据删除后不能恢复,应慎重处理。

**(三) 审核应收款单据**

只有经过审核之后的应收款单据才可以被系统确认有效,在应收单填制保存后就可以立即对该张单据进行审核,也可以使用应收款管理系统的应收单审核命令进行处理,操作如下:

(1) 在应收款管理系统中,选择【应收单据处理】|【应收单据审核】命令,输入

过滤条件,系统显示如图 4.22 所示,单击【确定】按钮。

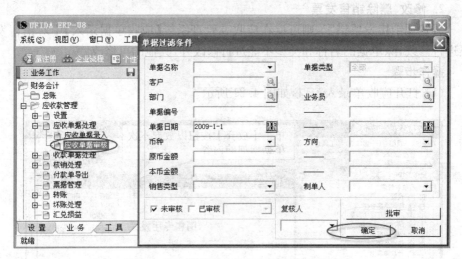

图 4.22　应收单据审核——单据过滤条件

(2) 系统列出所有符合条件的记录。选定需要审核的记录(勾选该记录的"选择"栏),单击【审核】按钮,如图 4.23 所示。也可以双击该记录,打开单据,然后再单击【审核】按钮进行审核。

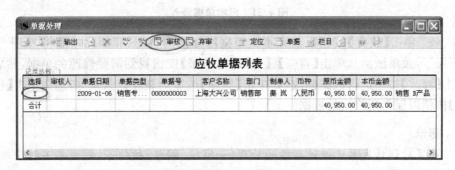

图 4.23　单据处理——应收单据列表

(3) 系统弹出"是否立即制单"窗口,如图 4.24 所示,单击【是】按钮,则可以直接生成记账凭证;单击【否】按钮,暂时不生成记账凭证,可以日后再生成记账凭证。生成的记账凭证会直接传递到总账系统中,之后在总账系统中对该张记账凭证进行审核和记账,但是记账凭证的删除只能在应收系统中完成。

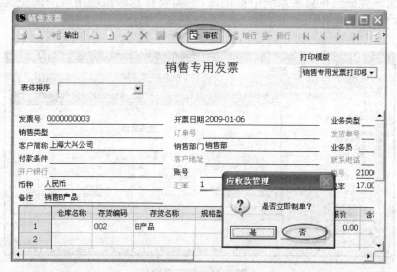

图 4.24 销售发票

（4）对于已审核的单据，在没有生成凭证前，如需取消审核，可以在单据明细表中直接单击【弃审】按钮，或者双击该记录打开已审核的单据，然后单击该单据工具栏上的【弃审】按钮，如图 4.25 所示。

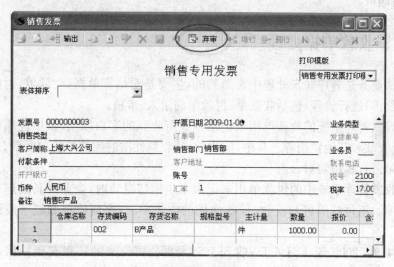

图 4.25 销售发票

（5）如果需要弃审已经生成了凭证的应收单据，则应先删除凭证，再对该应收单据进行弃审，操作方法如下：

① 选择【单据查询】|【凭证查询】命令，找出并删除相应的凭证，如图 4.26 所

示。如果该凭证已在总账系统中被记账,则需要在总账系统中取消该凭证记账之后再执行前面的操作。

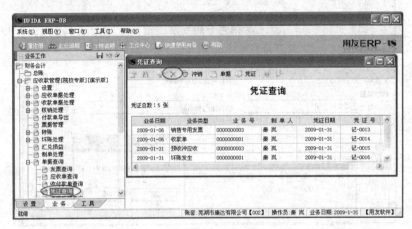

图 4.26　凭证查询

② 选择【应收单据处理】|【应收单据审核】命令,在"单据过滤条件"窗口中录入查询条件(该单据是审核后才生成的凭证,所以查询条件中需勾选"已审核"复选项),单击【确定】按钮,在查询出来的记录中,选择需取消审核的记录,然后单击【弃审】按钮即可。

## 二、收款单据处理

收款业务是客户往来处理中常遇到的,主要是对结算单据(收款单、付款单即红字收款单)进行管理,包括收款单、付款单的录入、审核。

应收款管理系统的收款单用来记录企业所收到的客户款项,款项性质包括应收款、预收款和其他费用等。其中,应收款、预收款性质的收款单要与发票、应收单和付款单进行核销勾对。

应收款管理系统中的付款单用来记录发生销售退货时,企业开具的退付给客户的款项。该付款单可与应收、预收性质的收款单、红字应收单和红字发票进行核销。

**例 4.9**　2009 年 1 月 6 日,收到上海大兴公司交来的转账支票一张,金额:40950 元人民币。(业务员:销售部程永洁。)

**操作步骤**

(1) 在应收款管理系统中,选择【收款单据处理】|【收款单据录入】命令,打开"收付款单录入"窗口。如图 4.27 所示。

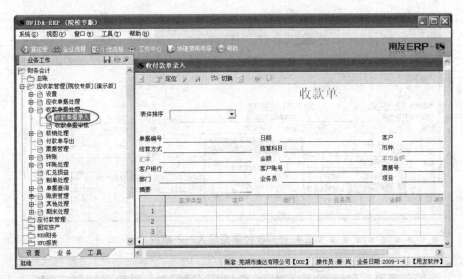

图 4.27 收款单据录入

（2）单击【增加】按钮增加一张新的收款单，将例 4.9 中的数据一一录入到本张收款单中，如图 4.28 所示，单击【保存】按钮保存新增数据。

图 4.28 收款单

（3）单击【审核】按钮审核该张收款单，系统弹出"是否立即制单"对话框，单击【否】按钮不立即制单，以后统一制单。单击【核销】旁边的向下小箭头，可进入到本张收款单与原来的应收单（应收单需先进行审核）进行核销窗口，如图 4.29、图 4.30 所示。

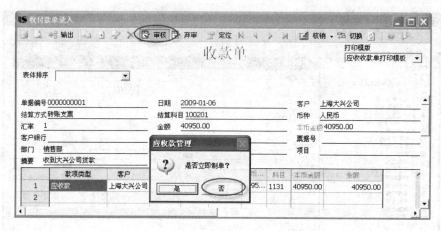

图 4.29 收付单据录入——审核

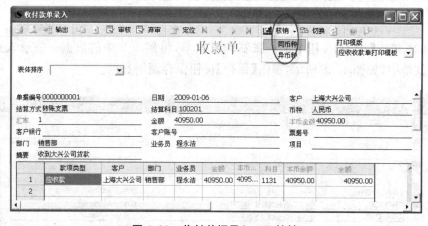

图 4.30 收付单据录入——核销

## 三、核销处理

单据核销是指收回客户款项、核销该客户应收款,可以建立收款与应收款的核销记录,监督应收款及时核销,加强往来款项的管理。

用友系统提供两种核销方式——手工核销和自动核销。手工核销指由用户手工确定收款单,核销与它们对应的应收单。自动核销指由系统确定收款单,核销与它们对应的应收单。

**例 4.10** 将期初的应收款与例 4.9 的收款单数据进行核销,核销金额 40950 元。

## 操作步骤

（1）在应收款管理系统中，选择【核销处理】|【手工核销】命令，打开"核销条件"窗口。

（2）选择供应商"001"，单击【确定】按钮，如图 4.31 所示。打开"单据核销"窗口。系统列出上海大兴公司符合条件的记录。

（3）单据核销窗口上面的记录是收款单记录，下面是应收款记录，双击"本次结算"项目栏，填写本次的结算金额 40950 元，如图 4.32 所示。最后单击【保存】按钮完成本次结算。

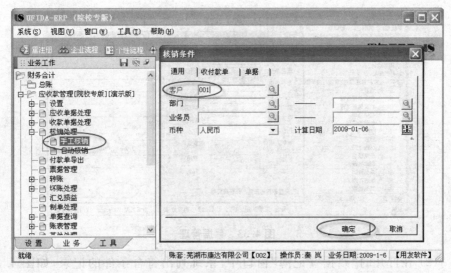

图 4.31 核销处理——手工核销

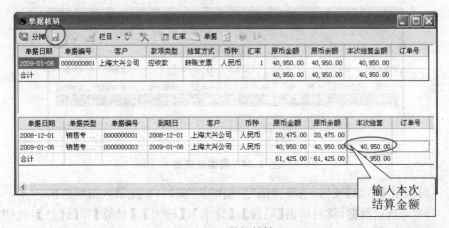

图 4.32 单据核销

## 四、票据管理

票据管理功能可对银行承兑汇票和商业承兑汇票进行管理,记录票据详细信息,记录票据处理情况及查询应收票据信息(包括即将到期且未结算完的票据)。

**操作步骤**

(1)在应收款管理系统中,选择【票据管理】命令,打开"票据查询"窗口,输入查询条件,单击【确定】按钮,如图4.33所示。

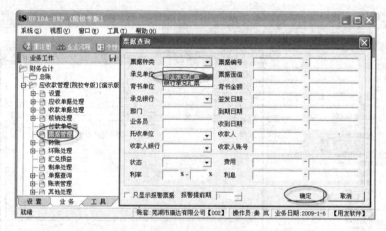

图4.33 票据管理

(2)在打开的"票据登记簿"窗口中,系统列出符合条件的记录,如图4.34所示。

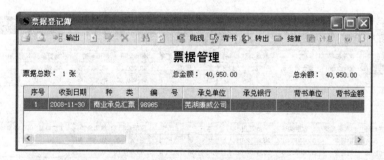

图4.34 票据登记簿

(3)单击【增加】按钮,系统弹出"票据增加"窗口,在此录入新增票据。

(4)可选定票据,然后单击【贴现】(【背书】、【转出】、【结算】和【计息】)按钮对该单据进行贴现(背书、转出、结算和计息)处理。如图4.35所示。

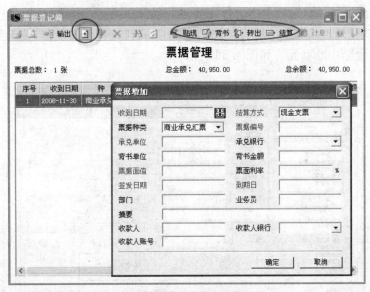

图 4.35 票据登记簿

## 五、转账

转账业务是处理应收账款时常遇到的业务,转账有 4 种类型:应收冲应收、预收冲应收、应收冲应付和红票对冲。

应收冲应收:将一家客户的应收款转入到另一家客户中。

预收冲应收:处理客户的预收款和该客户的应收款的转账核销业务。

应收冲应付:将指定客户的应收款冲抵指定供应商的应付款项。

**提示**

应收冲应付的情况一般用来处理三角债关系,但也可能存在既是客户又是供应商的情况。可以在设置客户档案或供应商档案时就预先将其设置为相对应的关系。

红票对冲:可在某客户的红字应收单与其蓝字应收单、收款单与付款单中间进行冲抵的操作。

这 4 种转账操作方式都类似,本书现以第 2 种"预收冲应收"为例进行讲解。

**例 4.11** 2009 年 1 月 31 日,将客户合肥中邦公司的预收款 10000 元冲销应收账款。

**操作步骤**

(1)在应收款管理系统中,选择【转账】|【预收冲应收】命令,打开"预收冲应收"窗口。

(2) 在"预收款"选项卡中选择需要进行转账的客户"中邦公司",单击【过滤】按钮,让系统列出该客户的所有预收账款,在需要进行转账的单据"转账金额"栏中录入转账金额 10000 元。如图 4.36 所示。

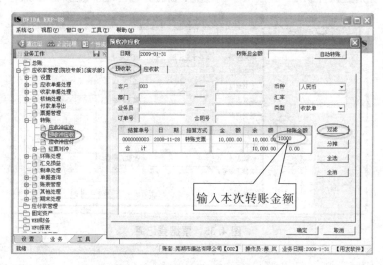

图 4.36　预收冲应收中"预收款"

(3) 打开"应收款"选项卡,单击【过滤】按钮,系统列出选定客户的所有应收款账,在"转账金额"处录入本次转账金额 10000 元。如图 4.37 所示。

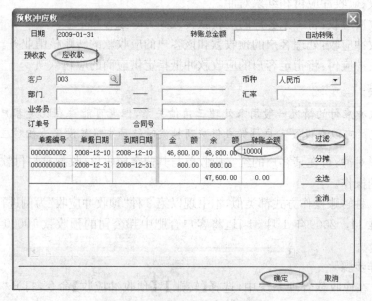

图 4.37　预收冲应收中"应收款"

(4) 单击【确定】按钮,打开"是否立即制单"对话框,单击【否】按钮,暂不制单,以后一起制单。

## 六、汇兑损益

在此计算外币单据的汇兑损益并对其进行相应的处理,在使用本功能之前,应先在应收款管理系统选项中选择汇兑损益方式(月末处理或外币结清)。

## 七、坏账处理

坏账处理功能包括计提应收坏账准备处理、坏账发生后的处理和坏账收回后的处理等。

### (一) 计提坏账准备

坏账计提是指预先估计经营风险,按预先进行坏账准备设置的参数(请参阅本章中初始设置中的坏账准备设置),计提可能发生的相应坏账金额。

**操作步骤**

(1) 在应收款管理系统中,选择【坏账处理】|【计提坏账准备】命令,打开"应收账款百分比法"窗口。

(2) 单击【是】按钮,系统提示"是否立即制单",单击【否】按钮,暂不制单。结果如图 4.38 所示。

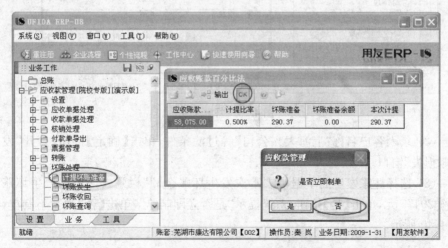

图 4.38 计提坏账准备

**提示**

坏账计提方法是在进入应收款管理系统时在基础设置处预先进行设置,主要有销售收入百分比法、应收账款百分比法和账龄分析法。坏账准备已计提成功,则本年度不能再做计提坏账准备。如果坏账的处理方式是"直接转销法"则不能进行坏账计提。

**(二)坏账发生**

坏账发生指用户确定某些应收款为坏账。通过本功能用户可选定发生坏账的应收业务单据,确定一定期间内应收款发生的坏账,便于及时用坏账准备进行冲销,避免应收款长期呆滞的现象。

**例4.12** 2009年1月,客户上海大兴公司产生一笔坏账20475元。

**操作步骤**

(1) 在应收款管理系统中,选择【坏账处理】|【坏账发生】命令,打开"坏账发生"窗口,如图4.39所示。

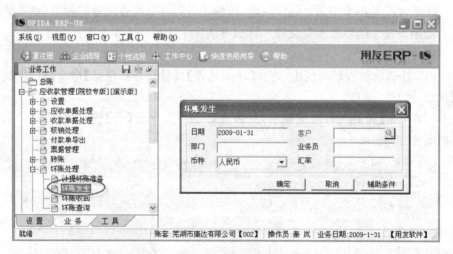

图4.39 坏账发生

(2) 录入客户名称"上海大兴公司"等过滤条件,单击【确定】按钮,打开"发生坏账损失"窗口。

(3) 选择坏账发生的单据,在"本次发生坏账金额"栏录入该单据产生坏账的金额20475元,单击【是】按钮,系统提示"是否立即制单",单击【否】则暂不制单,如图4.40所示。

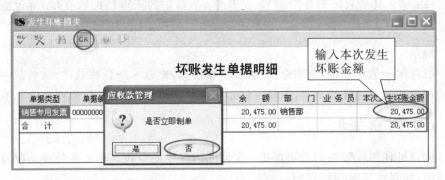

图 4.40 发生坏账发生

## (三) 坏账收回

坏账收回指系统提供的对应收款已确定为坏账后又被收回的业务处理。通过本功能可以对一定期间发生的应收坏账收回业务进行处理,反映应收账款的真实情况,便于对应收款进行管理。

**操作步骤**

(1) 在应收款管理系统中,选择【坏账处理】|【坏账收回】命令,打开"坏账收回"窗口,如图 4.41 所示。

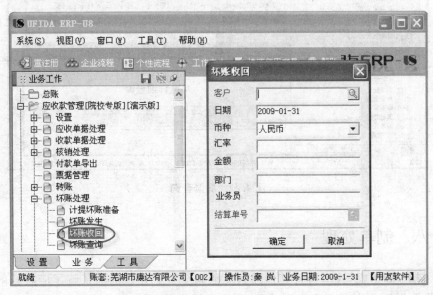

图 4.41 坏账收回

（2）输入坏账收回的客户编号、结算单（结算单为未审核的收款单）等过滤条件，单击【确定】按钮，系统提示"是否立即制单"，可单击【否】按钮暂不制单。

**提示**

当收回一笔坏账时，应首先在"收款单据录入"中录入一张收款单，该收款单的金额即为收回的坏账的金额，不要审核该收款单，否则将无法选择此处的结算单。

### （四）坏账查询

用户可利用坏账查询功能查找一定期间内发生的应收坏账业务处理情况及处理结果，加强对坏账的监督。

**操作步骤**

在应收款管理系统中，选择【坏账处理】|【坏账查询】命令，系统弹出"坏账查询"结果，如图4.42所示。

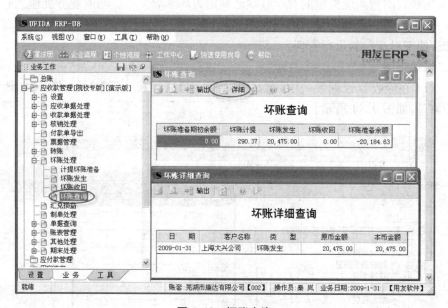

图 4.42　坏账查询

## 八、制单处理

制单，即生成凭证，再将其传递到总账系统并记账。前面了解了应收款的产生、收款业务、核销业务和坏账业务，这些业务经确认之后，系统都会提示用户是否需要立即制单。可选择立即制单，也可选择"否"。如不立即制单则可以在此统一制单,也可根据规则合并制单。

**例 4.13** 2009 年 1 月 31 日,将本月发生的应收款业务、收款业务、核销业务和坏账业务进行制单处理。

**操作步骤**

(1) 在应收款管理系统中,选择【制单处理】命令,打开"制单查询"窗口,如图4.43所示。

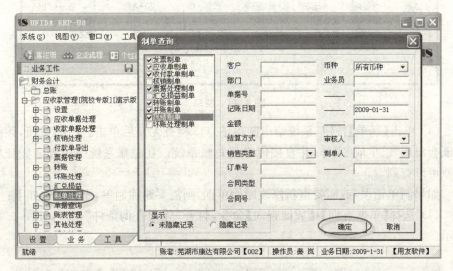

图 4.43 制单处理

(2) 输入查询条件,单击【确定】按钮,系统列出所有符合条件的记录。

**提示**

不要勾选此处的"核销制单"项,因为在应收款管理系统选项中没有勾选"核销生成凭证"项,所以不管核销双方单据的入账科目是否相同均不需要对这些记录进行制单。

(3) 对需要生成凭证的单据,在选择标志栏中,输入任一序号(如"1"或"2")。如果需要几张单据合并制单,则在这几张单据的选择标志栏中都输入相同的序号。单击【全选】按钮则所有单据分别制单,单击【合并】按钮则全部单据合并生成一张凭证。如图 4.44 所示。

**提示**

系统默认制单日期为当前业务日期。制单日期应大于等于所选单据的最大日期,小于等于当前业务日期。如同时使用了总账系统,则所输入的制单日期应该满足总账制单日期要求,如制单序时控制,则需大于等于同月同类别凭证的日期。原始单据制单后,将不能再次制单。

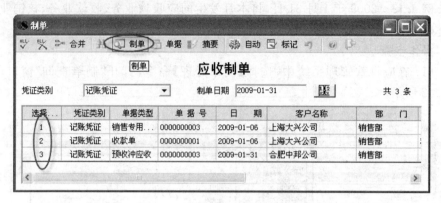

图 4.44 制单

(4)单击【制单】按钮,系统给出制单信息。检查无误后单击【保存】按钮,该张凭证会出现"已生成"字样,并直接传递到总账系统。在总账系统中用查询凭证功能就可以查到。

如果制单错误,或需要重新修改原始单据,则需要删除制单,操作方法如下:

(1)选择【单据查询】|【凭证查询】命令,打开"凭证查询条件"窗口,如图 4.45 所示。

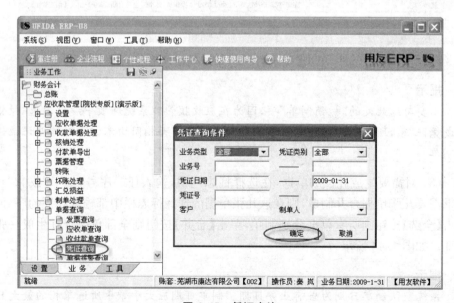

图 4.45 凭证查询

(2) 输入查询条件,单击【确定】按钮,系统列出所有符合条件的记录。

(3) 选定需要删除的凭证,单击【删除】按钮,系统提示"确实要删除此张凭证吗?",单击【是】按钮删除该张凭证,单击【单据】按钮、【凭证】按钮可对选定的单据联查其原始单据或凭证。

**提示**

只有在总账中未审核、未经出纳签字和未经主管签字的凭证才能删除。

## 九、单据查询

用户可以查询应收单、结算单和凭证等,也可以查询各类单据、核销信息、报警信息和凭证等。在查询列表中,系统提供自定义显示栏目、排序等功能,可以通过单据列表操作来制作符合要求的单据的列表。用户在单据查询时,若启用客户、部门数据权限控制,用户在查询单据时只能查询有权限的单据。

选择【单据查询】命令,在此可以进行各种单据的查询操作。如单击【发票查询】选项,系统弹出"发票查询"窗口,如图4.46所示。

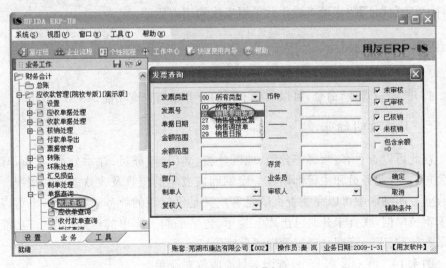

图4.46 "发票查询"窗口

输入相应的查询条件,然后单击【确定】按钮,系统会列出所有符合条件的记录,如图4.47所示。

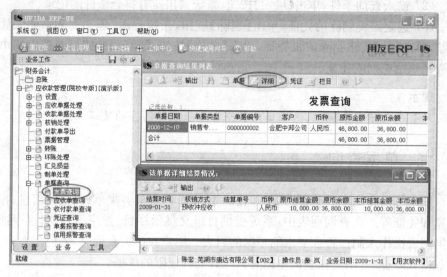

图 4.47 发票查询结果

双击需要查询的记录,可以联查其原始单据,单击【查询】按钮可重新输入查询条件,单击【凭证】按钮可查看由此单据生成的相应凭证。

## 十、账表管理

打开"账表管理"命令,可以选择不同的业务账表查询功能。

### (一)应收明细账

在此可以查看客户、客户分类、地区分类、部门、业务员、存货分类、存货、客户总公司、主管业务员和主管部门在一定期间内发生的应收及收款的明细情况。在应收业务明细账中可以完整查询既是客户又是供应商的业务单据信息,也可以查询未审核单据,联查未开票已出库发货单、暂估采购入库单的单据信息(该功能需与采购管理、库存管理和销售管理联合使用)。

**例 4.14** 在 002 账套中,查询本月应收款对账单。

**操作步骤**

(1)在应收款管理系统中,选择【账表管理】|【业务账表】|【对账单】命令,打开"应收对账单条件"查询窗口,如图 4.48 所示。

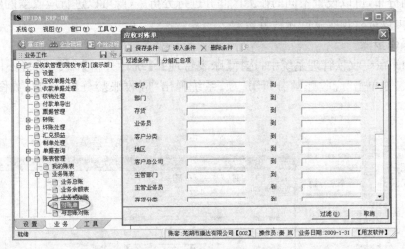

图 4.48 应收对账单条件

（2）输入各项查询条件，单击【过滤】按钮，系统列出符合条件的应收对账单，如图 4.49 所示。单击【打印】按钮可打印出该对账单。

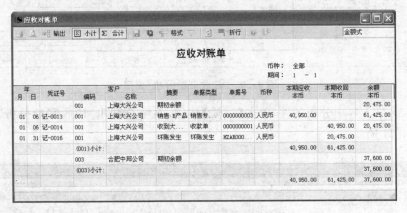

图 4.49 应收对账单

**提示**

在应收账款对账单中可以查询所有客户。在打印时，系统会自动将不同的客户分页打印，所以核算单位在客户量大的情况下打印对账单时，不必一个客户一个客户地单独查询打印。

（二）账龄分析

用户可以通过本功能分析客户、存货、业务员、部门或单据的应收款余额的账龄区间分布,可以设置不同的账龄区间并进行分析。(既可以进行应收款的账龄分析,也可以进行预收款的账龄分析。)

**操作步骤**

(1) 在应收款管理系统中,选择【账表管理】|【统计分析】命令,选择不同的分析方式,如单击"应收账龄分析"选项,系统弹出"应收账龄分析"窗口,如图 4.50 所示。

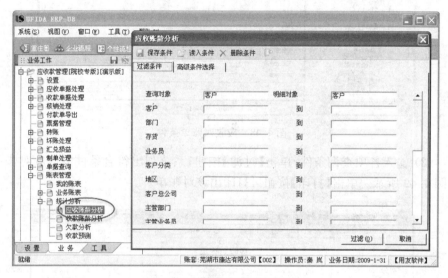

图 4.50 "应收账龄分析"窗口

(2) 录入各项分析条件,单击【过滤】按钮,系统会弹出"应收账龄分析"报表,如图 4.51 所示。

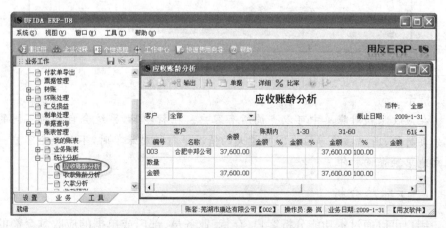

图 4.51 "应收账龄分析"报表

## 十一、取消操作

如果进行了核销、坏账处理、转账、汇兑损益、票据处理和对账操作后,发现操作失误,则可以使用"取消操作"命令将其恢复到操作前的状态,以便进行修改。

(1) 在应收款管理系统中,选择【其他处理】|【取消操作】命令,打开"取消操作条件"窗口,如图 4.52 所示。

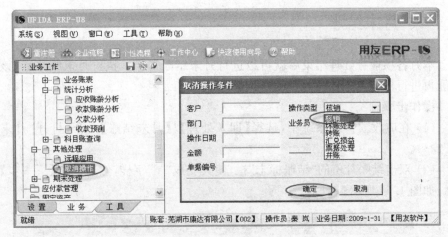

图 4.52　取消操作条件

(2) 录入取消操作条件后,单击【确定】按钮,系统列出符合条件的操作。

(3) 双击需要取消操作记录的选择标志栏,使其为"Y"字样,单击【OK】按钮,如图 4.53 所示,对有"Y"字样的记录,取消其操作。

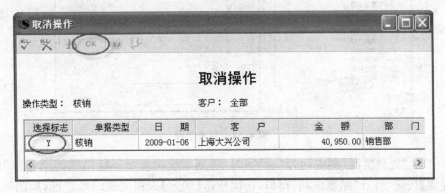

图 4.53　取消操作

# 第四节　应收款管理系统期末处理

期末处理指用户进行的期末结账工作。如果当月业务已全部处理完毕，就需要执行月末结账，只有月末结账后，才能开始下月工作。

## 一、月末结账

本月各项业务处理结束后就可以进行月末结账工作。执行月末结账后，该月不能再进行任何业务处理。

**操作步骤**

（1）在应收款管理系统中，选择【期末处理】|【月末结账】命令，打开"月末处理"窗口。

（2）双击结账月份的"结账标志"栏，使其变成"Y"字样，然后单击【下一步】按钮。如图 4.54 所示。

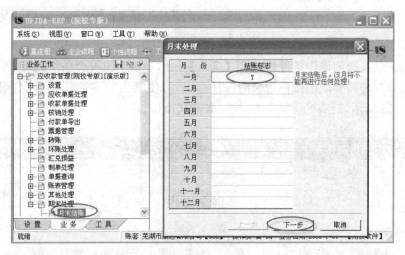

图 4.54　月末结账

（3）"处理情况"栏中均为"是"字时（否则系统将提示不能结账的原因），单击【完成】按钮，打开"结账成功"窗口，再次单击【确定】按钮完成结账处理，如图 4.55 所示。

第四章 应收款管理系统

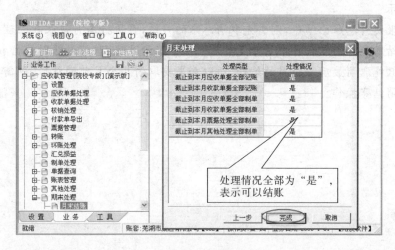

图 4.55 月末处理

## 二、取消月结

如果已结账的月份还有数据需要处理,则需要取消月结。

**操作步骤**

(1) 在应收款管理系统中,选择【期末处理】|【取消月结】命令,打开"取消结账"窗口。

(2) 选择最后一个已结账的月份,单击【确定】按钮,系统提示"取消结账成功",单击【确定】按钮取消结账。如图 4.56 所示。

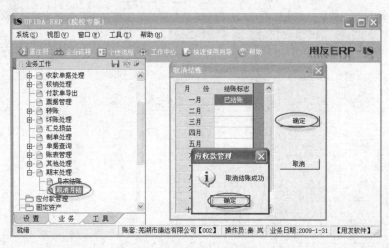

图 4.56 取消月结

**提示**

如果该月总账已结账,则需先取消总账的月结,再执行本月应收款管理系统的取消月结功能。用友软件中总账是最后一个结账的系统,取消结账时恰恰相反,因为每次只能取消最后一个月的结账,所以如果要取消几个月前的结账,则需要多次执行取消结账操作。

# 第五章 应付款管理系统

## 第一节 应付款管理系统概述

### 一、应付款管理系统概述

应付款管理系统,通过发票、其他应付单、付款单等单据的录入,对企业的往来账款进行综合管理,及时、准确地提供供应商的往来账款余额资料,提供各种分析报表,帮助合理地进行资金的调配,提高资金的利用效率。根据对供应商往来款项核算和管理程度的不同,系统提供了应付款详细核算和简单核算两种应用方案,应付款详细核算即应付账款在应付款管理系统进行核算,包括记录应付账款的形成及偿还的全过程,简单核算即应付账款在总账系统内进行核算制单,在应付款管理系统中进行查询。若企业的采购业务及应付账款业务繁多,或者需要追踪每一笔业务的应付款、付款等情况,或者需要将应付款核算到产品一级,那么可以选择"详细核算"方案,即在应付款管理系统中核算并管理往来供应商款项。该方案能够帮助了解每一供应商每笔业务详细的应付情况、付款情况及余额情况并进行账龄分析,进行供应商及往来款项的管理。根据供应商的具体情况,制定付款方案。

如果企业的采购业务及应付款核算业务比较简单,或者现结业务较多,可选择在总账系统核算并管理往来供应商款项。具体选择哪一种方案,可在应付款管理系统中通过设置系统选项"应付账款核算模型"进行设置。本章分别就这两种应用模型进行说明。应付款管理系统通过与采购管理系统、总账系统的集成使用,可接收在采购系统中填制的采购发票,并进行审核,同时生成相应凭证,再传递至总账系统。

## 二、应付款管理系统功能结构

应付款管理系统主要提供了参数设置、初始设置、日常处理、单据查询、账表管理、其他处理等功能。

**1. 设置**

提供系统参数的定义,用户结合企业管理要求进行的参数设置,是整个系统运行的基础。

提供单据类型设置、账龄区间的设置,为各种应付款业务的日常处理及统计分析作准备。

提供期初余额的录入,保证数据的完整性与连续性。

**2. 日常处理**

提供应付单据、付款单据的录入、审核、核销、转账、汇兑损益、制单等处理。

提供单据查询的功能,包括各类单据、详细核销信息、报警信息、凭证等内容的查询。

提供总账表、余额表、明细账等多种账表查询功能。

提供应付账龄分析、付款账龄分析、欠款分析等丰富的统计分析功能。

**3. 其他处理**

提供用户进行远程数据传递的功能。

提供用户对核销、转账等处理进行恢复的功能,以便进行修改。

提供进行月末结账等处理。

## 三、应付款管理系统特点

系统提供简单核算和详细核算两种模式进行应付账款的核算,满足用户的不同需求。

系统提供功能权限的控制、数据权限的控制来提高系统应用的准确性和安全性。

系统提供票据的跟踪管理,可以随时对票据的计息、结算、转出等操作进行监控。

系统提供结算单的批量审核、自动核销功能,并能与网上银行进行数据的交互。

系统提供总公司和异地办事处之间数据的导入、导出及其服务功能,为企业提供完整的远程数据通讯方案。

系统提供全面的账龄分析功能,支持多种分析模式,帮助企业强化对应付款的管理和控制。

该系统既可独立运行,又可与采购系统、总账系统等其他系统结合运用,提供完整的业务处理和财务管理信息。

## 四、应付款管理系统应用准备

在应用本系统之前,应该对现有的数据资料进行整理,以便能够及时、顺利、准确地运用本系统。

（一）期初数据的准备

为便于系统初始化,应该准备如下数据和资料：

有业务往来的所有供应商的详细资料,包括供应商名称、地址、联系电话、开户银行、所属总公司、信用额度、最后的交易情况等。可以根据本系统供应商目录中的内容来准备资料。

供应商的分类方式,以便于按照分类进行各种统计分析。

用于采购的所有存货的详细资料,包括存货的名称、规格型号、价格、成本等数据。可以根据本系统存货目录中的内容来准备资料。

存货的分类方式,以便于按照分类进行各种统计分析。

上一期期末,本期期初所有供应商的应付账款、预付账款、应付票据等数据。这些期初数据最好能够精确到某一笔具体的发票或业务。

（二）日常处理的准备

为便于日常的处理业务,最好能够准备好如下数据和资料：

除采购业务之外,能够经常形成应付款的业务。准备这类资料的目的是将应付单划分为不同的类型,以便于按照业务类型统计应付账款。

发票、应付单的格式,以便于定义单据样式。

核算采购、付款等业务的科目,以预先设置各种凭证的科目。

进行收付款单的设计。

在公共提供的单据模板设计和打印模板设计中进行该项处理。

选择单据类型为应收/付款管理系统的收/付单据类型后即可对该单据进行模板设计。

在单据模板设计中提供如下四种单据类型：客户收款单、客户付款单、供应商付款单、供应商收款单。其中客户收款单、客户付款单在应收款管理系统中使用,供应商付款单、供应商收款单在应付款管理系统中使用。

## (三)付/收款单

表头提供如下设置项:供应商、结算单号、结算日期、结算方式、结算科目、币种、汇率、金额、票据号、供应商银行名称、供应商银行账号、部门、业务员、项目、摘要、表头自定义项、本单位银行名称、本单位银行账号、制单人、审核人、核销人。

显示格式中表头必须有的项目:供应商、结算单号、结算日期、结算方式、币种、金额。

表体提供如下设置项:款项类型、供应商、原币金额、本币金额、对应科目、部门、业务员、项目、备注、表体自定义项。

显示格式中表体必须有的项目:款项类型、供应商、原币金额。

打印格式中没有必须有的项目,可以任意设置需要的项目。

打印格式设置中允许将表体删除。

## 五、应付款管理系统应用方案及操作流程

应付款管理系统主要用于核算和管理供应商往来款项。系统根据对供应商往来款项核算和管理的程度不同,提供了详细核算和简单核算两种应用方案。不同的应用方案,其系统功能、数据接口、操作流程等均不相同。

### (一)详细核算应用方案

**1. 详细核算应用方案**

如果采购业务以及应付款核算与管理业务比较复杂,或者需要追踪每一笔业务的应付款、付款等情况,或者需要将应付款核算到产品一级,那么可以选择此方案。

应付款管理系统核算,主要与总账系统、采购系统、应收款管理系统、财务分析、UFO、网上银行等有接口。如图5.1所示。

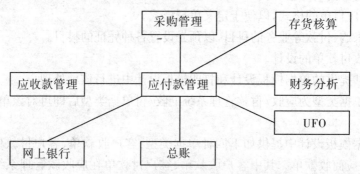

图5.1 应付款管理系统的数据接口

应付款管理系统接受采购系统的发票,并生成凭证,可对发票进行核销、转账等处理。

应付款管理系统向总账系统传递凭证数据,并能查询其生成的凭证。

应收款管理系统与应收款管理系统之间进行转账处理。

应付款管理系统向财务分析系统提供各种分析数据。

应付款管理系统向 UFO 提供应用函数。

应付款管理系统与网上银行进行付款单的导入导出。

**2. 详细核算操作流程**

详细核算操作流程如图 5.2 所示。

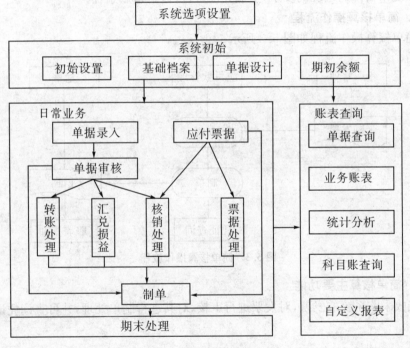

图 5.2　详细核算操作流程

详细核算主要帮助用户实现应付账款的核算和管理,系统的功能主要包括如下几点:

根据输入的单据记录应付款项的形成,包括由于商品交易和非商品交易所形成的所有应付项目。

帮助处理应付项目的付款及转账情况。

对应付票据进行记录和管理。

对应付项目处理及生成凭证,并向总账系统传递。

对外币业务及汇兑损益进行处理。

根据所提供的条件,提供各种查询及分析。本章的大部分操作均是描述详细核算方案的。

(二)简单核算应用方案

**1. 简单核算产品方案**

如果采购业务以及应付账款业务比较简单,或者现购业务很多,则可以选择此方案。该方案着重于对供应商的往来款项进行查询和分析。简单核算主要在总账系统核算应付账款,并与采购管理有接口。

接受来自采购系统的发票,生成凭证,再传递给总账系统。

**2. 简单核算操作流程**

简单核算操作流程如图 5.3 所示。

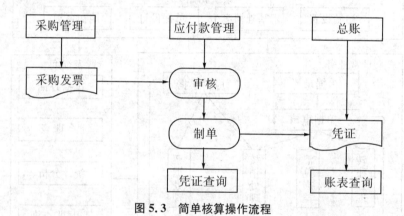

图 5.3 简单核算操作流程

**3. 简单核算主要功能**

接收采购系统的发票,对发票进行审核,对其进行制单处理,并可查询凭证。

# 第二节 应付款管理系统初始化

## 一、参数设置

系统参数是一个系统的灵魂,它将影响整个账套的使用效果,有些选项在系统使用后就不能修改,所以在运行本系统前,需要结合本单位实际情况,事先进行慎重选择。系统选项分为常规选项、凭证选项、权限和预警。参数设置在【设置】中的【选项】下进行。

**操作步骤**

打开【应付款管理】系统，选择【设置】|【选择】命令，打开"账套参数设置"窗口，如图 5.4 所示。

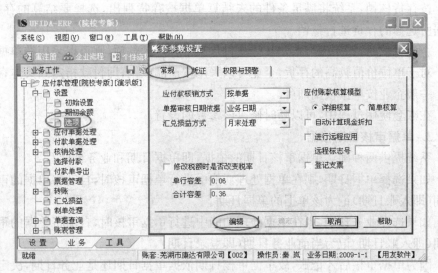

图 5.4　账套参数设置——常规

（一）常规系统参数说明

**1. 应付账款核算模型**

系统提供两种应付系统的应用模型，用户可以选择简单核算和详细核算。用户必须选择其中一种方式，系统缺省选择详细核算方式。

**提示**

该选项在系统启用或者还没有进行任何业务（包括期初数据录入）时才允许进行选择设置、修改。

选择简单核算：应付只是完成将采购传递过来的发票生成凭证传递给总账（在总账中以凭证为依据进行往来业务的查询）。如果采购业务以及应付账款业务简单，或者现结业务很多，则可以选择此方案。

选择详细核算：应付可以对往来进行详细的核算、控制、查询、分析。如果采购业务以及应付款核算与管理业务比较复杂，或者需要追踪每一笔业务的应付款、付款等情况，或者需要将应付款核算到产品一级，那么需要选择详细核算。

## 2. 应付款核销方式

核销即收款冲销应付款的操作,本系统提供两种应付款的冲销方式,即按单据、按存货两种方式。

按单据核销:系统将满足条件的未结算单据全部列出,选择要结算的单据,根据所选择的单据进行核销。

按存货核销:系统将满足条件的未结算单据按存货列出,选择要结算的存货,根据所选择的存货进行核销。

企业付款时,如果没有指定具体支付是某个存货的款项,则可以采用按单据核销。对于单位价值较高的存货,企业可以采用按产品核销,即付款指定到具体存货上。一般企业按单据核销即可。

在账套使用过程中,可以随时修改该参数的设置。

## 3. 单据审核日期依据

系统提供两种确认单据审核日期的依据,即单据日期和业务日期。

如果选择单据日期,则在单据处理功能中进行单据审核时,自动将单据的审核日期(即入账日期)记为该单据的单据日期。

如果选择业务日期,则在单据处理功能中进行单据审核时,自动将单据的审核日期(即入账日期)记为当前业务日期(即登录日期)。

因为单据审核后才记账,故单据审核日期依据单据日期还是业务日期,决定单据登记业务总账、业务明细账、余额表等的入账日期及查询期间取值。

如果使用单据日期为审核日期,则月末结账时单据必须全部审核。因为下月无法以单据日期为审核日期。业务日期无此要求。

在账套使用过程中,可以随时将选项从按单据日期改成按业务日期;若需要将选项从按业务日期改成按单据日期,则需要判断当前未审核单据中有无单据日期在已结账月份的单据。若有,则不允许修改;否则才允许修改。

## 4. 汇兑损益方式

系统提供两种汇兑损益的方式,即外币余额结清时计算和月末处理两种方式。在账套使用过程中可以修改该参数。

外币余额结清时计算:仅当某种外币余额结清时才计算汇兑损益,在计算汇兑损益时,界面中仅显示外币余额为0且本币余额不为0的外币单据。

月末计算:每个月末计算汇兑损益,在计算汇兑损益时,界面中显示所有外币余额不为0或者本币余额不为0的外币单据。

## 5. 自动计算现金折扣

可以选择显示现金折扣和不显示现金折扣两种方式。在账套使用过程中可以修改该参数。

如果供应商提供了在信用期间内提前付款可以优惠的政策,可以选择显示现金折扣,系统会在核销界面显示可享受折扣和本次折扣,并计算可享受折扣。

如果选择了不显示现金折扣,则系统既不计算也不显示现金折扣。

若选择自动计算现金折扣,请通过单据核销界面中的【栏目】设置单据栏目,将可享受折扣和本次折扣栏目设为显示状态。

### 6. 是否进行远程应用

如果选择了进行远程应用,则系统在后续处理中提供远程传输收付款单的功能。但必须在此填上远程标志号,远程标志号必须为两位。如果在异地有应付业务,则可通过远程应用功能,在两地之间,进行收付款单等的传递。

如果选择了不进行远程应用,则系统在后续处理中将不提供远程传输收付款单的功能,且也不需要填上远程标志号。在账套使用过程中可以修改该参数。

### 7. 是否登记支票

"是否登记支票"是系统提供给用户付款时自动登记支票登记簿的功能。该选项可以随时修改。用户需要在"结算方式定义"中将需要登记支票簿的结算方式,如转账支票等在"是否票据管理"中打钩表示进行票据管理。

选择登记支票,则系统自动将具有票据管理结算方式的付款单登记支票登记簿。

若不选择登记支票登记簿,则用户也可以通过付款单上的【登记】按钮,进行手工登记支票登记簿。

该选项首先需要在总部总账系统选项中选择"支票控制"。

### 8. 改变税额是否反算税率

税额一般不用修改,在特定情况下,如系统和手工计算的税额相差几分钱,用户可以对税额进行调整。如果需要调整税额,还应当选择反算税率或不反算税率。

若选择是,则税额变动反算税率,不进行容差控制。

若选择否,则税额变动不反算税率,系统将进行容差控制。容差是可以接受的误差范围。在调整税额尾差(单笔)、保存(整单)时,系统将检查是否超过容差,超过则不允许修改,未超过则允许修改。请用户设置以下两项容差。单笔容差,默认为.06。整单容差:默认为.36。

税额变动时,系统将变动差额与容差进行比较,如果变动差额大于设置的容差数值,系统提示"输入的税额变化超过容差",恢复原税额或返回单据。变动差额=无税金额×税率−税额。

单笔容差根据表体无税金额、税额、税率计算;整单容差根据无税金额合计、税额合计、表头税率计算。若单据表体存在多种税率,则系统不进行合计容差控制。

本参数只能在采购系统没有启用时方可设置,如采购系统已启用,则只能查看,不能编辑。

(二) 凭证参数说明

凭证参数设置如图 5.5 所示。

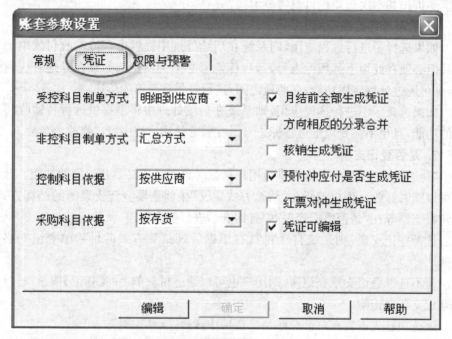

图 5.5 账套参数设置——凭证

**1. 受控科目制单方式**

有两种制单方式供选择,即明细到供应商、明细到单据的方式。

明细到供应商:当将一个供应商的多笔业务合并生成一张凭证时,如果核算这多笔业务的控制科目相同,系统自动将其合并成一条分录。这种方式的目的是在总账系统中能够根据供应商来查询其详细信息。

明细到单据:当将一个供应商的多笔业务合并生成一张凭证时,系统会将每一笔业务形成一条分录。这种方式的目的是在总账系统中也能查看到每个供应商的每笔业务的详细情况。

在账套使用过程中,可以随时修改该参数的设置。

受控科目在合并分录时若自动取出的科目相同,而辅助项为空,则不予合并成一条分录。

**2. 非控科目制单方式**

有三种制单方式供选择,即明细到供应商、明细到单据和汇总制单的方式。

明细到供应商：当将一个供应商的多笔业务合并生成一张凭证时，如果核算这多笔业务的非控制科目相同，且其所带辅助核算项目也相同，则系统自动将其合并成一条分录。这种方式的目的是在总账系统中能够根据供应商来查询其详细信息。

明细到单据：当将一个供应商的多笔业务合并生成一张凭证时，系统会将每一笔业务形成一条分录。这种方式的目的是使在总账系统中也能查看到每个供应商的每笔业务的详细情况。

汇总制单：当将多个供应商的多笔业务合并生成一张凭证时，如果核算这多笔业务的非控制科目相同，且其所带辅助核算项目也相同，则系统自动将其合并成一条分录。这种方式的目的是精简总账中的数据，在总账系统中只能查看到该科目的一个总的发生额。

在账套使用过程中，可以随时修改该参数的设置。

非受控科目在合并分录时若自动取出的科目相同，而辅助项为空，则不予合并成一条分录。

### 3. 控制科目依据

控制科目在本系统指所有带有供应商往来辅助核算的科目。本系统提供三种设置控制科目的依据，即按供应商分类、按供应商、按地区分类三种依据。

按供应商分类设置：供应商分类指根据一定的属性将往来供应商分为若干大类，例如可以将供应商根据时间分为长期供应商、中期供应商和短期供应商。在这种方式下，可以针对不同的供应商分类设置不同的应付科目和预付科目。

按供应商设置：可以针对不同的供应商，在每一种供应商下设置不同的应付科目和预付科目。这种设置适合特殊供应商的需要。

按地区分类设置：可以针对不同的地区分类设置不同的应付科目和预付科目。例如，将供应商分为华东、华南、东北等地区，可以在不同的地区分类下设置科目。

设置控制科目依据是为了在【初始设置——控制科目设置】中依据在系统选项控制科目依据中的选择针对供应商分类/供应商/地区分类设置不同的控制科目。

### 4. 采购科目依据

本系统提供了两种设置存货采购科目的依据，即按存货分类和按存货设置存货采购科目。在此设置的采购科目，是系统自动制单科目取值的依据。

按存货分类设置：存货分类是指根据存货的属性对存货所划分的大类，例如，可以将存货分为原材料、燃料及动力、在存货及产成品等大类。可以针对这些存货分类设置不同的科目。

按存货设置：如果的存货种类不多，可以直接针对不同的存货设置不同的科目。

账套使用过程中,可以随时修改该参数的设置。

设置采购科目依据是为了在【产品科目设置】中可以针对不同的存货(存货分类)设置不同的采购科目、应交增值税科目。

**5. 月末结账前是否全部生成凭证**

月末结账前是否需要全部制单,在账套使用过程中可以修改该参数。

如果选择了月末结账前需要将全部的单据处理生成凭证,则在进行月末结账时将检查截止到结账月是否有未制单的单据和业务处理。若有,系统将提示不能进行本次月结处理,但可以详细查看这些记录;若没有,才可以继续进行本次月结处理。

如果选择了在月末结账前不需要将全部的单据处理生成凭证,则在月结时只是允许查询截止到结账月的未制单单据和业务处理,不进行强制限制。

**6. 方向相反的分录是否合并**

科目相同、辅助项相同、方向相反的凭证分录是否合并,系统缺省选择是"不合并分录",该选项可以随时修改。

选择合并:在制单时若遇到满足合并分录的要求,且分录的情况如上所描述的,则系统自动将这些分录合并成一条,根据在哪边显示为正数的原则来显示当前合并后分录的显示方向。

选择不合并:在制单时若遇到满足合并分录的要求,且分录的情况如上所描述的,不合并这些分录,还是根据原样显示在凭证中。

**7. 核销是否生成凭证**

系统缺省选择"否",该选项可以随时修改。

选择"否"时,不管核销双方单据的入账科目是否相同均不需要对这些记录进行制单。选择"是",则需要判断核销双方的单据当时的入账科目是否相同,不相同时,需要生成一张调整凭证。如发票的入账科目为212101,付款单冲销的入账科目为212102,则当这张付款单核销这张发票后,应该生成如下凭证:

借 212101

   贷 212102

**8. 预付冲应付是否生成凭证**

系统缺省选择"生成凭证",该选项可以随时修改。

选择"是":对于预付冲应付业务,当预收、应付科目不相同时,系统生成一张转账凭证。选择生成凭证时,月末结账时需要对预付冲应付进行是否生成凭证记录的检查。选择"否":对于预付冲应付业务,不管预收、应付科目是否相同均不生成凭证。在选择不生成凭证时,月末结账时不需要检查预付冲应付记录是否生成凭证。

### 9. 红票对冲是否生成凭证

红票对冲是否生成凭证,有如下两种选择:

若在系统选项中选择"红票对冲生成凭证",则对于红票对冲处理,当对冲单据所对应的受控科目不相同时,系统生成一张转账凭证。选择需要生成凭证的情况下,月末结账时对红票对冲处理分别进行有无需要生成凭证的记录的检查。选择不生成凭证,则对于红票对冲处理,不管对冲单据所对应的受控科目是否相同均不生成凭证。在选择不需要生成凭证的情况下,月末结账时不需要检查红票对冲处理生成凭证情况。

系统缺省选择为"需要进行制单",该选项可以随时修改。

### 10. 凭证是否可编辑

系统默认的选项是"凭证生成后仍可以进行编辑",选项为空;如果对该选项进行标记,则意味着生成的凭证不可编辑,选项不为空。不可编辑意味着凭证上的各个项目均不可编辑。

### (三) 权限与预警参数说明

权限与预警参数设置如图 5.6 所示。

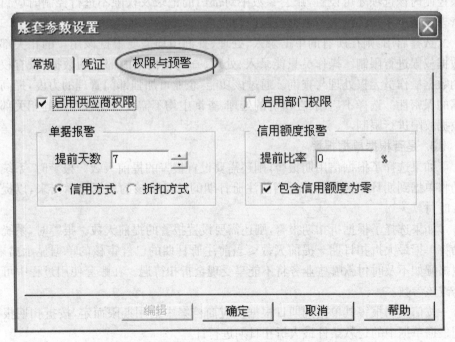

图 5.6 账套参数设置——权限与预警参数设置

### 1. 是否启用供应商权限

只有在【企业门户控制台】|【数据权限控制设置】中对供应商进行记录及数据权限控制时该选项才可设置,账套参数中对供应商的记录及权限不进行控制时,应付款管理系统中不对供应商进行数据权限控制。

选择启用:在所有的单据录入、处理、查询中均需要根据该用户的相关供应商数据权限进行限制。操作员只能录入、处理、查询有权限的供应商的数据,没有权限的数据操作员无权处理与查询。通过该功能,企业可加强供应商管理的力度,提高数据的保密性。

选择不启用:在所有的处理、查询中均不需要根据该用户的相关供应商数据权限进行限制。

启用供应商数据权限,且在应付系统中查询对应客户数据时不考虑该用户是否对对应客户是否有权限,即只要该用户对供应商有权限就可以查询对应客户的数据。

系统缺省为不需要进行数据权限控制,该选项可以随时修改。

### 2. 是否启用部门权限

只有在【企业门户控制台】|【数据权限控制设置】中对部门进行记录及数据权限控制时该选项才可设置,账套参数中对部门的记录及权限不进行控制时应付款管理系统中不对部门进行数据权限控制。

选择启用:则在所有的单据录入、处理、查询中均需要根据该用户的相关部门数据权限进行限制。操作员只能录入、处理、查询有权限的部门的数据,没有权限的数据操作员无权处理与查询。通过该功能,企业可加强部门管理的力度,提高数据的保密性。选择不启用:在所有的处理、查询中均不需要根据该用户的相关部门数据权限进行限制。

### 3. 是否根据单据报警

如果选择了根据信用期报警,则还需要设置报警的提前天数。报警时,系统自动将单据到期日−提前天数≤当前注册日期的已经审核的单据显示出来,以提醒及时付款。

如果选择了根据折扣期报警,则还需要设置报警的提前天数。报警时,系统自动将单据最大折扣日期−提前天数≤当前注册日期的已经审核的单据显示出来,以提醒如不及时付款哪些业务将不能享受现金折扣待遇。在账套使用过程中可以修改该参数。

按信用期报警其单据到期日根据供应商档案中信用期限而定,按折扣期报警则根据单据中的付款条件最大折扣日期进行计算。

### 4. 是否控制信用额度

如果选择了进行信用额度控制,则在应付系统保存录入的发票和应付单时,当票面金额＋应付贷方余额－应付借方余额＞信用额度，系统会提示本张单据不予保存处理。该信用额度取自供应商档案中的信用额度，若用户需要进行信用额度控制，则首先需要在供应商档案中设置每个供应商对本单位限定的信用额度。

如果选择了不进行信用额度控制，则在保存发票和应付单时不会出现控制信息。

在账套使用过程中可以修改该参数。该参数的作用范围仅限于在本系统中增加发票和应付单的时候。

**5. 是否根据信用额度报警**

用户可以选择是否根据供应商的信用额度进行预警，有如下选择：

信用比率＝信用余额/信用额度，信用余额＝信用额度－应付账款余额。

选择根据信用额度进行自动预警时，需要输入预警的提前比率，且可以选择是否包含信用额度为 0 的供应商。选择预警时，系统根据设置的预警标准显示满足条件的供应商记录。即只要该供应商的信用比率小于等于设置的提前比率时就对该供应商进行报警处理。若选择信用额度为 0 的供应商也预警，则当该供应商的应付账款大于 0 时即进行预警。

若登录的用户没有信用额度报警单查看权限时就算设置了报警也不显示该报警单信息。

该选项可以随时修改。该参数的作用范围仅限于在本系统中增加发票和应付单的时候。

信用额度控制值选自供应商档案的信用额度。

**提示**

用户在修改账套参数设置时，需要单击【编辑】按钮，才可进行选项的修改，修改后，可单击【确定】按钮保存修改或单击【取消】按钮取消修改。

## 二、初始设置

### （一）设置科目

由于本系统业务类型较固定，生成的凭证类型也较固定，因此为了简化凭证生成操作，可以在此处将各业务类型凭证中的常用科目预先设置好。

**例 5.1** 对康达有限公司的应付款管理进行科目设置，设置内容如图 5.1、图 5.2、图 5.3 所示。

**操作步骤**

（1）打开应付款管理系统，选择【设置】|【初始设置】命令，打开"初始设置"

窗口。

(2) 在"初始设置"窗口中,选择【设置科目】|【基本科目设置】命令,设置基本科目如图 5.7 所示。

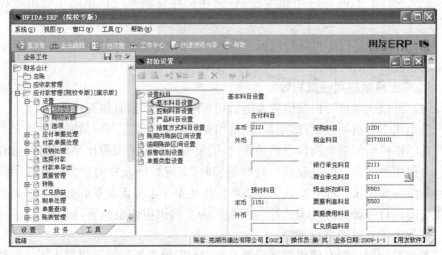

图 5.7　初始设置——基本科目设置

(3) 选择【设置科目】|【控制科目设置】命令,设置应付科目如图 5.8 所示。

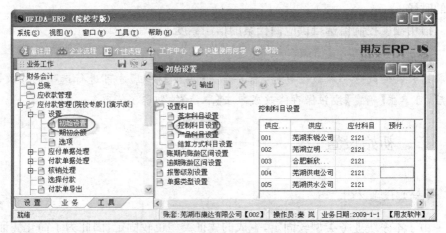

图 5.8　初始设置——控制科目设置

(4) 选择【设置科目】|【产品科目设置】命令,设置采购科目和产品采购税金科目,如图 5.9 所示。

(5) 选择【设置科目】|【结算方式科目设置】命令,设置结算方式、币种、科目,如图 5.10 所示。

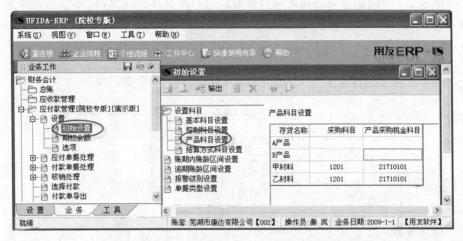

图 5.9 初始设置——产品科目设置

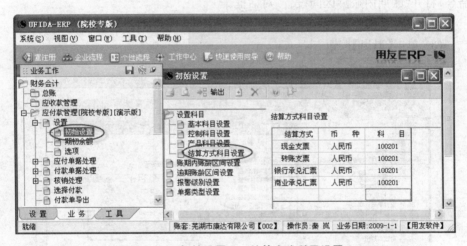

图 5.10 初始设置——结算方式科目设置

## (二) 账期内账龄区间设置

账期内账龄区间设置指用户定义应付账款或付款时间间隔的功能,它的作用是便于用户根据自己定义的账款时间间隔,进行账期内应付账款或付款的账龄查询和账龄分析,清楚了解在一定期间内所发生的应付款、付款情况。

序号:序号由系统生成,从 01 开始,不能修改。序号为 01 的区间由系统自动生成,不能修改、删除。总天数:直接输入该区间的截止天数。起止天数:系统会根据输入的天数自动生成相应的区间。

**例 5.2** 对康达有限公司的应付款管理进行账龄区间设置,设置数据如表 5.1 所示。

表 5.1　康达有限公司应付款管理账龄区间设置一览表

| 序号 | 起止天数 | 总天数 |
| --- | --- | --- |
| 01 | 1～30 | 30 |
| 02 | 31～60 | 60 |
| 03 | 61～90 | 90 |
| 04 | 91～120 | 120 |
| 05 | 121 以上 | |

**操作步骤**

（1）在应付款管理系统中,选择【设置】|【初始设置】|【账期内账龄区间设置】命令,打开"账期内账龄区间设置"对话框。

（2）依次输入总天数 30,60,90,120。如图 5.11 所示。

（3）单击【退出】按钮。

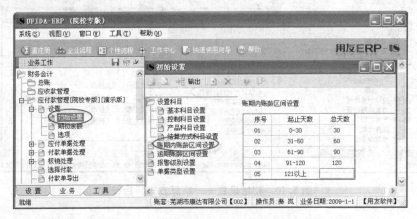

图 5.11　初始设置——账期内账龄区间设置

## （三）逾期账龄区间设置

逾期账龄区间设置指用户定义应付账款或付款时间间隔的功能,它的作用是便于用户根据自己定义的账款时间间隔,进行逾期应付账款或付款的账龄查询和账龄分析,清楚了解在一定期间内所发生的应付款、付款情况。

序号:序号由系统生成,从 01 开始,不能修改。序号为 01 的区间由系统自动生成,不能修改、删除。总天数:直接输入该区间的截止天数。起止天数:系统会根据输入的天数自动生成相应的区间。

**例 5.3** 对康达有限公司的应付款管理进行逾期账龄区间设置,设置数据如表 5.2 所示。

表 5.2 康达有限公司应付款管理逾期账龄区间设置一览表

| 序号 | 起止天数 | 总天数 |
| --- | --- | --- |
| 01 | 1~30 | 30 |
| 02 | 31~60 | 60 |
| 03 | 61 以上 | |

**操作步骤**

(1) 在应付款管理系统中,选择【设置】|【初始设置】|【逾期账龄区间设置】命令,打开"逾期账龄区间设置"对话框。

(2) 依次输入总天数 30,60,如图 5.12 所示。

(3) 单击【退出】按钮。

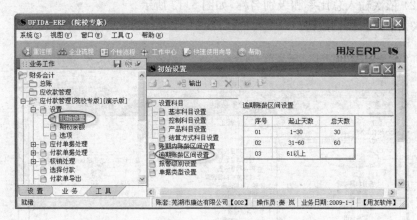

图 5.12 初始设置——逾期账龄区间设置

**(四) 报警级别设置**

可以通过对报警级别的设置,将供应商按照供应商欠款余额与其授信额度的比例分为不同的类型,以便于掌握各个供应商的信用情况。

序号:序号由系统生成,从 01 开始。序号为 01 的区间由系统自动生成,不能修改、删除。

级别名称:应直接输入级别名称。可以采用编号或者喜欢的任何形式,注意名称最好能够上下对应。

比率:应直接输入该区间的比率。

起止比率:系统会根据输入的比率自动生成相应的区间。

**例 5.4** 对康达有限公司的应付款管理进行报警级别设置,设置数据如表 5.3 所示。

表 5.3 康达有限公司应付款管理报警级别设置一览表

| 序号 | 起止比率 | 总比率 | 总天数 |
|---|---|---|---|
| 01 | 1%～10% | 10 | A |
| 02 | 10%～20% | 20 | B |
| 03 | 20%～30% | 30 | C |
| 04 | 30%以上 |  | D |

**操作步骤**

(1) 在应付款管理系统中,选择【设置】|【初始设置】|【报警级别设置】命令,打开"报警级别设置"对话框。

(2) 依次输入总比率和级别名称,如图 5.13 所示。

(3) 单击【退出】按钮。

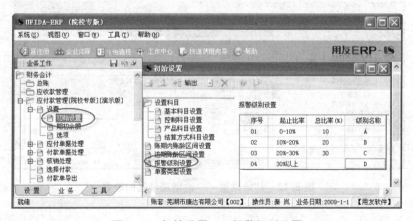

图 5.13 初始设置——报警级别设置

## (五) 单据类型设置

单据类型设置指用户将自己的往来业务与单据类型建立对应关系,达到快速处理业务以及进行分类汇总、查询、分析的效果。

可以在此设置单据的类型。系统提供了发票和应付单两大类型的单据。

应付单记录采购业务之外的应付款情况。在本功能中,可以将应付单划分为不同的类型,以区分应付货款之外的其他应付款。例如,可以将应付单分为应付费用款、应付利息款、应付罚款、其他应付款等。应付单的对应科目由自己定义。

只能增加应付单的类型,应付单中的其他应付单为系统默认类型,不能修改、删除。发票的类型是固定的,不能修改或删除。

不能删除已经使用过的单据类型。设置如图 5.14 所示。

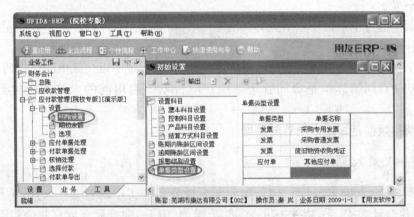

图 5.14 初始设置——单据类型设置

（六）单据设计

单据设计主要有两部分功能,其一,进行操作员显示模板的定义;其二,进行操作员打印模板表头、表体项目的定义。

单据模板设置指用户可依据自己的往来业务要求设计自己的单据模板,如×××应付单、×××付款单,即操作员可与单据模板一一对应,它的主要作用是可以充分利用操作员在单据模板设置中所建立的自定义单据模板,使单据更加符合操作员的需要。

操作员可在自定义的单据模板上进行表头、表体项目的删减,并可通过自定义项的设置使单据完全符合自己的需要。

操作员可分别设置单据的显示模板及打印模板。

分类体系、编码档案、单据设计、单据编号设置、自定义项的设置参见系统管理部分。

## 三、期初余额

通过期初余额功能,用户可将正式启用账套前的所有应付业务数据录入到系统中,作为期初建账的数据,系统即可对其进行管理,这样既保证了数据的连续性,又保证了数据的完整性。当初次使用本系统时,要将上期未处理完全的单据都录入到本系统,以便于以后的处理。当进入第二年度处理时,系统自动将上年度未处理完全的单据转成为下一年度的期初余额。在下一年度的第一个会计期间里,可以进行期初余额的调整。

期初发票是指还未核销的应付账款,在系统中以单据的形式列示,已核销部分金额不显示。

期初应付单是指还未结算的其他应付单,在系统中以应付单的形式列示,已核销部分金额不显示。

期初预付单是指提前支付给供应商的款项,在系统中以付款单的形式列示。

期初合同结算单是合同管理系统在应付系统启用前的未结算应付类合同余额。

期初票据是指还未结算的票据。

## (一)录入期初余额

**例5.5** 2008年12月2日,向芜湖东锐公司购买甲材料500公斤,单价5.2元,价税合计3042元,货款未付;2008年12月10日,向合肥新欣材料公司购买乙材料500公斤,单价3.4元,价税合计1989元,货款未付。(其他的期初余额见总账,在此不再一一列举。)

**操作步骤**

(1)在应付款管理系统中,选择【设置】|【期初余额】命令,在期初余额明细表中,选择需要录入的单据名称、单据类别后,单击【确定】按钮,系统会将出现空白单据,用户可进行录入,如图5.15、图5.16所示。

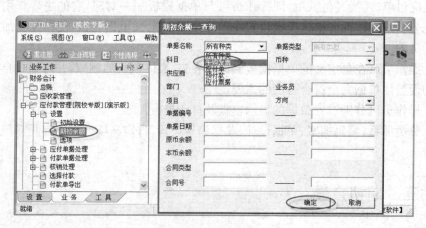

图5.15 期初余额

第五章 应付款管理系统

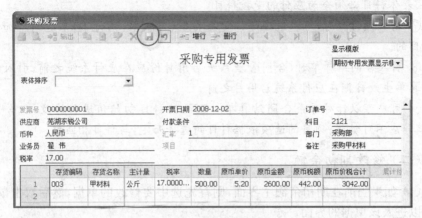

图 5.16 采购发票

（2）依次输入相关信息，单击【保存】按钮，如图 5.17 所示。

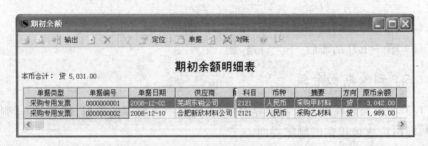

图 5.17 期初余额

**提示**

① 在期初余额明细表中，单击【增加】按钮。输入需要增加的单据类别后，单击【确定】按钮，系统会将出现空白单据，单击【增加】按钮，进行录入。

② 单据日期必须小于该账套启用期间（第一年使用）或者该年度会计期初（以后年度使用）。

③ 单据中的科目栏目，用于输入该笔业务的入账科目，该科目可以为空。我们建议在录入期初单据时，最好录入科目信息，这样不仅可以执行与总账对账的功能，而且可以查询正确的科目明细账、总账。

④ 发票和应付单的方向包括正向和负向，类型包括系统预置的各类型以及用户定义的类型。

⑤ 期初发票中表头、表体中均可以输入科目、项目。表头、表体科目必须全为应付的受控科目。

⑥ 如果是预付款和应付票据，则不用选择方向，系统均默认为正向。预付款

表头、表体科目必须全为应付的受控科目。

⑦ 增加预付款时，可以通过选择单据类型（付款单、预付单）来达到增加预付款的目的。

⑧ 引入合同结算单时，合同管理系统启用月份应在应付系统之前，引入的合同结算单生效日期在应付系统启用月之前。

⑨ 用户可以针对每条合同结算单对默认的科目初始值进行修改，但合同类型、编号应不可编辑；项目的选项依据科目的选择而定，与科目相匹配。

（二）修改期初余额

（1）如果当前在期初余额主界面，则首先选中要修改的单据，然后双击鼠标，就可以进入该单据的界面。

（2）当进入某张单据界面后，单击【修改】按钮，修改当前单据。

（3）修改完成后，单击【保存】按钮，保存当前修改；单击【放弃】按钮取消此次修改。

（4）已进行后续处理，如转账、核销等的期初余额不允许修改。

（5）第一个月结账后，不允许增、删、改、引。

（三）删除期初余额

（1）如果当前在期初余额主界面，则首先选中要删除的单据，然后单击【删除】按钮，即可进入该单据的删除界面。

（2）如果当前已经处于某张单据的界面，则可以直接单击【删除】按钮，删除当前单据。

（3）已进行后续处理，如转账、核销等的期初余额不允许删除。

（4）第一个月结账后，不允许增、删、改、引。

（四）查询期初余额

在期初余额主界面中单击【过滤】按钮。输入查询的条件后，单击【确认】按钮，系统会将满足条件的数据全部列示出来。

（五）单据定位

在期初余额主界面中单击【定位】按钮。输入定位的条件后，单击【确认】按钮，系统会将光标定位在满足条件的第一条记录上。

（六）联查单据

联查单据有两种方法：其一，将光标定位在需要查询的单据记录上，单击【单据】按钮,即可显示该单据卡片;其二,将双击需要查询的单据记录,即可显示该单据卡片。

(七) 与总账对账

在期初余额主界面中单击【对账】按钮。屏幕中列出的是应付系统的各控制科目与总账的对账情况。如图 5.18 所示。

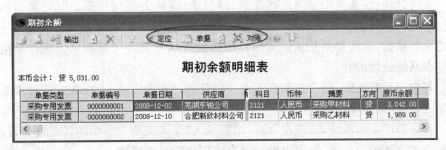

图 5.18　期初余额

# 第三节　应付款管理系统日常业务处理

应付账款是企业因购买材料、商品和接收劳务供应等应支付给供应者的款项。应付款管理系统主要提供用户对应付账款的管理,包括应付账款的形成及其偿还情况。应付业务来源于采购业务,与采购业务息息相关,企业在实际业务中,会因为采购业务付款方式、付款时点的不同而产生不同的会计处理。故本章就采购与付款的关系分别阐述应付账款、预付账款的形成及其偿还情况的系统处理。

## 一、应付账款处理

手工业务:一般来说,企业因购买材料、商品或接受其他服务,供货单位向企业提供进项发票、发票清单或其他应付单据,企业据此登记入账。

系统处理:首先需要在系统中依据供货单位提供的原始票据填制采购发票或应付单,然后对采购发票或应付单进行审核,系统用审核来确认应付业务的成立。即系统在用户填制采购发票、其他应付单后,对发票进行审核,确认应付账款,并记入应付明细账。本系统提供的审核有三个含义,其一是确认应付账款,其二是对单据输入的正确与否进行审查,其三是对应付单据进行记账。

在本系统中,采购发票和应付单的处理都基于该发票或应付单据已经审核的基础上。

(一)应付单据录入

手工处理:企业向供应商购买材料或接受劳务,取得供应商开具的进项发票及发票清单。

系统处理:在系统中填制采购发票、应付单,统称为应付单据。应付单据的录入包括应付单的录入和采购发票的录入。应付单是记录非采购业务所形成的应付款情况的单据,采购发票是从供货单位取得的进项发票及发票清单。应付单据录入是本系统处理的起点。

若启用采购系统,则采购发票不在应付款管理系统中录入,应在采购管理系统中录入,并传递给应付系统,在应付系统中进行审核。

若未启用采购系统,则应在"应付单据录入"录入采购业务中的各类发票,以及采购业务之外的应付单。(本书默认没有启用采购管理系统。)

**1. 采购发票录入**

**例 5.6** 2009 年 1 月 9 日,向芜湖东锐公司购买甲材料 1000 公斤,单价 5.2 元,价税合计 6084 元,货款尚未支付,收到并审核该张采购发票。

**操作步骤**

(1)在应付款管理系统中,选择【应付单据处理】|【应付单据录入】命令,打开"单据类别"窗口,如图 5.19 所示。

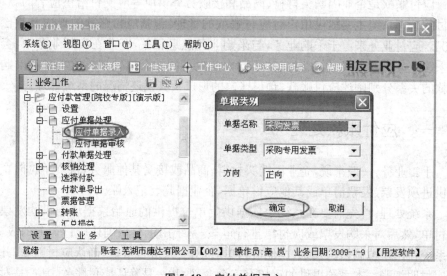

图 5.19 应付单据录入

(2) 单击【确定】按钮,即可进行采购发票的录入。

(3) 将例 5.6 中的数据录入本张采购发票中,如图 5.20 所示,单击【保存】按钮进行保存,单击【增加】按钮可再次新增单据。

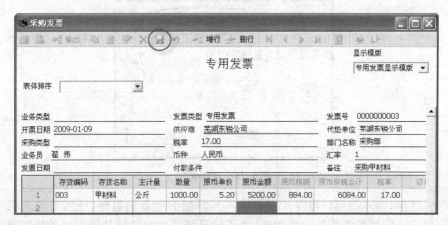

图 5.20　采购发票

**提示**

发票分为普通发票与专用发票两种类型,这两类发票的区别之处在于普通发票录入的单价为含税单价,专用发票录入的单价为不含税单价。

在应付款管理系统【应付单据录入】中录入采购发票,依据原始发票上的项目进行录入,若遇到系统没有提供的项目,可以通过【自定义项】进行项目的添加,若系统提供的单据格式不符合要求,则可以通过【单据设计】对单据进行修改。若发现采购发票错了,则可以在应付款管理系统【应付单据录入】对采购发票进行修改,除单据的名称和类型不能进行修改外,其他的可修改。(如果要修改的是单据名称或类型,则可以把发票删了,重新填制发票。)

如果对采购发票已做过后续的处理,如审核、制单、核销等,则发票不能修改,但系统对所有的操作都提供了逆向操作的功能,可以通过【取消操作】来达到修改的目的。

如果发现录入的发票作废,则可以在应付管理系统【应付单据录入】中把录入的采购发票进行删除。单据删除后不能恢复,应慎重处理。

**2. 应付单录入与修改**

(1) 应付单录入

无论是否启用采购系统,非采购业务形成的应付单都在应付系统中录入。

**操作步骤**

选择【应付单据处理】|【应付单据录入】命令,选择单据名称"应付单",如

图 5.21 所示,单击【确定】按钮,即可录入应付单。

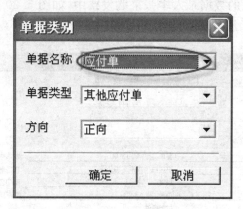

图 5.21 单据类别

在这里,输入的应付单除了需要输入其原始的业务信息外,还需要填入科目。系统提供的应付单实质是一张凭证,除了记录所发生的各种其他应付业务信息外,还记录科目信息。应付单表头中的信息相当于凭证中的一条分录的信息,表头科目应该为核算所欠供应商款项的一个科目;应付单表头科目必须是应付系统的受控科目。表头科目的方向即为所选择的单据的方向。应付单表体中的一条记录也相当于凭证中的一条分录。当输入了表体内容后,表头、表体中的金额合计应借、贷方相等。这里输入科目的目的,是使系统对该应付单制单的时候,可以自动带出科目信息。也可以不输入科目,这样,在制单时,可能需要手工输入。(具体应付单的科目规则,在制单中详述。)

(2) 修改应付单

发现已录入的应付单有错,可执行修改功能进行修改操作。修改的操作与采购发票相同。

若发现已录入的应付单已作废,则可删除该应付单。单据删除后不能恢复,应慎重处理,已经审核、制单过的单据不允许删除。

**提示**

① 应付单据的单据编码可以手工输入,也可以系统自动编号,如果需要系统自动编号,则可以在【单据编码设置】中定义是流水号或是有含义的编码。

② 增加应付单据时,用户输入完供应商后,系统将与供应商相关的信息全部自动带出。若表体科目核算的项目大类与表头科目相同,则自动将表头的项目带入该条表体记录的项目栏中。

③ 系统支持从采购管理系统传递过来价税合计等于 0 的发票处理,对此类发票允许审核、制单,但是不对其进行核销。

## 第五章 应付款管理系统

### (二) 应付单据审核

应付单据的审核即对应付单据进行审核,并在单据上填上审核日期、审核人的过程。已审核的应付单据不允许修改及删除。

在采购系统中增加的发票也需在应付系统中审核入账。

不能在已结账月份中进行审核处理,不能在已结账月份中进行弃审处理。

已经审核过的单据不能进行重复审核,未经审核的单据不能进行弃审处理。

已经做过后续处理(如核销、转账、汇兑损益等)的单据不能进行弃审处理。

**操作步骤**

(1) 在应付款管理系统中,选择【应付单据处理】|【应付单据审核】命令,输入过滤条件,系统显示如图 5.22 所示。

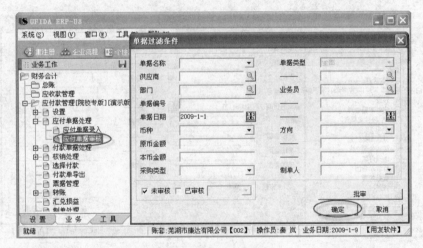

图 5.22 应付单据审核

(2) 双击需要进行审核记录的"选择"栏,当选择栏为"Y"时单击【审核】按钮进行审核。

(3) 如果需要查看该记录的原始单据,则首先用鼠标选定该记录,然后单击【数据】按钮。如需取消已审核的记录,则选定该记录,单击【弃审】按钮即可。

**提示**

① 在填制应付单保存后,可以不退出该单据界面,直接单击"审核"按钮,进行应付单据的审核操作。

② 不能修改单据的名称和类型,只能删除该张单据,然后再增加一张新的单据;对于已经审核或已生成了凭证的单据不能修改和删除,只能删除该张凭证、取消单据审核之后才可进行修改;单据删除后不能恢复。

## 二、付款单据处理

应付款管理系统的付款单用来记录企业所支付的款项。

**例 5.7** 2009 年 1 月 9 日,开出转账支票支付芜湖东锐公司货款 3042 元。

**操作步骤**

(1) 在应付款管理系统中,选择【付款单据处理】|【付款单据录入】命令,打开"付款单录入"窗口。

(2) 单击【增加】按钮,录入例 5.2 中有关内容,如图 5.23 所示。

(3) 单击【审核】按钮,系统提示"是否立即制单?",单击【否】按钮。

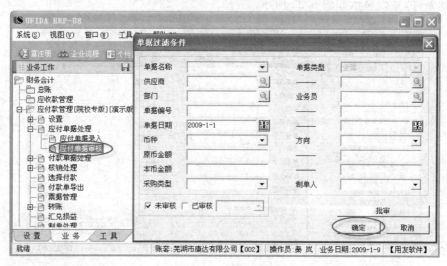

图 5.23 收付款单录入

## 三、核销处理

核销处理是指用户日常进行的付款核销应付款的工作。单据核销的作用是处理付款核销应付款,建立付款与应付款的核销记录,监督应付款及时核销,加强往来款项的管理。

用友系统提供两种核销方式:一是手工核销,指用户手工确定系统内付款与应付款的对应关系,选择进行核销。二是自动核销,指系统自动确定系统内付款与应付款的对应关系,选择进行核销。

**例 5.8** 将例 5.7 的付款单数据进行核销。

第五章 应付款管理系统

**操作步骤**

（1）在应付款管理系统中，选择【核销处理】|【手工核销】命令，打开"核销条件"窗口，如图 5.24 所示。

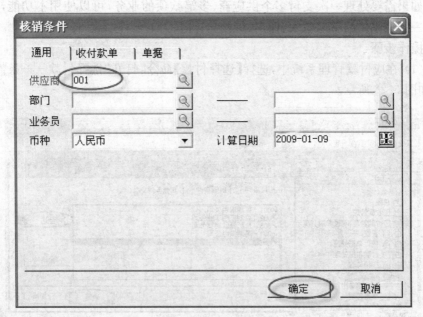

图 5.24　核销条件

（2）选择供应商"001"，单击【确定】按钮，系统列出东锐公司的应收款记录和付款记录。

（3）窗口上面的记录是指付款单记录，窗口下面是指应付款记录，双击"本次结算"栏并录入"3042"，如图 5.25 所示。

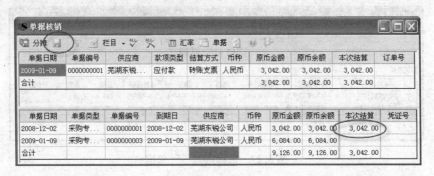

图 5.25　单据核销

（4）单击【保存】按钮。

## 四、选择付款

如果需要处理一次支付多个供应商、多笔款项的业务，可以使用本功能，而不需要一张一张付款单地录入、保存、审核和核销。

**操作步骤**

（1）在应付款管理系统中，选择【选择付款】命令，打开"选择付款——条件"窗口，如图 5.26 所示。

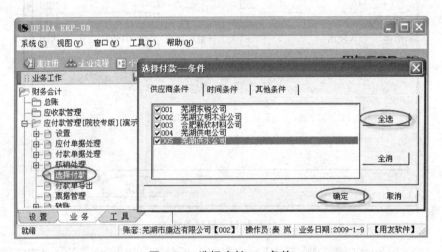

图 5.26 选择应付——条件

（2）选择付款条件，单击【确定】按钮，系统弹出符合条件的记录，如图 5.27 所示。

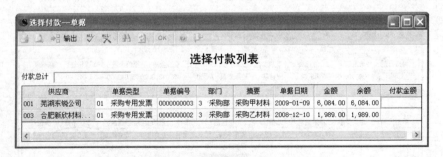

图 5.27 选择应付——单据

（3）在选择付款列表中，双击录入每一笔应付款的付款金额，然后单击【OK】按钮，系统要求录入付款方式，单击【确定】按钮完成付款处理。

## 五、付款单导出

主要完成付款单与网上银行的相互导入导出处理。在应付系统将付款单导出，即将付款单导入网上银行系统，由银行完成实际地向供应商转账的处理。此功能需要启用用友 U8.61 的网上银行系统，在此不做介绍。

## 六、票据管理

在应付款管理系统中可以对银行承兑汇票和商业承兑汇票进行管理，包括记录票据详细信息和记录票据处理情况。如果要进行票据登记簿管理，必须将应付票据科目设置成为带有客户往来辅助核算的科目。

**操作步骤**

（1）在应付款管理系统中，选择【票据管理】命令，打开"票据查询"窗口，如图5.28 所示。

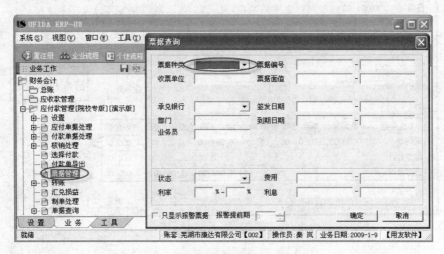

图 5.28 票据查询

（2）输入查询条件，单击【确定】按钮，系统列出所有符合条件的记录。
（3）单击【增加】按钮，系统弹出"票据增加"窗口，新增票据。

## 七、转账

转账业务是处理应付账款时常遇到的业务，有以下 4 种类型。

应付冲应付:是指将某一供应商的应付账款转入另一供应商账中。通过本功能将应付款业务在供应商之间进行转入、转出,实现应付业务的调整,解决应付款业务在不同供应商间入错户或合并户问题。

预付冲应付:可将预付供应商款项和所欠供应商的货款进行转账核销处理。

应付冲应收:用于对某供应商的应付账款冲抵对某客户的应收账款。

红票对冲:将同一供应商的红票及其蓝票进行冲销。

**例 5.9** 将 001 供应商的应付账款 2000 元转入到 003 供应商中。

**操作步骤**

(1) 在应付款管理系统中,选择【转账】|【应付转应付】命令,打开"应付冲应付"窗口。

(2) 选择转出户"001"和转入户"003",单击【过滤】按钮,系统列出符合条件的记录,在需要转账的记录上,双击"并账金额",录入转账金额"2000",如图 5.29 所示。单击【确定】按钮完成转账(系统提示是否立即制单,可单击【否】以后再制单)。

图 5.29 应付冲应付

## 八、制单处理

制单,即生成凭证,之后再将凭证传递至总账中记账。系统对不同的单据类型或不同的业务处理提供实时制单的功能;除此之外,系统提供了一个统一制单的平台,可以在此快速、成批生成凭证,并可依据规则进行合并制单等处理。

第五章 应付款管理系统

**操作步骤**

（1）在应付款管理系统中，选择【制单处理】命令，打开"制单查询"窗口，如图5.30所示。

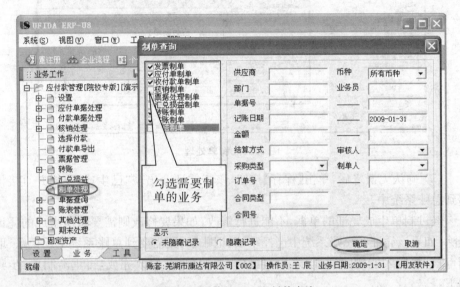

图5.30 制单处理——制单查询

（2）输入查询条件，单击【确定】按钮，系统列出所有符合条件的记录。

**提示**

此处不能勾选"核销制单"项，因为在应付系统选项没有勾选"核销生成凭证"选项，不管核销双方单据的入账科目是否相同均不需要对这些记录进行制单。

（3）对需要生成凭证的单据，在选择标志栏中，输入任一序号（如"1"或"2"）。如果需要几张单据合并制单，则在这几张单据的选择标志栏中都输入相同的序号。单击【全选】按钮则所有单据分别制单，单击【合并】按钮则全部单据合并生成一张凭证。

**提示**

系统默认制单日期为当前业务日期，制单日期应大于等于所选的单据的最大日期，小于等于当前业务日期；如同时使用了总账系统，则所输入的制单日期应该满足总账制单日期要求，如制单序时控制，需大于等于同月同凭证类别的日期；原始单据制单后，将不能再次制单。

（4）单击【制单】按钮，如图5.31所示。

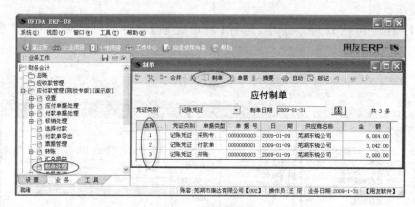

图 5.31 制单处理

(5) 确认无误之后,单击【保存】按钮,该张凭证会出现"已生成"字样并直接传递到总账系统中。

经过制单生成凭证的单据,不能进行修改,如果要修改则需要将所生成的凭证删除(如果该凭证在总账系统中已经审核、记账了,则需要到总账系统中反记账、取消审核,然后才能删除凭证)之后,再修改原始单据,修改完成,再重新制单,步骤如下:

(1) 在应付款管理系统中,选择【单据查询】|【凭证查询】命令,打开"凭证查询条件"窗口。

(2) 输入查询条件,单击【确定】按钮,系统会列出所有符合条件的记录,如图5.32所示。

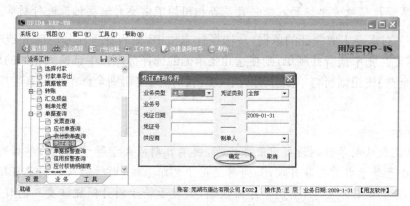

图 5.32 凭证查询——凭证查询条件

(3) 选定需要修改或删除或冲销的凭证,然后单击【修改】按钮或单击【删除】按钮或单击【冲销】按钮进行修改、删除、冲销的操作。如图 5.33 所示。单击【单据】、【凭证】按钮联查选定原始单据或凭证单据。

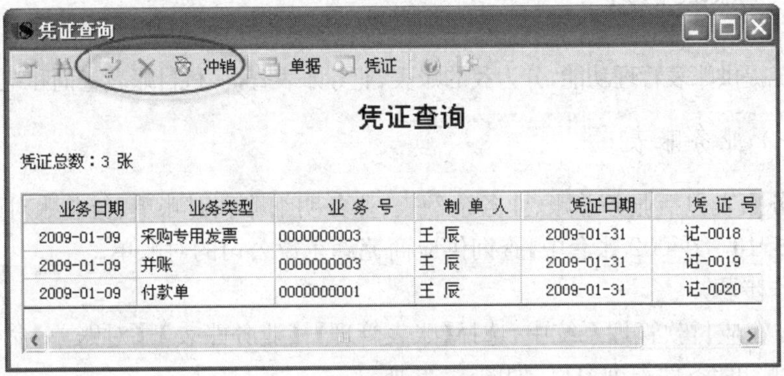


| 业务日期 | 业务类型 | 业务号 | 制单人 | 凭证日期 | 凭证号 |
| --- | --- | --- | --- | --- | --- |
| 2009-01-09 | 采购专用发票 | 0000000003 | 王辰 | 2009-01-31 | 记-0018 |
| 2009-01-09 | 并账 | 0000000003 | 王辰 | 2009-01-31 | 记-0019 |
| 2009-01-09 | 付款单 | 0000000001 | 王辰 | 2009-01-31 | 记-0020 |

图 5.33　凭证查询

**提示**

只有未审核、未经出纳签字和未经主管签字的凭证才能删除。

## 九、单据查询

用户可以查询应付单、结算单和凭证，也可以查询各类单据、详细核销信息、报警信息和凭证等内容。

在查询列表中，系统提供了自定义显示栏目、排序等功能，可以通过单据列表操作来制作符合要求的单据的列表。用户在单据查询时，若启用客户、部门数据权限控制，则用户在查询单据时只能查询有权限的单据。

选择【单据查询】项，在此可对应付款管理系统中的各种单据进行查询。如单击【应付核销明细表】选项，则系统弹出“应付核销明细表”窗口，录入查询条件，单击【过滤】按钮，系统会列出所有符合条件的记录，如图 5.34 所示。选定记录并单击【单据】按钮或【凭证】按钮，可联查到该记录的原始单据或制单生成的凭证。

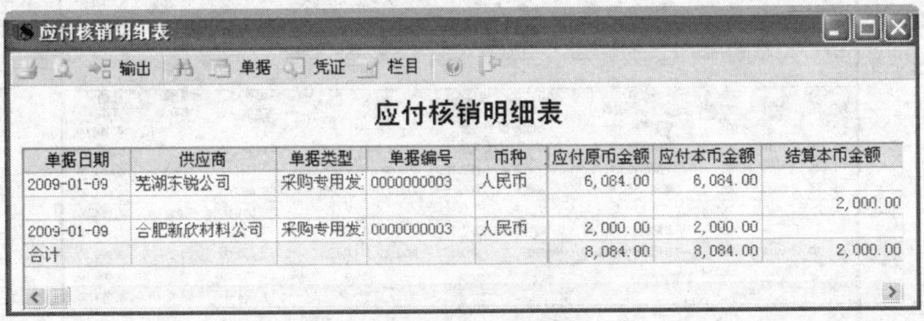


| 单据日期 | 供应商 | 单据类型 | 单据编号 | 币种 | 应付原币金额 | 应付本币金额 | 结算本币金额 |
| --- | --- | --- | --- | --- | --- | --- | --- |
| 2009-01-09 | 芜湖东锐公司 | 采购专用发 | 0000000003 | 人民币 | 6,084.00 | 6,084.00 | |
| | | | | | | | 2,000.00 |
| 2009-01-09 | 合肥新欣材料公司 | 采购专用发 | 0000000003 | 人民币 | 2,000.00 | 2,000.00 | |
| 合计 | | | | | 8,084.00 | 8,084.00 | 2,000.00 |

图 5.34　应付核销明细表

## 十、账表管理

系统提供账表管理功能，分为我的账表、业务账表查询、科目账表查询和统计分析。

### （一）业务账表

业务账表包括业务总账、业务余额表、业务明细账和对账单、与总账对账等。

**例 5.10** 在 002 账套中，查询供应商芜湖东锐公司的对账单。

**操作步骤**

（1）在应付款管理系统中，选择【账表管理】|【业务账表】|【对账单】命令，打开“应付对账单”条件查询窗口，如图 5.35 所示。

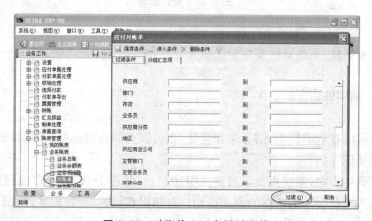

图 5.35 对账单——应付对账单

（2）选择供应商“001”，单击【过滤】按钮，系统会列出芜湖东锐公司的应付对账单，如图 5.36 所示。

应付对账单

币种：全部
期间：1 - 1

| 月 | 日 | 凭证号 | 供应商编码 | 供应商名称 | 摘要 | 单据类型 | 单据号 | 币种 | 本期应付本币 | 本期付款本币 | 余额本币 |
|---|---|---|---|---|---|---|---|---|---|---|---|
| | | | 001 | 芜湖东锐公司 | 期初余额 | | | | | | 3,042.00 |
| 01 | 09 | 记-0018 | 001 | 芜湖东锐公司 | 采购甲材料 | 采购专... | 0000000003 | 人民币 | 6,084.00 | | 9,126.00 |
| 01 | 09 | 记-0020 | 001 | 芜湖东锐公司 | 支付货款 | 付款单 | 0000000001 | 人民币 | | 3,042.00 | 6,084.00 |
| 01 | 09 | 记-0019 | 001 | 芜湖东锐公司 | 并账 | 并账 | BZAP000... | 人民币 | -2,000.00 | | 4,084.00 |
| | | | (001)小计: | | | | | | 4,084.00 | 3,042.00 | 4,084.00 |
| | | | 003 | 合肥新欣材料公司 | 期初余额 | | | | | | 1,989.00 |
| 01 | 09 | 记-0019 | 003 | 合肥新欣材料公司 | 并账 | 并账 | BZAP000... | 人民币 | 2,000.00 | | 3,989.00 |
| | | | (003)小计: | | | | | | 2,000.00 | | 3,989.00 |
| ... | | | | | | | | | 6,084.00 | 3,042.00 | 8,073.00 |

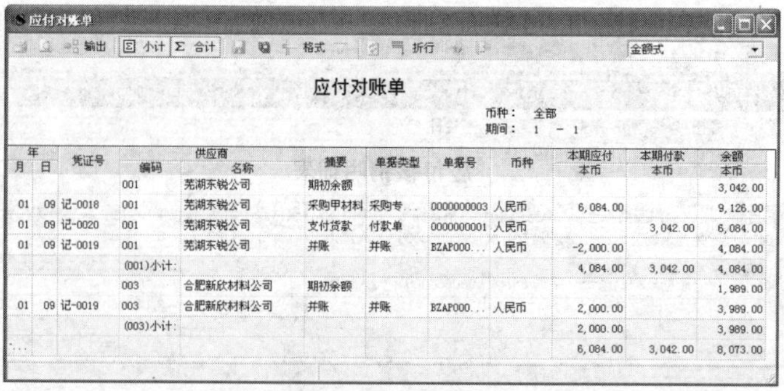

图 5.36 应付对账单

## (二) 统计分析

通过统计分析,可以按用户定义的账龄区间,进行一定期间内应付款账龄分析、付款账龄分析和往来账龄分析,了解各应付款周转天数、周转率,了解各个账龄区间内应付款、付款及往来情况,以便及时发现问题,加强对往来款项动态的监督管理。

**操作步骤**

在应付款管理系统中,选择【账表管理】|【业务账表】|【统计分析】命令,选择不同的统计分析。如单击【欠款分析】选项,系统弹出"欠款分析"查询条件窗口,录入查询条件,单击【确定】按钮,系统弹出"欠款分析"报表,如图 5.37 所示。

图 5.37 欠款分析

## 十一、取消操作

如果进行了核销、坏账处理、转账、汇兑损益、票据处理和对账操作后,发现操作失误,则可以使用"取消操作"命令将其恢复到操作前的状态,以便进行修改。

**操作步骤**

(1) 在应付款管理系统中,选择【其他处理】|【取消操作】命令,打开"取消操作条件"窗口。

(2) 录入取消操作条件后,单击【确定】按钮,如图 5.38 所示。系统列出符合条件的操作。

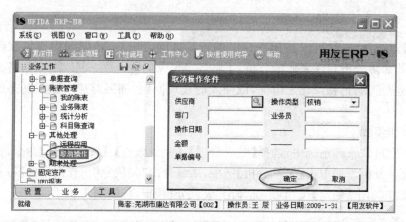

图 5.38 取消操作条件

（3）双击需要取消操作记录的选择标志栏，使其为"Y"字样，单击【OK】按钮对有"Y"字样的记录，取消其操作，如图 5.39 所示。

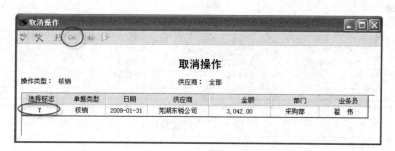

图 5.39 取消操作

## 第四节 应付款管理系统期末处理

期末处理指用户进行的期末结账工作。如果当月业务已全部处理完毕，就需要执行月末结账功能，只有月末结账后，才可以开始下月工作。

### 一、月末结账

本月的各项处理已经结束，则可以选择执行月末结账功能，月末结账后，该月不能再进行任何业务处理。

## 第五章 应付款管理系统

**操作步骤**

（1）在应付款管理系统中，选择【期末处理】|【月末结账】命令，打开"月末处理"窗口。

（2）双击结账月份的"结账标志"栏，使其变成"Y"字样，然后单击【下一步】按钮。如图5.40所示。

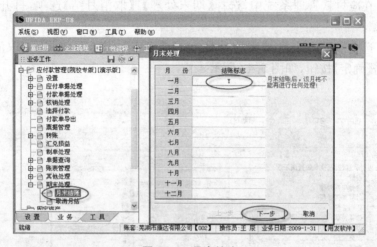

图 5.40　月末结账

（3）【处理情况】栏中均为"是"字时（否则系统将提示不能结账的原因），单击【完成】按钮，系统弹出"结账成功"窗口，再次单击【确定】按钮完成结账处理。如图5.41所示。

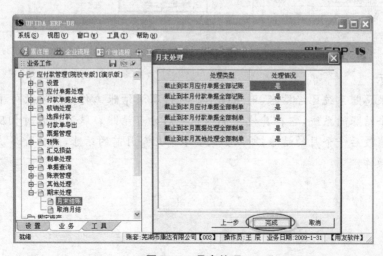

图 5.41　月末处理

## 二、取消月结

如果已结账的月份还有数据需要处理,则需要取消月结。

**操作步骤**

(1) 在应付款管理系统中,选择【期末处理】|【取消月结】选项,打开"取消结账"窗口。

(2) 选定最后一个已结账的月份,单击【确定】按钮,系统提示"取消结账成功",单击【确定】按钮,如图5.42所示。

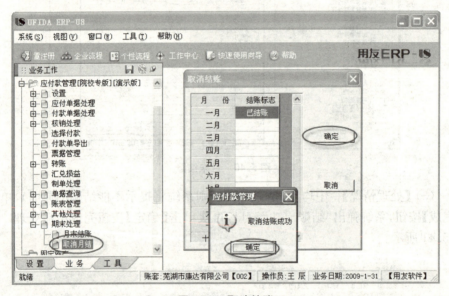

图5.42　取消结账

**提示**

如果总账系统已经结账,则在此不能执行取消结账工作。用友软件中总账是最后一个结账的系统,它在其他系统结账之后方可结账。取消结账时相反。每次只能取消最后一个月的结账,所以如果要取消几个月前的结账,则需要多次执行取消结账操作。

# 第六章 薪资管理系统

## 第一节 薪资管理系统概述

人力资源的核算和管理工作是企业管理的重要方面,也是企业会计信息系统的基本业务之一。正确的核算企业人力资源对于企业,尤其是技术密集型的高科技企业具有重要意义。其中对企业员工的业绩考评和薪酬的确定正确与否关系到企业每一个职工的切身利益,对于调动每一个职工的工作积极性,正确处理企业与职工之间的经济关系具有重要意义。

### 一、薪资管理系统的基本功能结构

(一)初始设置

根据需要建立工资应用环境,将工资系统建立成适合本单位实际需要的专用系统。包括设置处理工资类别个数和币种、设置是否处理个人所得税、设置是否进行扣零处理、设置人员编码长度等业务参数。设置职工个人工资档案,有助于人事及财务部门对员工个人工资档案有效管理。系统还提供灵活方便的项目设置及公式定义功能。

(二)业务处理

系统提供了多种形式的数据录入功能,易于操作。在修改了某些数据后,系统通过工资的计算与汇总更新数据,自动完成工资分摊、计提、转账业务并生成相应凭证。系统具有灵活的银行代发功能,可实现在同一工资账中的人员由不同的银行代发工资,可实现多种文件格式的输出。还可以计算个人所得税扣缴申报表,进行月末处理和年末处理。

## （三）统计分析报表

提供各种工资表和工资分析表的查询和分析功能。工资表包括工资发放签名表、工资发放条、工资卡、部门工资汇总表、人员类别工资汇总表、条件汇总表、条件明细表、条件统计表。

工资分析表包括按部门工资项目分析表、按月员工工资汇总表、分部门各月工资构成分析表、工资增长情况分析表、部门工资项目构成分析表、员工工资项目统计表、按项目分类统计表、按部门分类统计表、按月分类统计表。

## 二、薪资管理系统的处理流程

薪资管理系统的处理流程如图 6.1 所示。

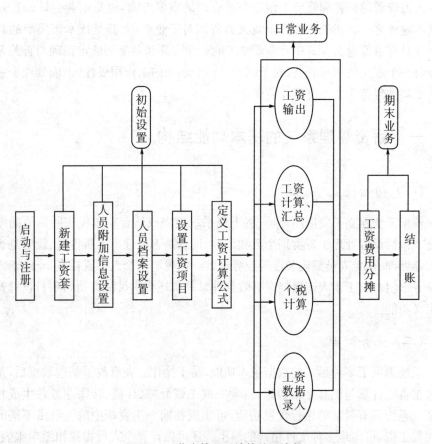

图 6.1　薪资管理系统的处理流程

## 第二节　薪资管理系统初始设置

### 一、设置账套参数

#### （一）建立薪资账套

建账工作是整个薪资管理正确运行的基础。建立一个完整的账套，是系统正常运行的根本保证。用户可通过系统提供的建账向导，逐步完成整个工资账套的建账工作。

当启动薪资管理系统时，如所选择账套为首次使用，系统将自动进入建账向导。系统提供的建账向导共分为四步：参数设置、扣税设置、扣零设置、人员编码。

**1. 参数设置**

工资账套参数设置有三项内容：

（1）工资类别

工资类别有"单个"和"多个"两个选项。如果单位中所有人员的工资统一管理，而人员的工资项目、工资计算公式全部相同，选择"单个"工资类别。如单位按周发工资或一月发多次工资；或者单位中有多种不同类别（部门）的人员，工资发放项目不尽相同，计算公式亦不相同，但需进行统一工资核算管理，应选择"多个"工资类别。

（2）核算币种

用户可以选择币种名称，通常选择本位币为账套核算币种。

（3）是否核算计件工资

系统根据此参数判断是否显示计件工资核算的相关信息。

**2. 扣税设置**

扣税设置是指在工资计算过程中是否代职工从工资中扣缴个人所得税。若核算单位需为职工代扣代缴个人所得税，可以在系统设置中选择设置为职工"从工资中代扣个人所得税"。

**3. 扣零设置**

扣零，即扣零处理，在手工发放工资的情况下，为了发放工作的方便，可以选择在每次发放工资时把零头扣下,积累取整,于下次工资发放时补上,系统在计算工资时将依据扣零类型进行扣零计算。而对于银行代发工资情况则无意义。因此,是否设置扣零处理要根据使用单位工资发放的具体形式而定。

**4. 人员编码**

人员编码与公共平台的人员编码保持一致,无需在本系统设置。

**例 6.1** 根据以下资料,建立康达有限公司的工资账套。

工资类别个数:单个;核算币种:人民币 RMB;不核算计件工资。从工资中代扣个人所得税。不进行扣零处理。

**操作步骤**

(1) 单击【开始】|【程序】|【用友 ERP-U8 院校专版】|【企业应用平台】|【人力资源】|【薪资管理】,进入薪资管理系统。

(2) 首次使用资薪管理系统时,进入"建立工资套——参数设置",选择工资类别个数为"单个",如图 6.2 所示。

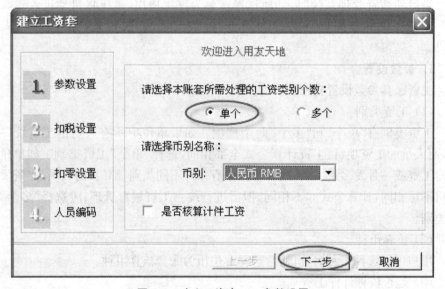

图 6.2 建立工资套——参数设置

(3) 单击【下一步】按钮,进入"建立工资套——扣税设置"对话框,选中"是否从工资中代扣个人所得税"复选框,如图 6.3 所示。

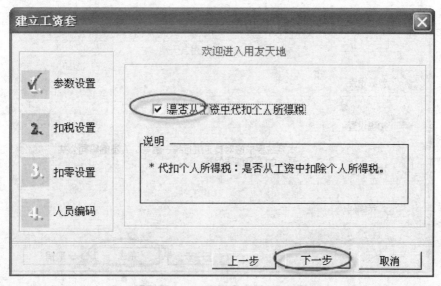

图 6.3 建立工资套——扣税设置

（4）单击【下一步】按钮，进入"建立工资套——扣零设置"对话框，不选中"扣零"复选框，表示不进行扣零设置，如图 6.4 所示。

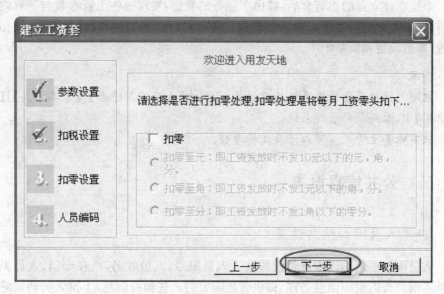

图 6.4 建立工资套——扣零设置

（5）单击【下一步】按钮，进入"建立工资套——人员编码"对话框，单击【完成】按钮，如图 6.5 所示。

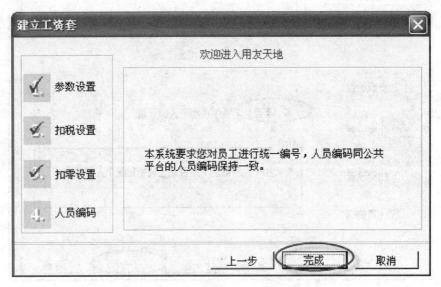

图6.5 建立工资套——人员编码

（二）选项

系统在建立新的工资套后,或由于业务的变更,发现一些工资参数与核算内容不符,可以在此进行工资账参数的调整。包括对以下参数的修改:扣零设置、扣税设置、参数设置和调整汇率。

**提示**

启动与注册薪资管理系统的前提是,已经在【企业应用平台】|【基本信息】|【系统启用】中,启用薪资管理系统。

只有账套主管人员可以修改工资参数。

## 二、公共信息设置

（一）人员附加信息设置

人员附加信息的设置就是设置除了人员编号、人员姓名、所在部门、人员类别等基本信息外的附加信息名称,提供管理需要的一些辅助信息,丰富人员档案的内容,便于对人员进行更加有效的管理。

**例6.2** 增加康达有限公司的工资账套的人员附加信息:身份证号、公积金账号。

**操作步骤**

(1) 在薪资管理系统中,选择【设置】|【人员附加信息设置】命令,打开如图6.6所示的"人员附加信息设置"窗口。

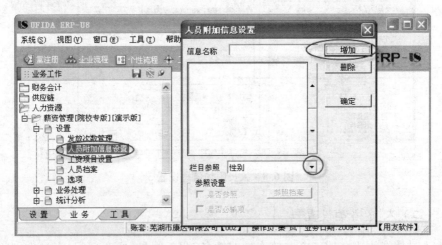

图6.6 人员附加信息设置1

(2) 单击【增加】按钮,单击栏目参照的【▼】按钮,选择"身份证号",如图6.7所示。

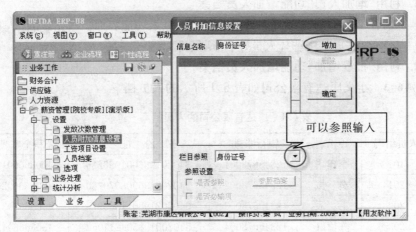

图6.7 人员附加信息设置2

(3) 单击【增加】按钮,在"信息名称"空白处,输入"公积金账号",如图6.8所示。

(4) 单击【增加】按钮,关闭当前菜单,返回上级窗口。

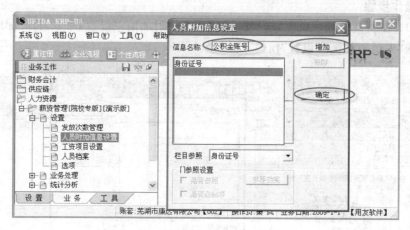

图6.8 人员附加信息设置3

## (二) 人员档案设置

人员档案用于登记工资发放人员的姓名、职工编号、所在部门、人员类别等信息,工资日常核算中职工的增减变动也在此处理,这样有利于加强职工工资管理。系统提供了两种增加人员的方法,可以通过"增加人员"功能增加人员档案,也可以通过"批量增加"功能增加人员档案。

**1. 利用"增加人员"功能增加人员档案**

操作方法是选择【设置】|【人员档案】命令,进入功能界面。单击【增加人员】按钮,在"基本信息"页签中选择人员姓名、所属部门编号、名称。

**2. 利用"批量增加"功能增加人员档案**

例6.3 定义康达有限公司如表6.1所示的人员档案。

表6.1 康达有限公司的人员档案一览表

| 人员编码 | 姓名 | 银行账号 | 身份证号 | 公积金账号 |
|---|---|---|---|---|
| 101 | 李建华 | 12345678001 | 340201966001090236 | 400866601 |
| 201 | 秦岚 | 12345678002 | 340202196908070280 | 400866602 |
| 202 | 王辰 | 12345678003 | 340202198011060978 | 400866603 |
| 203 | 陈德好 | 12345678004 | 510700198504214059 | 400866604 |
| 301 | 翟伟 | 12345678005 | 340203197411294535 | 400866605 |
| 302 | 张炀 | 12345678006 | 340205197605053577 | 400866606 |
| 401 | 程永洁 | 12345678007 | 340201198106160966 | 400866607 |
| 402 | 韩旭 | 12345678008 | 340201197203062598 | 400866608 |

续表

| 人员编码 | 姓 名 | 银行账号 | 身 份 证 号 | 公积金账号 |
|---|---|---|---|---|
| 501 | 魏 波 | 12345678009 | 340204198502146890 | 400866609 |
| 502 | 唐 俊 | 12345678010 | 340201198312213788 | 400866610 |
| 503 | 王 琳 | 12345678011 | 340201198208264617 | 400866611 |
| 504 | 常 龙 | 12345678012 | 340203198304241452 | 400866612 |

**操作步骤**

(1) 在薪资管理系统中,选择【设置】|【人员档案】命令,打开如图 6.9 所示的"人员档案"窗口。

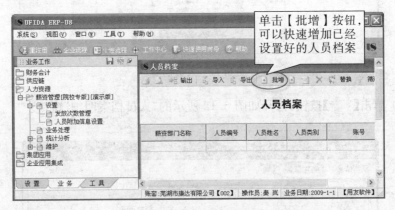

图 6.9 人员档案

(2) 单击【批增】按钮,打开如图 6.10 所示的"人员批量增加"窗口。

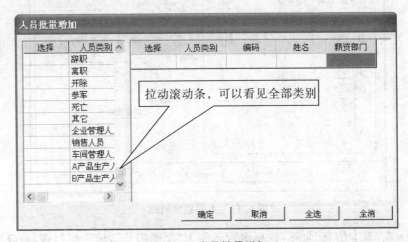

图 6.10 人员批量增加

(3) 窗口左边显示所有人员类别,单击要增加的"人员类别"的"选择"栏,显示"是",表示选中。单击【确定】按钮,返回"人员档案"窗口,如图 6.11 所示。

图 6.11 人员档案

(4) 单击【　】按钮,打开如图 6.12 所示的"人员档案明细"窗口。

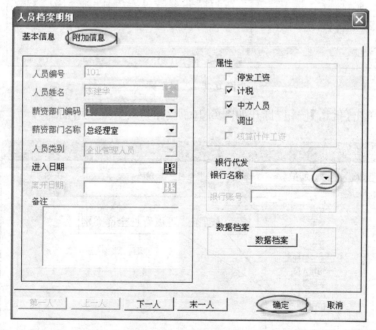

图 6.12 人员档案明细

(5) 在"基本信息"页签,选择银行名称为"交通银行",输入银行账号;在"附加信息"页签输入身份证号和公积金账号。

(6) 单击【确定】按钮,系统提示:"写入该人员档案信息吗?",单击【确定】按钮,完成该职员档案设置。重复步骤(5)~(6),继续完成其他人员档案录入。

(7) 单击【退出】按钮,返回上一级窗口。

**提示**

人员编号、人员姓名、人员类别来源于公共平台的人员档案信息,薪资管理系统不能修改,要在公共平台中修改,系统会自动将修改信息同步到薪资管理系统。

### (三) 工资项目设置

**1. 定义工资项目**

即定义工资项目的名称、类型、宽度。工资项目应包括两类:一类是手工核算时工资结算单上所列的各个项目,如基本工资、岗位工资、副食补贴;另一类是与计算这些项目有关的原始项目和中间过渡项目,如请假天数。

这些工资项目中,有的是各单位都有,为必备项目,如应发工资、扣款合计、实发工资等;其他项目可根据需要自行增加和修改,以适应各单位的需要。

**例6.4** 增加康达有限公司如表6.2所示的工资项目。

表6.2 康达有限公司工资项目一览表

| 项目名称 | 类型 | 长度 | 小数位数 | 工资增减项 |
|---|---|---|---|---|
| 基本工资 | 数字 | 10 | 2 | 增项 |
| 奖金 | 数字 | 8 | 2 | 增项 |
| 交补 | 数字 | 8 | 2 | 增项 |
| 加班费 | 数字 | 8 | 2 | 增项 |
| 应发合计 | 数字 | 10 | 2 | 增项 |
| 事假天数 | 数字 | 4 | 2 | 其他 |
| 事假扣款 | 数字 | 8 | 2 | 减项 |
| 病假天数 | 数字 | 4 | 2 | 其他 |
| 病假扣款 | 数字 | 8 | 2 | 减项 |
| 代扣税 | 数字 | 8 | 2 | 减项 |
| 扣款合计 | 数字 | 10 | 2 | 减项 |
| 实发合计 | 数字 | 10 | 2 | 增项 |

**操作步骤**

(1) 在薪资管理系统中,选择【设置】|【工资项目设置】命令,打开如图6.13所示的"工资项目设置"窗口。

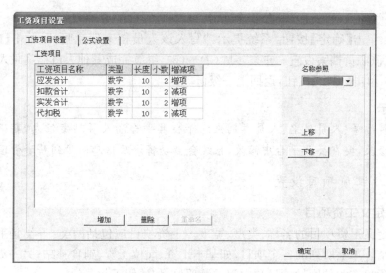

图 6.13　工资项目设置 1

(2) 单击【增加】按钮,再单击"名称参照"下拉列表框的【▼】按钮,在下拉列表中选择"基本工资"选项。

(3) 双击"长度"栏空白处,弹出【⇕】按钮,确定长度为"10"。

(4) 双击"增减项"栏所在单元,弹出【▼】按钮,在下拉列表中选择"增项"。重复步骤(2)～(4),完成其他工资项目,如图 6.14 所示。

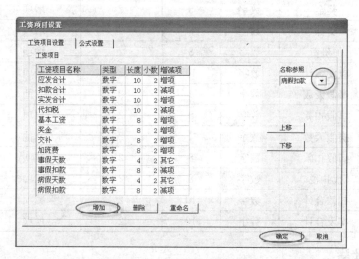

图 6.14　工资项目设置 2

(5) 单击【确定】按钮,返回上级窗口。

**提示**

增项直接计入应发合计,减项直接计入扣款合计。

若工资项目类型为字符型,则小数位不可用,增减项为其他。

选中某一工资项目,单击界面上的【上移】和【下移】按钮可调整工资项目的排列顺序。

### 2. 定义工资计算公式

在各种工资项目中,有很多项目是和其他项目有密切关系的,例如,实发合计等于应发合计减扣款合计。为了实现自动计算,在系统中需事先设置好各工资项目间的运算公式。应发合计、扣款合计、实发合计项目已经由系统自动设置好计算公式,计算时自动生成数据,其他项目公式由企业自行定义。

**例 6.5** 定义康达有限公司如表 6.3 所示的工资计算公式。

表 6.3 康达有限公司工资计算公式一览表

| 工资项目 | 定 义 公 式 |
|---|---|
| 事假扣款 | 事假天数×70 |
| 病假扣款 | 病假天数×50 |
| 交 补 | if(人员类别="企业管理人员"or 人员类别="车间管理人员",400,200) |
| 应发合计 | 基本工资+奖金+交补+加班费 |
| 扣款合计 | 病假扣款+事假扣款+代扣税 |
| 实发合计 | 应发合计-扣款合计 |

**操作步骤**

(1) 在薪资管理系统中,选择【设置】|【工资项目设置】命令,单击【公式设置】页签,如图 6.15 所示。

(2) 在"工资项目"选项区域,单击【增加】按钮,增加一空白选项。单击空白选项栏下三角按钮,在下拉列表框中选择"事假扣款"项目。

(3) 将光标移动到"事假扣款公式定义"文本框。在"公式输入参照"选项区域的"工资项目"框选择"事假天数"选项;在"公式输入参照"选项区域,选择"运算符"框中的"*",再单击【↑】按钮,分别选中数字"7"、"0"。

(4) 在"事假扣款公式定义"区域,单击【公式确认】按钮。

(5) 重复步骤(2)~(4),继续输入其他计算公式,如图 6.16 所示。

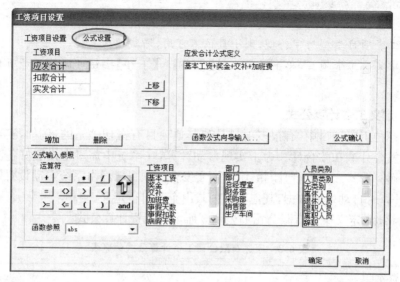

图 6.15　公式设置 1

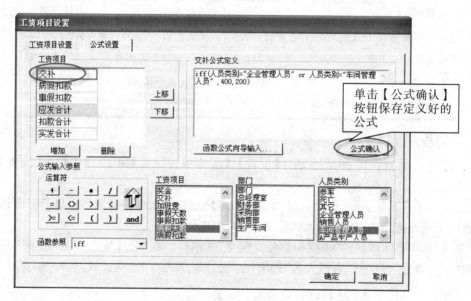

图 6.16　公式设置 2

(6) 单击【确认】按钮，返回上级窗口。

**提示**

"公式设置"选项卡中左侧"工资项目"列表框中的顺序决定系统执行工资计算

的先后顺序，因此要注意公式的排列顺序。

## 第三节 薪资管理系统日常业务处理

### 一、个人工资数据的录入

（一）固定工资数据

个人工资数据是工资核算系统中基本的原始数据，它的正确性直接影响到以后数据计算的准确性。初次使用系统时，应先进行个人工资数据中相对固定的数据的输入，在以后的正常使用中，只需对个别经常变动的工资项目数据进行调整，即可自动生成当月的工资数据。

例6.6 定义康达有限公司如表6.4所示的期初工资数据。

表6.4 康达有限公司期初工资数据一览表

| 人员编码 | 姓　名 | 基本工资 | 奖　金 |
| --- | --- | --- | --- |
| 101 | 李建华 | 5000 | 2000 |
| 201 | 秦　岚 | 3000 | 1000 |
| 202 | 王　辰 | 2500 | 800 |
| 203 | 陈德好 | 2500 | 800 |
| 301 | 翟　伟 | 3000 | 1000 |
| 302 | 张　炀 | 2500 | 800 |
| 401 | 程永洁 | 1500 | 1600 |
| 402 | 韩　旭 | 1500 | 1600 |
| 501 | 魏　波 | 3000 | 1000 |
| 502 | 唐　俊 | 3000 | 800 |
| 503 | 王　琳 | 1500 | 800 |
| 504 | 常　龙 | 1500 | 800 |

**操作步骤**

(1) 在薪资管理系统中,选择【业务处理】|【工资变动】命令,打开如图 6.17 所示的"工资变动"窗口。

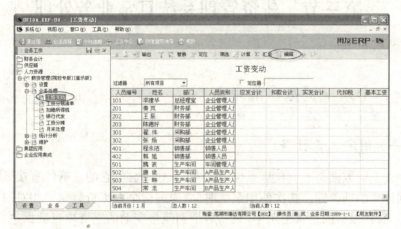

图 6.17 工资变动

(2) 单击【编辑】图标按钮,打开如图 6.18 所示的"工资数据录入——页编辑"对话框。

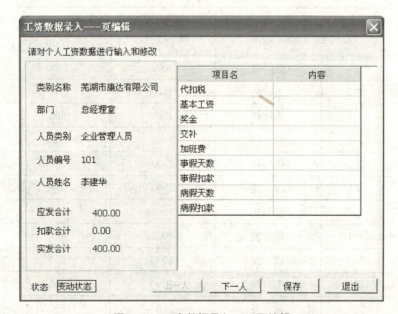

图 6.18 工资数据录入——页编辑

(3) 输入基本工资"5000",奖金"2000"。

## 第六章 薪资管理系统

（4）单击【下一人】按钮，重复步骤（3），继续输入其他人员的基本工资。

（5）单击【保存】按钮，单击【退出】按钮。

**提示**

只需输入不能应用公式计算得到的原始数据项，例如，基本工资、奖金；其余各项由系统根据计算公式，自动计算生成。

### （二）变动工资数据编辑

企业工资项目中，有些项目的数据长期不变，属于固定项目；有些项目的数据可能每月都有变动，属于变动项目。

通用工资核算软件提供了个人工资数据的修改、删除功能，可根据需要选择这些功能。

为了快速准确地编辑某个人或某一批人的数据，可以通过"数据筛选"和"定位"功能，将他们从人员档案中提取出来。一般情况下工资变动只对部分人员进行，采用筛选把需修改人员过滤出来，能加快修改速度。

**1. 工资项目过滤器**

如果只做工资项目中的某一项目修改，可进行过滤设置。

**例 6.7** 增加项目过滤器，包括"事假天数"、"病假天数"两项内容。根据1月的考勤记录，录入张炀病假2天，魏波事假1天。

**操作步骤**

（1）在薪资管理系统中，选择【业务处理】|【工资变动】命令，打开"工资变动"窗口。

（2）在"工资变动"窗口，单击左上角"过滤器"下拉列表框的倒三角按钮，在下拉列表中选择"过滤设置"选项，打开如图6.19所示的"项目过滤"对话框。

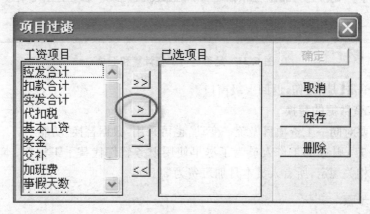

图 6.19 项目过滤

(3) 在工资项目列表框中依次选中"事假天数"、"病假天数"选项,单击【 > 】按钮。

(4) 单击【确定】按钮,即可过滤出"事假天数"、"病假天数"项目。

(5) 在"工资变动"窗口,输入张炀病假天数 2 天,魏波事假天数 1 天,如图 6.20 所示。

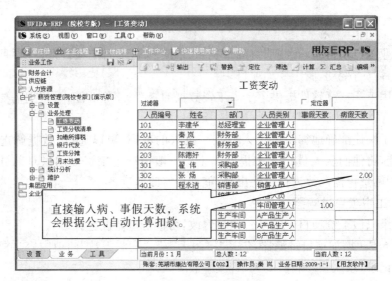

图 6.20 工资变动

(6) 单击【退出】按钮,系统出现如图 6.21 所示的提示。

图 6.21 是否进行工资计算和汇总

(7) 单击【是】按钮,返回上级窗口。

**2. 工资数据的替换**

如果要对同一工资项目做统一变动,也可采用"数据替换"功能。

**例 6.7** 财务部工作人员为了尽早使用财务软件代替手工记账,本月加班 3 天。按照相关规定,所有人员本月加班费为 300 元。

**操作步骤**

(1) 在薪资管理系统中,选择【业务处理】|【工资变动】命令,打开如图 6.22 所

示的"工资变动"窗口。

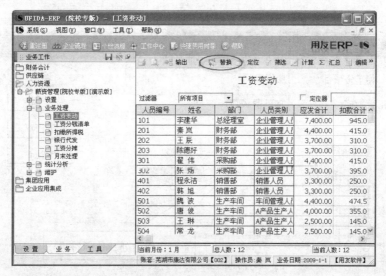

图 6.22　工资变动

（2）在"工资变动"窗口，单击【替换】按钮，出现如图 6.23 所示的"工资项数据替换"对话框。

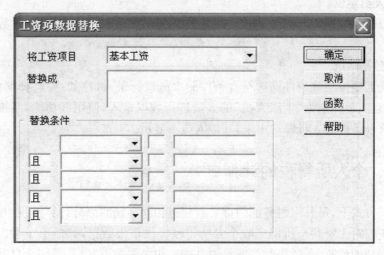

图 6.23　工资项数据替换 1

（3）单击"将工资项目"下拉列表框的倒三角按钮，在下拉列表中选择"加班费"项目。

（4）在"替换成"文本框中输入"加班费+300"。

(5) 在替换条件对话框中,选择替换条件"部门"、"＝"、"财务部",如图 6.24 所示。

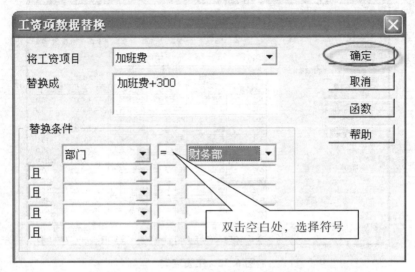

图 6.24　工资项数据替换 2

(6) 单击【确定】按钮,对随后出现的提示对话框,均单击【是】按钮。
**3. 人员定位**
可以根据职工所属部门、编码、姓名等快速查找指定记录,以便进行数据输入和修改。
**4. 数据筛选**
如果需要按某些条件筛选符合条件的人员进行录入,比如:要选择部门为"生产车间"且人员类别为"生产人员"的人员进行数据录入,使用该功能,系统就可以自动把符合条件的人员筛选出来,其他人员不显示。

## 二、个人所得税的计算

手工方式下,每月末财务部门都要对超过扣除金额的部分计算纳税申报,工资核算系统仅对工资薪金所得征收个人所得税提供申报数据,其他不予考虑。企业应根据当地纳税政策,适当调整所得税基础。相关参数设置后,系统会自动根据职工月工资计算应纳税额。

例 6.8　根据本月工资数据,编制康达有限公司个人所得税扣缴申报表。
**操作步骤**
(1) 在薪资管理系统中,选择【业务处理】|【扣缴所得税】命令,打开如图 6.25

所示的"栏目选择"窗口。

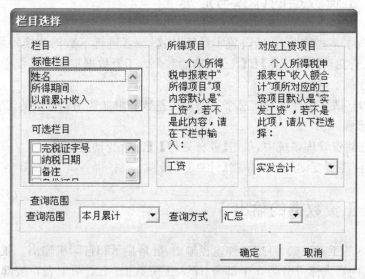

图 6.25　栏目选择

（2）在"对应工资项目"的选项区域，单击倒三角按钮，弹出下拉菜单，选择"实发合计"。

（3）单击【确定】按钮，进入"个人所得税扣缴申报表"窗口。

（4）单击【税率】按钮，打开"个人所得税申报表——税率表"对话框，调整基数为"2000"，附加费用为"0"，如图 6.26 所示。

图 6.26　个人所得税申报表——税率表

（5）单击【确定】按钮，返回上级窗口。

## 三、工资数据的计算与汇总

在修改了某些数据,重新设置了计算公式,或者进行了数据替换等操作后,必须调用【工资变动】中【计算】和【汇总】功能对个人工资数据重新计算汇总以保证工资数据的正确。

**例 6.9** 请重新计算和汇总个人所得税基数和附加费用调整后的工资。
**操作步骤**
(1) 在薪资管理系统中,单击【业务处理】|【工资变动】按钮。
(2) 在"工资变动"窗口,单击【计算】按钮。

## 四、工资数据的输出

系统内的工资数据,可按两种途径输出:屏幕显示和打印机输出。工资数据的输出,按其内容大体可分为 3 个部分:个人工资数据(工资明细表)、按部门汇总的工资数据、按统计口径汇总的数据。

**1. 查询输出**

可按个人、单位或其他指定条件查询工资数据并显示。包括:工资报表的查询;工资表的查询,如工资发放签名表、工资卡、部门工资汇总表、人员工资分析表等;工资分析表的查询,如工资项目分析表、员工工资汇总表、工资增长情况表、按月(部门、月份)的分类统计表;凭证查询,即查询每月工资结算中编制的各种凭证。

**2. 打印输出**

把个人工资数据和各部门、车间科室的汇总数据以工资表等形式打印出来。

**3. 利用软件提供的工资数据通过银行代发工资**

通过磁盘或以联网方式与银行进行数据传递,要按银行要求的数据项目在软件中进行设置,其中"账号"等内容必须由开户行规定。

# 第四节 薪资管理系统期末业务处理

## 一、工资费用的分摊

财会部门根据工资费用分配表,将工资费用根据用途进行分配,并编制转账会计凭证,传递到总账系统供登账处理之用。单击【业务处理】中的【工资分摊】功能菜单,即可进入该功能。

工资分摊中能查询到无权限的部门工资数据,这里只受功能权限控制,不受数据权限控制。

**例 6.10** 康达有限公司根据表 6.5 进行月末工资费用的分摊。

表 6.5 康达有限公司月末工贸费用分摊

| 部门 | 人员类别 | 分摊类型 | | | |
|---|---|---|---|---|---|
| | | 工资 | | 社会保险费(15%) | |
| | | 借方 | 贷方 | 借方 | 贷方 |
| 总经理室 | 企业管理人员 | 550201 | 215101 | 550201 | 215103 |
| 财务部 | | | | | |
| 采购部 | | | | | |
| 销售部 | 销售人员 | 550101 | 215101 | 550101 | 215103 |
| 生产车间 | 车间管理人员 | 4105 | 215101 | 4105 | 215103 |
| | A产品生产人员 | 410101 | 215101 | 410101 | 215103 |
| | B产品生产人员 | 410102 | 215101 | 410102 | 215103 |

## (一)定义分摊类型

**操作步骤**

(1) 在薪资管理系统中,选择【业务处理】|【工资分摊】命令,打开如图 6.27 所示的"工资分摊"窗口。

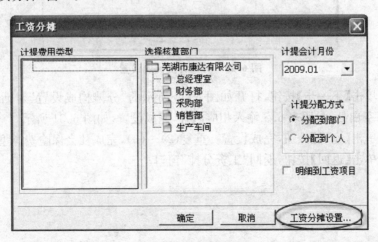

图 6.27 工资分摊

（2）在"工资分摊"窗口，单击【工资分摊设置】按钮，进入"分摊类型设置"界面，如图6.28所示。单击【增加】按钮，输入计提类型名称为"工资"，确定分摊计提比例为"100％"，如图6.29所示。

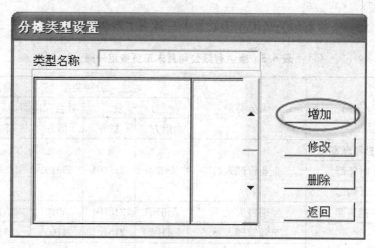

图6.28 分摊类型设置

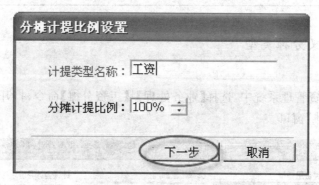

图6.29 分摊计提比例设置

（3）单击【下一步】按钮，打开如图6.30所示的"分摊构成设置"对话框，双击每个栏目空白处，参照表6.5输入相应内容，完成设置，如图6.31所示。

（4）单击【完成】按钮，完成设置。重复(2)～(3)，完成社会保险费类型定义。

（5）单击【返回】按钮，返回"工资分摊"窗口。

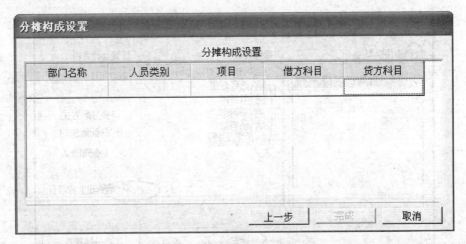

分摊构成设置
分摊构成设置
部门名称
人员类别
项目
借方科目
贷方科目
上一步
完成
取消

图 6.30　分摊构成设置 1

分摊构成设置
分摊构成设置
部门名称 人员类别 项目 借方科目 贷方科目
总经理室,财务… 企业管理人员 应发合计 550201 215101
销售部 销售人员 应发合计 550101 215101
生产车间 车间管理人员 应发合计 4105 215101
生产车间 A产品生产人员 应发合计 410101 215101
生产车间 B产品生产人员 应发合计 410102 215101
上一步
完成
取消

图 6.31　分摊构成设置 2

## （二）生成凭证

工资系统与总账系统结合应用，完成以上分摊类型的设置，然后根据国家有关会计制度的要求进行指定费用分配及计提。借贷方的入账科目，可以由系统生成自动转账凭证。

**操作步骤**

(1) 在薪资管理系统中，单击【业务处理】|【工资分摊】，打开“工资分摊”窗口，在“计提费用类型”区域，选中全部类型，在“选择核算部门”区域，选中所有部门，如图 6.32 所示。

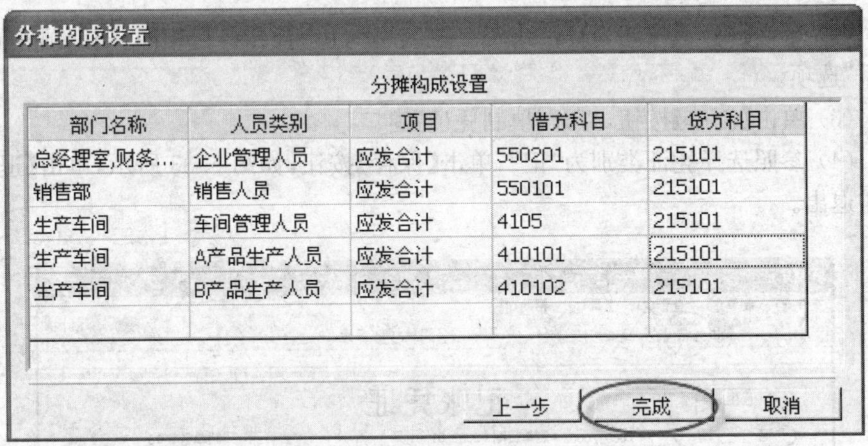

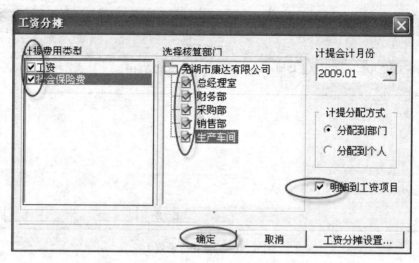

图 6.32　工资分摊

(2) 单击【确定】按钮,打开"工资一览表",勾选"合并科目相同、辅助项相同的科目"选项。

(3) 单击【制单】按钮,打开"填制凭证"窗口。

(4) 参照选择凭证类别为"记",单击【保存】按钮,如图 6.33 所示,单击【退出】按钮退出。

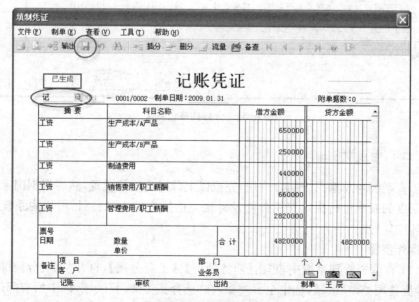

图 6.33　填制凭证

（5）选择"类型"为"社会保险费"，勾选"合并科目相同、辅助项相同的科目"选项，重复（3）～（4），完成凭证填制。

## 二、月末结账

月末结账工作是将当月数据经过处理后结转下月。可以通过【业务处理】|【月末处理】完成操作。每月工资数据处理完毕后均需进行月末结转。由于在工资项目中，有的项目是变动的，即每月的数据均不相同，在每月工资处理时，均需将其数据清为0，而后输入当月的数据，此类项目即为清零项目。

结账后，本月工资明细表为不可修改状态，同时自动生成下月工资明细账，新增或删除人员将不会对本月数据产生影响。

**提示**

月末结转只有在会计年度的1～11月进行。

若本月工资数据未汇总，系统将不允许进行月末结转。

月末处理功能只有主管人员才能执行。

# 第七章 固定资产管理系统

固定资产子系统核算的内容虽然与薪资子系统截然不同,但是作为会计信息系统的子系统,这两个子系统的处理流程非常相似。因此,在学习本章内容时应有意识地与薪资管理子系统相应内容进行对照、比较,从而更深刻地理解相关内容。

## 第一节 固定资产管理系统概述

### 一、固定资产管理系统的基本功能结构

固定资产管理系统总的功能是完成企业固定资产日常业务的核算和管理,生成固定资产卡片,按月反映固定资产的增加、减少、原值变化及其他变动,并输出相应的增减变动明细账,按月自动提计折旧,生成折旧分配凭证,同时输出一些相关的报表和账簿。本系统主要功能体现在以下几个方面:

(一)初始设置

初始设置是使用者必须首先完成的工作,通过初始化,系统将按照用户的实际情况定义核算与管理。该部分操作具有非常重要的意义,这些基本设置是使用本系统进行核算和管理的基础。主要包括建立固定资产账套、基础信息设置和原始卡片录入。

(二)日常处理

主要包括固定资产的增减业务,同时可以处理包括原值变动、部门转移、使用状况变动、使用年限调整和折旧方法调整在内的各种资产变动业务。

(三)月末处理

主要包括如何计提固定资产减值准备和固定资产折旧、生成固定资产的相关凭证以及如何进行凭证的修改和删除、怎样进行对账与月末结账。

## （四）账表管理

主要介绍如何对账簿、折旧类报表、统计报表和分析报表进行查询与修改。

## 二、固定资产管理系统的处理流程

固定资产管理系统的处理流程如图 7.1 所示。

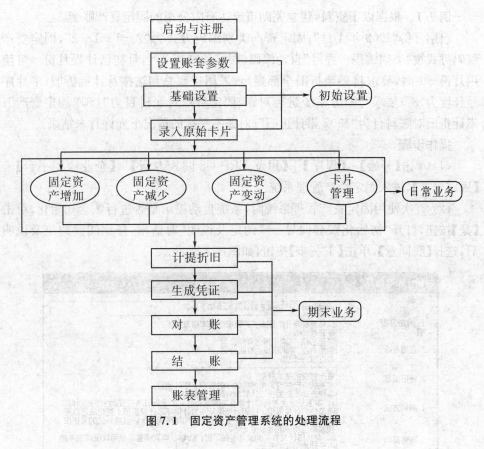

图 7.1　固定资产管理系统的处理流程

## 第二节　固定资产管理系统初始设置

在系统管理中启用了固定资产管理系统之后，用户可以根据自己的具体情况，建立一个适合的固定资产账套。我们一般把该过程称为"固定资产初始化"。它是使用固定资产系统管理资产的首要操作。系统初始设置包括建立固定资产账套、基础信息设置和原始卡片录入。

## 一、设置账套参数

### （一）初始化向导

**例7.1** 根据以下资料，建立芜湖市康达有限公司的固定资产账套。

启用月份"2009年1月"；固定资产类别编码方式为"2－1－1－2"，固定资产编码方式按"类别编码＋序号"自动编码，序号长度为3；当月初已计提月份＝可使用月份－1时，要求将剩余折旧全部提足；采用年数总和法按月计提折旧；卡片序号长度为"3"；要求与财务系统进行对账，固定资产对账科目为"1501 固定资产"；累计折旧对账科目为"1502 累计折旧"；对账不平衡的情况下允许月末结账。

**操作步骤**

（1）单击【开始】|【程序】|【用友ERP-U8院校专版】|【企业应用平台】|【固定资产】，进入固定资产管理系统。

（2）首次使用固定资产管理系统时，系统自动提示是否进行账套初始化，单击【是】按钮，打开"初始化账套向导——约定及说明"对话框，仔细阅读约定及说明后，选择【我同意】，单击【下一步】按钮，如图7.2所示。

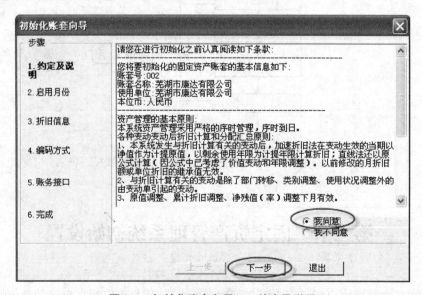

图7.2 初始化账套向导——约定及说明

(3) 打开"初始化账套向导——启用月份"对话框,系统以账套启用月份开始计提折旧,此处启用月份与企业账套启用日期一致,此处只能查看启用日期,不可修改,单击【下一步】按钮,如图7.3所示。

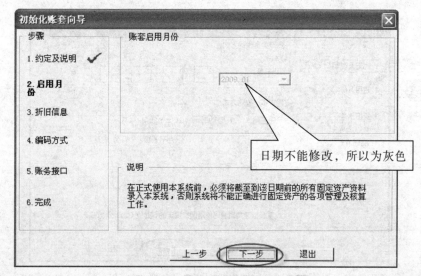

图7.3 初始化账套向导——启用月份

(4) 打开"初始化账套向导——折旧信息"对话框。在【主要折旧方法】下拉菜单中,选择"年数总和法",其他采用默认设置,单击【下一步】按钮,如图7.4所示。

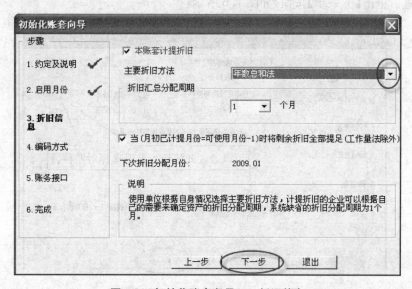

图7.4 初始化账套向导——折旧信息

(5) 打开"初始化账套向导——编码方式"对话框。固定资产编码方式,选择【自动编码】,单击"序号长度"的【 ÷ 】按钮,修改长度为"3",其他采用默认设置。单击【下一步】按钮,如图 7.5 所示。

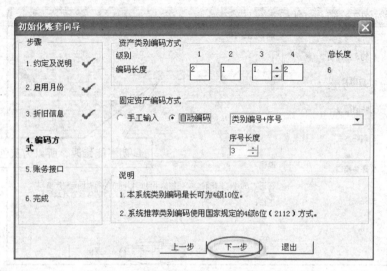

图 7.5　初始化账套向导——编码方式

(6) 打开"初始化账套向导——账务接口"对话框。在"对账科目"空白处,参照输入"固定资产对账科目"为"1501","累计折旧对账科目"为"1502",其他采用默认设置。单击【下一步】按钮,如图 7.6 所示。

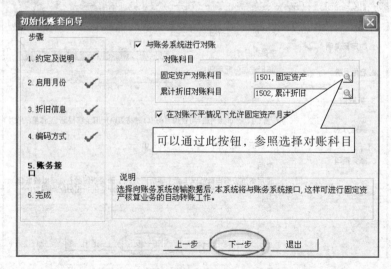

图 7.6　初始化账套向导——账务接口

（7）打开"固定资产初始化账套向导——完成"对话框，如图7.7所示。本窗口显示了已经完成的初始化设置。检查之后，单击【完成】按钮，系统提示"是否保存对新账套的所有设置？"，如图7.8所示。

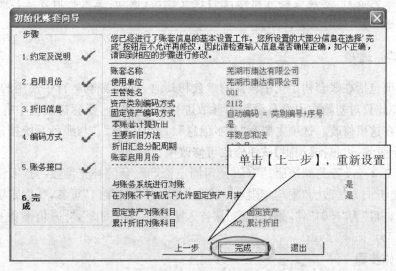

图7.7　固定资产初始化账套向导——完成

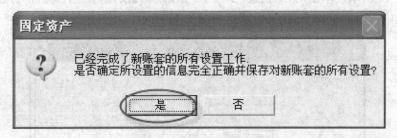

图7.8　是否保存新账套的设置

（8）单击【是】按钮，系统提示"已成功初始化本固定资产账套！"，如图7.9所示。单击【确定】按钮，返回企业应用平台窗口。

图7.9　已成功初始化本固定资产账套

提示

① 启动与注册固定资产系统的前提是，已经在【企业应用平台】|【基本信息】|【系统启用】中，启用【固定资产】管理系统。

② 建账完成后,发现某些不可以修改的设置错误(例如:本账套是否计提折旧),但又必须纠正,只能通过"重新初始化"功能实现,但应注意重新初始化将清空对该固定资产账套所做的一切工作。

建账完成后,发现某些可以修改的设置错误(例如:主要折旧方法),可在【设置】|【选项】中进行重新设置。

(二)选项

选项包括在账套初始化中设置的参数和其他一些在账套运行中使用的参数或设置,在此只对初始化中没有设置的参数进行说明,另外,账套初始化中有些参数也可以在这里修改。选项主要有"基本信息"、"折旧信息"、"与账务系统接口"、"其他"四个页签,可单击【编辑】按钮修改可修改项。

**例 7.2** 设置芜湖市康达有限公司固定资产账套的补充参数:"折旧信息"页签,主要折旧方法改为"平均年限法(一)";"与账务系统接口"页签,"[固定资产]缺省入账科目"为"1501","[累计折旧]缺省入账科目"为"1502","[减值准备]缺省入账科目"为"1505"。

**操作步骤**

(1)在固定资产管理系统中,选择【设置】|【选项】命令,打开"选项"对话框,如图 7.10 所示。单击"折旧信息"页签,单击【编辑】按钮,在"主要折旧方法"的下拉菜单中,选择"平均年限法(一)"。如图 7.11 所示。

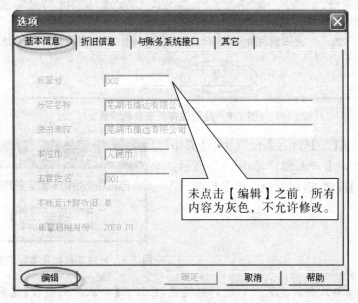

图 7.10 选项——基本信息

第七章 固定资产管理系统

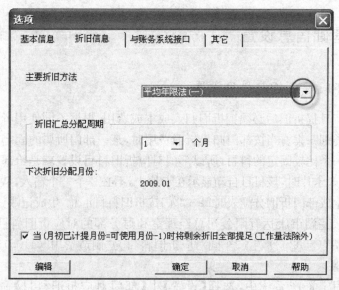

图7.11 选项——折旧信息

（2）单击"与账务系统接口"页签，依次在"[固定资产]缺省入账科目"中，输入"1501"，在"[累计折旧]缺省入账科目"中，输入"1502"，"[减值准备]缺省入账科目"中，输入"1505"，如图7.12所示。

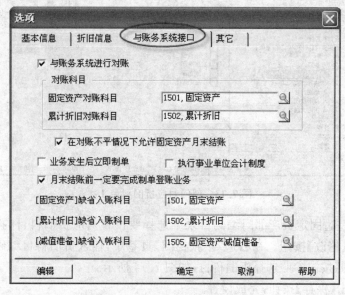

图7.12 选项——与账务系统接口

（3）单击【确定】按钮，回到上一级窗口。

## 二、基础信息设置

### (一) 部门对应折旧科目设置

固定资产计提折旧后必须把折旧归入成本或费用,根据不同使用者的具体情况按部门或按类别归集。当按部门归集折旧费用时,某一部门所属的固定资产折旧费用将归集到一个比较固定的科目,所以部门对应折旧科目设置就是给部门选择一个折旧科目,录入卡片时,该科目自动显示在卡片中,不必一个一个输入,从而提高了工作效率。在生成部门折旧分配表时每一部门按折旧科目汇总,生成记账凭证。

**例 7.3** 芜湖市康达有限公司总经理室和财务部的对应折旧科目为"管理费用——折旧费"(550203),生产车间对应折旧科目为"制造费用"(4105)。

**操作步骤**

(1) 在固定资产系统中,选择【设置】|【部门对应折旧科目】命令,打开如图 7.13 所示的"部门对应折旧科目"窗口。

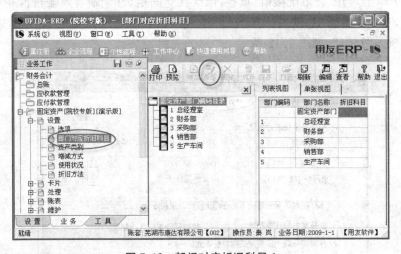

图 7.13 部门对应折旧科目 1

(2) 在左边固定资产部门编码目录中选择要设置对应折旧科目的部门"总经理室",单击【修改】按钮。在右边"单张视图"页签中,输入折旧科目编码"550203"或者单击参照按钮参照选择折旧科目,如图 7.14 所示。

(3) 单击【保存】按钮,完成设置。

(4) 用同样的方法完成财务部和生产车间的部门对应折旧科目设置之后,单击【退出】按钮,返回上一级窗口。

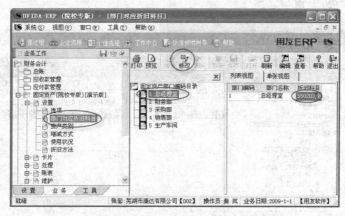

图 7.14 部门对应折旧科目 2

**提示**

① 在使用本功能前,必须已建立好部门档案。即已经在"设置"页标签下【基础档案】|【机构人员】|【部门档案】设置了本单位的部门。

② 设置部门对应折旧科目时,必须选择末级会计科目。

## (二) 资产类别设置

固定资产的种类繁多,规格不一,要强化固定资产管理,必须对固定资产进行分类,为核算和系统管理提供依据。企业可根据自身的特点和管理要求,对资产分类。如果企业以前没有对资产分类,可参考《固定资产分类与代码》一书,设置本企业的资产类别。

**例 7.4** 增加如表 7.1 所示的芜湖市康达有限公司的资产类别。

表 7.1 芜湖市康达有限公司资产类别一览表

| 类别编码 | 类别名称 | 计提属性 | 折旧方法 | 卡片样式 |
| --- | --- | --- | --- | --- |
| 01 | 办公楼 | 正常计提 | 平均年限法(一) | 通用样式 |
| 02 | 厂房 | 正常计提 | 平均年限法(一) | 通用样式 |
| 03 | 生产设备 | 正常计提 | 平均年限法(一) | 通用样式 |
| 04 | 办公设备 | 正常计提 | 平均年限法(一) | 通用样式 |
| 05 | 交通运输设备 | 正常计提 | 平均年限法(一) | 通用样式 |
| 06 | 其他 | 正常计提 | 平均年限法(一) | 通用样式 |

**操作步骤**

(1) 在固定资产管理系统中,选择【设置】|【资产类别】命令,打开如图 7.15

所示的"资产类别"窗口。

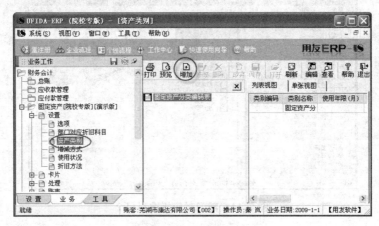

图 7.15　资产类别 1

(2) 单击【增加】按钮,显示"单张视图"页签。类别编码系统会自动给出,按要求输入类别名称"办公楼",其他采用默认设置,如图 7.16 所示,单击【保存】按钮保存设置。

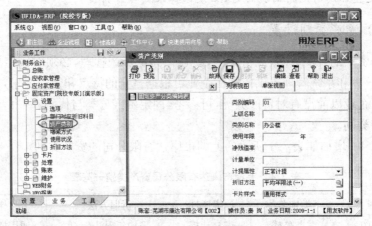

图 7.16　资产类别 2

(3) 单击【增加】按钮,用同样的方法进行其他类别的设置。

(4) 设置完成后,单击【退出】按钮,返回上一级窗口。

提示

① 定义资产类别时,必须从上级开始定义,上级定义完后,必须选中上级类别才可定义下级类别。

② 类别编码、名称、计提属性、卡片样式不能为空,其他各项内容的输入是为

了输入卡片的方便,可以为空。

### (三) 增减方式设置

包括增加方式和减少方式两方面。资产增加或减少方式用以确定资产计价和处理原则,此外,明确资产的增加或减少方式可对固定资产增减的汇总管理做到心里有数。系统内置的增加方式有直接购买、投资者投入、捐赠、盘盈、在建工程转入、融资租入六种;减少方式有出售、盘亏、投资转出、捐赠转出、报废、亏损、融资租出七种。

**例 7.5** 设置如表 7.2 所示的芜湖市康达有限公司固定资产增减方式对应科目。

表 7.2 康达有限公司固定资产增减方式对应科目一览表

| 增减方式对应名称 | 对应入账科目 |
| --- | --- |
| 增加方式 | |
| 直接购入 | 100201 交行存款 |
| 在建工程转入 | 1603 在建工程 |
| 减少方式 | |
| 出售 | 1701 固定资产清理 |

**操作步骤**

(1) 在固定资产管理系统中,选择【设置】|【增减方式】命令,打开如图 7.17 所示的"增减方式"窗口。

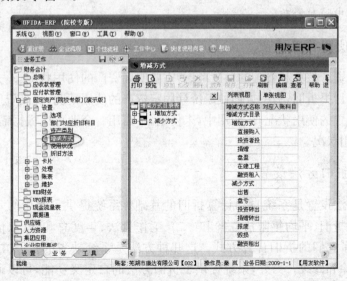

图 7.17 增减方式 1

(2) 在"增减方式目录表"中,选择"直接购入",单击【修改】按钮,在"对应入账科目"处,输入"100201"。如图 7.18 所示。

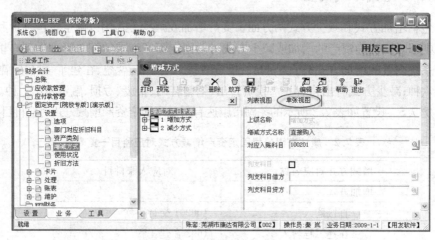

图 7.18　增减方式 2

(3) 单击【保存】按钮,返回到上一级窗口。用同样的方法进行其他增减方式的设置。

(4) 设置完成后,单击【退出】按钮,返回上一级窗口。

**提示**

此处设置的对应入账科目是为了在生成凭证时缺省,如果入账科目发生变化,可以在凭证中随时修改。

### (四) 使用状况设置

从固定资产核算和管理的角度考虑,需要明确资产的使用状况,一方面可以正确地计算和计提折旧,另一方面便于统计固定资产的使用情况,提高资产的利用效率。系统预置的使用状况有:使用中、未使用、不需用。企业可以根据需要增加、修改、删除使用状况。

### (五) 折旧方法设置

折旧方法设置是系统自动计算折旧的基础。系统提供了常用的六种折旧方法——不提折旧、平均年限法(一)和(二)、工作量法、年度总和法、双倍余额递减法,并列出了它们的折旧计算方式。这几种方法是系统缺省的折旧方法,只能选用,不能删除和修改。另外,系统提供了折旧方法的自定义功能,可以通过【设置】菜单中的【折旧方法】自定义合适的折旧方法的名称和计算公式。

## 三、输入原始卡片

固定资产原始卡片是固定资产核算和管理的基础依据,为保持历史资料的连续性,在使用固定资产系统进行核算前,除了前面必要的基础工作外,必须将建账日期以前取得的各项固定资产的资料录入到系统中,以保持历史数据的连续性。

原始卡的录入不限制在第一个期间结算前,任何时候都可以录入原始卡片。

**例 7.6** 增加如表 7.3 所示的芜湖市康达有限公司固定资产资料原始卡片。

表 7.3 康达有限公司固定资产资料原始卡片

| 卡片编号 | 00001 | 00002 | 00003 | 00004 | 00005 |
|---|---|---|---|---|---|
| 固定资产编号 | 01001 | 02001 | 03001 | 03002 | 04001 |
| 固定资产名称 | 综合楼 | 厂房 | 1号生产线 | 2号生产线 | 电脑 |
| 类别编号 | 01 | 02 | 03 | 03 | 04 |
| 类别名称 | 办公楼 | 厂房 | 生产设备 | 生产设备 | 办公设备 |
| 部门名称 | 总经理室(50%),财务部(50%) | 生产车间 | 生产车间 | 生产车间 | 财务部 |
| 增加方式 | 在建工程转入 | 在建工程转入 | 直接购入 | 直接购入 | 直接购入 |
| 使用状况 | 在用 | 在用 | 在用 | 在用 | 在用 |
| 使用年限 | 35(420个月) | 30(360个月) | 20(240个月) | 20(240个月) | 5(60个月) |
| 折旧方法 | 平均年限法(一) | 平均年限法(一) | 平均年限法(一) | 平均年限法(一) | 平均年限法(一) |
| 开始使用日期 | 2006-06-01 | 2006-06-15 | 2006-07-31 | 2007-11-10 | 2008-03-01 |
| 币种 | 人民币 | 人民币 | 人民币 | 人民币 | 人民币 |
| 原值 | 2000000 | 900000 | 200000 | 150000 | 30000 |
| 净残值率 | 3% | 3% | 3% | 3% | 3% |
| 净残值 | 60000 | 27000 | 6000 | 4500 | 900 |
| 累计折旧 | 138000 | 72900 | 23200 | 7800 | 4374 |
| 月折旧率 | 0.0023 | 0.0027 | 0.0040 | 0.0040 | 0.0162 |
| 月折旧额 | 4600 | 2430 | 800 | 600 | 486 |
| 净值 | 1862000 | 827100 | 176800 | 142200 | 25626 |
| 对应折旧科目 | 管理费用—折旧费 | 制造费用 | 制造费用 | 制造费用 | 管理费用—折旧费 |

操作步骤

（1）在固定资产管理系统中，选择【卡片】|【录入原始卡片】命令，打开"资产类别参照"对话框，如图7.19所示。选中要增加的资产类别"办公楼"，在"查询方式"下选择"按编码查询"，单击【确定】按钮，进入"固定资产卡片"录入窗口，如图7.20所示。

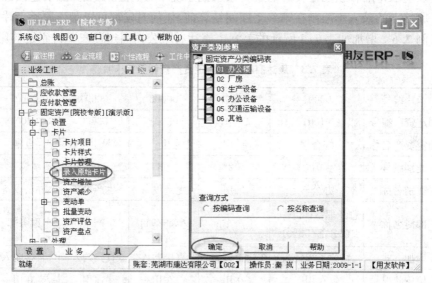

图7.19　录入原始卡片——资产类别参照

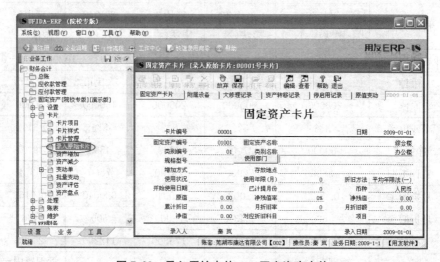

图7.20　录入原始卡片——固定资产卡片

(2) 在"固定资产名称"处输入"综合楼"后,双击"使用部门",打开"本资产部门使用方式"对话框,选择"多部门使用",单击【确定】按钮,如图 7.21 所示,进入"使用部门"设置窗口。如图 7.22 所示。

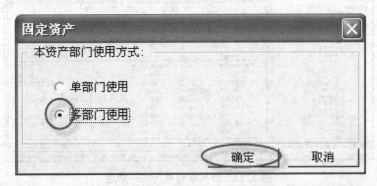

图 7.21　录入原始卡片——资产部门使用方式

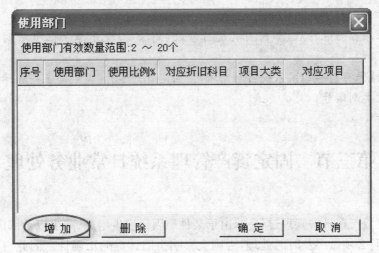

图 7.22　录入原始卡片——使用部门

(3) 在"使用部门"设置窗口,单击【增加】按钮,双击使用部门空白处,单击【🔍】参照按钮,选择"使用部门"为"总经理室",按下【回车】键,再单击【增加】按钮,选择使用部门为"财务部",按下【回车】键,单击【确定】按钮,返回"固定资产卡片"录入窗口。

(4) 双击"增加方式",选择增加方式为"在建工程转入",双击【使用状况】,选择使用状况为"在用",输入使用年限为"420",开始使用日期为"2006-06-01",继续输入原值"2000000"、净残值率"3％"、累计折旧"138000",如图 7.23 所示。

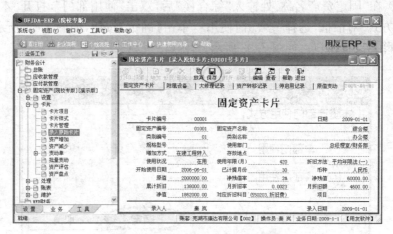

图 7.23 录入原始卡片——完成

(5) 内容输入完毕后,单击【保存】按钮,继续完成对其他卡片的录入。

**提示**

在录入原始卡片后,如何对其进行修改、删除,参见本章第三节中的"卡片管理"。

单击【保存】按钮后,系统自动新增的"固定资产卡片"类别与上一张卡片相同,注意修改类别编号。

## 第三节 固定资产管理系统日常业务处理

固定资产在日常管理过程中,由于某种原因会发生增加、减少以及部门之间的转移,这时必须做出及时的处理,否则会影响折旧计提的正确性。因此,日常处理是固定资产管理中非常繁重的一部分内容,主要包括固定资产的增减处理、各种变动处理。

### 一、固定资产增加处理

资产增加操作也称"新卡片录入",固定资产采用计算机进行管理后,也会发生购进或通过其他方式增加企业资产,该部分资产通过"资产增加"操作录入系统。

资产通过"原始卡片"录入还是通过"资产增加"录入,取决于资产的开始使用日期,只有当"开始使用日期的期间=录入期间"时,才能通过"资产增加"录入。

**例 7.7** 2009 年 1 月 8 号,公司总经理室购买奇瑞东方之子轿车一部,价值 158000 元,净残值率 5%,预计使用年限为 10 年,已交付使用。

**操作步骤**

(1) 在固定资产管理系统中,选择【卡片】|【资产增加】命令,打开"资产类别参照"对话框。

(2) 选择要增加的资产类别"交通运输设备",选择查询方式"按编码查询",单击【确定】按钮,如图 7.24 所示,打开"新增固定资产卡片"录入窗口。

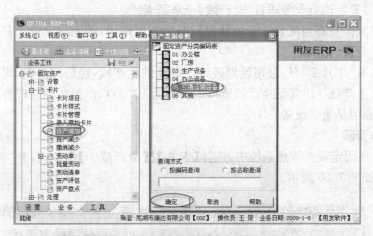

图 7.24 资产增加——资产类别参照

(3) 依次输入固定资产的名称、使用部门名称、增加方式、使用状况、使用年限、原值、净残值率,如图 7.25 所示。

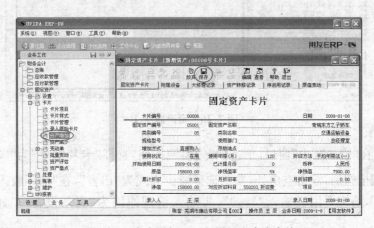

图 7.25 资产增加——新增固定资产卡片

(4) 单击【保存】按钮,保存录入的卡片。

(5) 单击【退出】按钮。

## 二、固定资产减少处理

### (一) 固定资产减少

企业在日常经济活动中,总会由于各种原因,出售固定资产,发生固定资产的毁损、盘亏等。该类业务通过"资产减少"来完成。

资产减少只有当账套已开始计提折旧后方可使用,否则减少资产只能通过删除卡片来完成。

**例7.8** 1月25日,公司计划进口一条新的生产线,经研究决定,出售相对陈旧的1号生产线。出售该生产线取得的收入为190000元,发生的清理费用为3000元,清理原因是更新设备。

**操作步骤**

(1) 在固定资产管理系统中,选择【卡片】|【资产减少】命令,打开"资产减少"对话框,如图7.26所示。

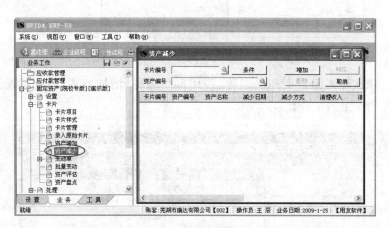

图7.26 资产减少1

(2) 在"资产减少"窗口,单击【 】参照按钮,选择"卡片编号"为"00003",单击【增加】按钮后,双击空白处,参照选择减少方式为"出售",在"清理收入"栏输入"190000",清理费用栏输入"3000",再输入清理原因为"更新设备"。如图7.27所示。

(3) 单击【确定】按钮,系统提示"所选卡片已经减少成功!"。

(4) 单击【确定】按钮,返回上级窗口。

提示

如当前账套设置了计提折旧,则需在计提折旧后才可执行资产减少。

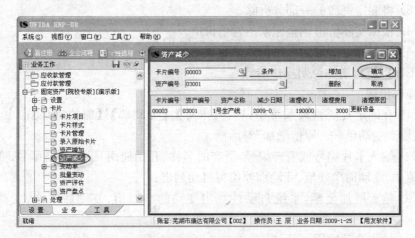

图 7.27 资产减少 2

（二）撤销已减少资产

资产减少的恢复是一个纠错的功能,当月减少的资产可以通过本功能恢复使用。

从卡片管理界面中,选择"已减少的资产",选中要恢复的资产,单击【卡片】菜单下的【撤销减少】即可。

提示

如果资产减少操作已制作凭证,必须删除凭证后才能恢复。

## 三、固定资产变动处理

固定资产变动是指对于与计算有关的项目所做的调整,包括固定资产原值变动、部门转移、使用状况变动、使用年限调整、折旧方法调整、净残值（率）调整、工作总量调整、累计折旧调整、资产类别调整等。下面简要介绍固定资产原值变动、部门转移、使用状况变动、使用年限调整、折旧方法调整的相关操作方法。

（一）原值变动

原值变动包括原值增加和原值减少两个部分。资产在使用过程中,除发生下列情况外,不得任意变动。

(1) 根据国家规定对固定资产重新估价。
(2) 增加补充设备或改良设备。
(3) 将固定资产的一部分拆除。
(4) 根据实际价值调整原来的暂估价值。
(5) 发现原记的固定资产价值是有误的。
下面以原值增加说明操作步骤。

**操作步骤**

(1) 在固定资产管理系统中,选择【卡片】|【变动单】|【原值增加】命令,打开"固定资产变动单——原值增加"对话框。

(2) 输入卡片编号或资产编号,资产的名称、开始使用日期、规格型号、变动的净残值率、变动前净残值、变动前原值将自动列出。

(3) 输入增加金额,系统自动计算出变动的净残值、变动后原值、变动后净残值。

(4) 输入变动原因。

(5) 单击【保存】,即完成该变动单操作。

**提示**

① 变动单不能修改,只有当月可删除重做,所以请仔细检查后再保存。

② 当月录入的原始卡片或新增卡片不能执行本功能。

### (二) 部门转移

资产在使用过程中,因内部调配而发生的部门变动应及时处理,否则将影响部门的折旧计算。资产的部门转移可以通过系统提供的【卡片】|【变动单】|【部门转移】功能实现。

**操作步骤**

(1) 在固定资产管理系统中,选择【卡片】|【变动单】|【部门转移】命令,打开"固定资产变动单——部门转移"对话框。

(2) 输入卡片编号或资产编号,系统会自动列出资产的名称、开始使用日期、规格型号、变动前部门、存放地点。

(3) 参照选择或输入变动后的使用部门和新的存放地点。

(4) 输入变动原因。

(5) 单击【保存】按钮,即完成该变动单操作。

**提示**

① 变动单不能修改,只有当月可删除重做,所以请仔细检查后再保存。

② 当月录入的原始卡片或新增卡片不能执行本功能。

## （三）使用状况调整

资产在使用过程中,使用状况发生的变化,可通过【卡片】|【变动单】|【使用状况调整】功能实现。

**操作步骤**

（1）在固定资产管理系统中,选择【卡片】|【变动单】|【使用状况调整】命令,打开"固定资产变动单——使用状况调整"对话框。

（2）输入卡片编号或资产编号,系统会自动列出资产的名称、开始使用日期、规格型号、变动前使用状况。

（3）参照选择变动后的使用状况。

（4）输入变动原因。

（5）单击【保存】,即完成该变动单操作。

**提示**

① 变动单不能修改,只有当月可删除重做,所以请仔细检查后再保存。

② 当月录入的原始卡片或新增卡片不能执行本功能。

## （四）折旧方法调整

资产在使用过程中,若发生折旧方法的变动,通过【卡片】|【变动单】|【折旧方法调整】功能实现。

**操作步骤**

（1）在固定资产管理系统中,选择【卡片】|【变动单】|【折旧方法调整】命令,打开"固定资产变动单——折旧方法调整"对话框。

（2）输入卡片编号或资产编号,系统会自动列出资产的名称、开始使用日期、规格型号、变动前折旧方法。

（3）参照选择变动后的折旧方法。

（4）输入变动原因。

（5）单击【保存】,即完成该变动单操作。

**提示**

① 变动单不能修改,只有当月可删除重做,所以请仔细检查后再保存。

② 当月录入的原始卡片或新增卡片不能执行本功能。

## 四、固定资产卡片的管理

卡片管理是对固定资产系统中所有的卡片综合管理的功能操作,包括卡片修改、卡片删除、卡片打印、卡片查询等。

## (一) 卡片修改

在使用过程中发现卡片录入有错误,或需要修改卡片内容时,可通过"卡片修改"功能实现。注意,修改前的内容不可恢复,所以修改时请注意。

**例 7.9** 假定 1 月 31 日检查发现,1 月 8 日增加的固定资产卡片上,原值输入错误。实际应该为 168000 元,操作员将其输入为 158000 元,立即予以修改。

**操作步骤**

(1) 在固定资产管理系统中,选择【卡片】|【卡片管理】命令,打开"卡片管理"窗口。

(2) 从卡片管理列表中双击调出需要修改的卡片,单击【修改】按钮。如图 7.28 所示。

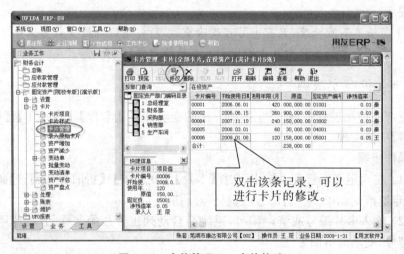

图 7.28 卡片管理——卡片修改

(3) 将"原值"修改为 168000 元。

(4) 单击【保存】按钮,完成修改。

(5) 单击【退出】按钮,返回上一级窗口。

**提示**

① 原始卡片的原值、使用部门、工作总量、使用状况、累计折旧、净残值(率)、折旧方法、使用年限、资产类别,录入当月可修改。

② 通过"资产增加"录入系统的卡片如果没有制作凭证,录入当月可修改。如果已制作凭证,必须删除凭证后,才能修改。

## (二) 卡片删除

卡片删除,是指把卡片资料彻底从系统内清除,不是资产清理或减少。企业在录入固定资产卡片的当月,发现已经录入的卡片有错误,想删除该卡片,可通过"卡片删除"功能实现,删除后如果该卡片不是最后一张,卡片编号保留空号。具体操作方法是,进入【卡片】|【卡片管理】,从列表中选中要删除的卡片,单击【删除】按钮,完成操作。

**提示**
① 不是本月录入的卡片,不能删除。
② 已制作过凭证的卡片删除时,必须先删除相应凭证,然后才能删除卡片。

## 第四节 固定资产管理系统期末业务处理

### 一、固定资产减值准备的计提

企业应当在期末,至少在每年年度终了,对固定资产逐项进行检查,如果由于市价持续下跌,或技术陈旧等原因导致其可回收金额低于账面价值的,应当将可回收金额低于账面价值的差额作为固定资产减值准备。固定资产减值准备按单项资产计提。单击【卡片】|【变动单】|【计提减值准备】,进入"固定资产变动单——计提减值准备"窗口,如图 7.29 所示。具体操作步骤同其他变动单的处理相同,不再重复。

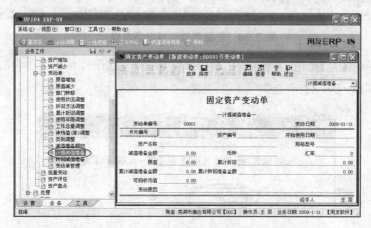

图 7.29 固定资产变动单——计提减值准备

## 二、固定资产折旧的计提

自动计提折旧是固定资产管理系统的主要功能之一。系统根据录入系统的资料自动计算每项资产的折旧,每一期计提折旧一次,并自动生成折旧分配表,然后制作记账凭证,将本期的折旧费用自动登账。

影响折旧率计算的因素有原值、累计折旧、净残值(率)、折旧方法、使用年限、使用状况等。

**例 7.10** 2009 年 1 月 31 日,芜湖市康达有限公司计提本月固定资产折旧,计提折旧后查看折旧清单。

**操作步骤**

(1) 在固定资产管理系统中,选择【处理】|【计提本月折旧】命令,出现"是否要查看折旧清单?"的提示,如图 7.30 所示。

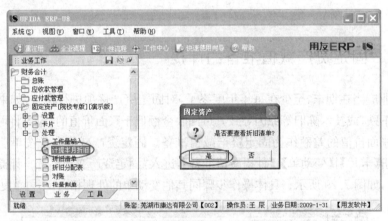

图 7.30 是否要查看折旧清单提示

(2) 单击【是】按钮,系统提示"本操作将计提本月折旧,并花费一定时间,是否继续?",如图 7.31 所示。

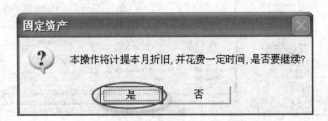

图 7.31 是否计提折旧提示

(3)单击【是】按钮,系统计提折旧完毕后,自动打开"折旧清单",如图 7.32 所示。

图 7.32 折旧清单

(4)单击【退出】按钮,进入"折旧分配表"窗口。
(5)单击【退出】按钮,系统提示"计提折旧完成!"。

**提示**

如果上次计提折旧已制单,把数据传递到账务系统,则必须删除该凭证后方可重新计提折旧。

## 三、固定资产管理系统凭证的相关操作

### (一)生成凭证

固定资产管理系统和账务系统之间存在着数据的自动传输,该传输通过制作传送到账务系统的凭证实现。固定资产管理系统需要制单或修改凭证的情况包括:资产增加(录入新卡片)、资产减少、卡片修改(涉及原值或累计折旧时)、资产评估(涉及原值或累计折旧变化时)、原值变动、累计折旧调整、折旧分配。

固定资产系统凭证的生成方式有两种:如果在选项中设置了"立即制单",则在业务发生后,系统自动生成相应的凭证;如果在选项中设置的是"不立即制单",可以在月末,通过【处理】|【批量制单】功能生成凭证。

**例 7.11** 2009 年 1 月 31 日,芜湖市康达有限公司月末批量生成本月固定资产的相关凭证。

**操作步骤**

(1)在固定资产管理系统中,选择【处理】|【批量制单】命令,进入"批量制单"窗口,如图 7.33 所示。
(2)在"批量制单"窗口,"制单选择"页签中单击【全选】按钮,选中所有记录,单击"制单设置"页签,通过【下张】按钮,翻阅检查三张凭证的设置。

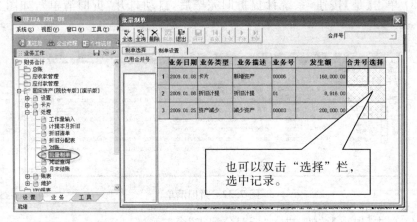

图 7.33 批量制单 1

(3) 单击【制单】按钮,打开"填制凭证"窗口。选择凭证号,输入摘要后,单击【保存】按钮,如图 7.34 所示。再通过【　　】,填制下一张凭证。

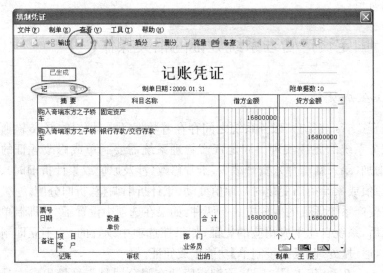

图 7.34 批量制单 2

(3) 填制完所有凭证后,单击【退出】按钮,返回上一级窗口。
(4) 单击【退出】按钮,返回工作中心平台。

(二) 修改、删除凭证

固定资产管理系统制作的传送到账务系统的凭证的修改和删除只能在本系统

完成,账务系统无权删除和修改本系统制作的凭证。

**1. 修改凭证**

修改固定资产管理系统生产的凭证时,能修改的内容仅限于摘要、增加的分录、系统缺省的分录的折旧科目,而系统缺省的分录的金额是与原始单据相关的,不能修改。已经记过账的凭证,无法直接修改,只能通过【处理】|【凭证查询】|【冲销】,先冲销错误凭证。已经审核过的凭证,要先取消审核,再通过【处理】|【凭证查询】|【编辑】修改。

**2. 删除凭证**

若想彻底删除凭证,可以先在固定资产管理系统中,通过【处理】|【凭证查询】|【删除】,作废该张凭证;再到总账系统中,通过【凭证】|【填制凭证】|【制单】|【整理凭证】,将其删除。

**提示**

如果要删除已制作凭证的卡片、变动单、评估单,或重新计提、分配折旧,进行资产减少的恢复等操作,必须先删除相应的凭证,否则系统禁止这些操作。

(三)查询凭证

固定资产管理系统制作的传输到账务系统的记账凭证,可通过凭证查询功能查看和删除。可在两种情况下查看凭证:

(1) 在查看已制作凭证的原始单据(卡片、变动单、分配表、评估单)时,从【处理】菜单中单击【凭证】可查看该单据的记账凭证。

(2) 选择【处理】|【凭证查询】菜单,显示出系统制作的传输到账务系统的所有凭证的列表,双击任一行,可查看该凭证。

## 四、固定资产对账

系统在运行过程中,应保证本系统管理的固定资产的价值和账务系统中固定资产科目的数值相等。而两个系统的资产价值是否相等,可通过对账来实现,对账操作不限制执行的时间,任何时候均可进行对账。系统在执行月末结账时自动对账一次,给出对账结果,并根据初始化或选项中的判断确定不平情况下是否允许结账。

只有系统初始化或选项中选择了"与账务对账",对账操作才可执行。

## 五、月末结账

当固定资产系统完成了本月全部制单业务后,可以进行月末结账。月末结账每月进行一次,结账后当期数据不能修改。本期不结账,将不能处理下期的数据;结账前一定要进行数据备份,否则数据一旦丢失,将造成无法挽回的后果。

月末结账后发现已结账期间有数据错误,必须修改,可通过"恢复结账前状态"功能返回修改。恢复月末结账前状态,又称反结账,是本系统提供的一个纠错功能。如果由于某种原因,在结账后发现结账前的操作有误,而结账后不能修改结账前的数据,因此可使用此功能恢复到结账前状态去修改错误。

## 六、固定资产账表的管理

固定资产管理过程中,需要及时掌握资产的统计、汇总和其他各方面的信息。本系统根据用户对系统的日常操作,以报表的形式自动提供这些信息给财务人员和资产管理人员。系统提供的报表分为五类:分析表、减值准备表、统计表、账簿、折旧表。如果所提供的报表不能满足要求,系统提供自定义报表功能,用户可以根据需要定义要求的报表。

**例 7.12** 查询芜湖市康达有限公司 1 月份"固定资产原值一览表"。

**操作步骤**

(1) 在固定资产系统中,选择【账表】|【我的账表】命令,打开"报表"窗口。

(2) 在账簿列表中,选择【统计表】|【固定资产原值一览表】命令,单击【打开】按钮,系统出现"条件"对话框,如图 7.35 所示。

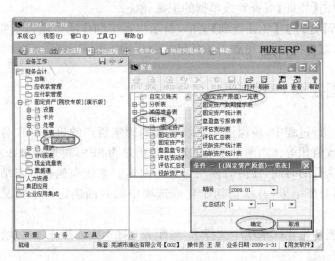

图 7.35 报表

(3) 默认报表的查询条件,单击【确定】后,显示查询结果。

# 第八章　会计报表管理系统

## 第一节　会计报表管理系统概述

### 一、会计报表管理系统的任务

报表管理系统是会计信息系统中的一个独立的子系统,它为企业内部管理部门和外部相关部门提供综合反映企业在某一特定日期的财务状况及企业在一定会计期间的经营成果和现金流量的会计信息。

会计报表管理系统的主要任务就是设计报表的格式和编辑公式,从账务处理系统或其他子系统取得有关会计信息,按照用户的要求根据账务信息自动编制会计报表,并对编制好的报表进行勾稽关系审核、汇总,生成各种分析图表,同时可以按照各种预设格式生成会计报表。

**1. 报表定义**

用户可以按现行会计制度及内部管理要求输入或修改报表的内容、数据来源、报表间勾稽关系等。报表中数字的填写方法可以分3类:取自机内账簿或报表的数据,经计算得到的数据,人工输入的外部数据。

**2. 报表生成**

计算机根据预定的要求,从机内取数或提示用户输入,必要时进行适当的运算处理,从而生成相应的报表。

**3. 报表审核**

根据所定义的公式进行运算,并通过在报表内部设置勾稽关系加以审核,以验证报表数据的正确性。

**4. 汇总分析**

将同一张报表不同期间的报表数据或将下属单位上报的报表进行汇总,生成汇总报表,同时完成报表的统计及分析工作。

**5. 报表输出**

查询、打印和复制报表文件,准备上报磁盘或通过网络传送。

## 二、会计报表管理系统基本术语

本章以用友 U8.61 版财务软件的 UFO 报表为蓝本讲解会计报表管理系统的应用。用友 UFO 电子报表是具有三维立体处理功能的通用性会计报表处理系统。它具有文件管理、数据管理、格式管理以及图表处理功能。在学习 UFO 电子报表之前,我们有必须了解其基本术语,熟悉其业务处理流程。

### (一) 二维表和三维表

确定某一数据位置称为"维"。例如,在一张有方格的纸上填写一个数,这个数的位置可通过行和列(二维)来描述。

如果将一张有方格的纸称为表,那么这个表就是二维表,通过行(横轴或 X 轴)和列(纵轴或 Y 轴)可以找到这个二维表中的任何位置的数据。

如果多个相同的二维表叠在一起,找到某一个数据的要素需要增加一个,即表页号(或 Z 轴),这一叠表可以称为一个三维表。

如果多个不同的三维表放在一起,要从这多个三维表中找到一个数据,又需要增加一个要素,即表名。三维表中的表间操作又可称做"四维运算"。

### (二) 报表文件

一个或多个报表以文件的形式保存在存储介质中,称为报表文件,每个报表文件都有一个名字,如"利润表.rep"。

一个报表包含若干具有相同格式的表页,表页是一个由若干行和若干列组成的二维表。每一张表页的数据是不相同的,每一张表页可以由许多单元组成。一个 UFO 报表最多可容纳 99999 张表页。

在报表文件中,确定一个数据所在的位置,其要素是"表页号"、"行号"、"列号"。可见,一个报表文件就是一个三维表。

### (三) 简单表和复合表

按照报表结构的复杂程度,可将报表分为简单表和复合表两类。简单表是规则的二维表,由若干行和列组成。复合表是简单表的某种组合。大多数会计报表,如资产负债表、利润表、现金流量表等都是简单表。

## （四）格式状态和数据状态

UFO 电子报表系统将含有数据的报表分为两大部分来处理，即报表格式设计工作与报表数据处理工作。报表格式设计工作与报表数据处理工作是在不同的状态下进行的。实现状态切换用的是一个特别按钮，即位于报表窗口左下角的【格式/数据】按钮，单击这个按钮可以在格式状态和数据状态之间切换。

### 1. 格式状态

在格式状态下可以设计报表的格式，如报表尺寸、行高列宽、单元属性、关键字、可变区、组合单元及报表公式等。在格式状态下所做的操作对本报表所有的表页都发生作用。在格式状态下只能看到报表的格式，报表的数据全部隐藏了。在格式状态下不能进行数据的录入、计算等操作。

### 2. 数据状态

在数据状态下管理报表的数据，如输入报表数据、增加或删除报表表页、根据审核公式审核报表内数据的正确性、对报表数据进行舍位平衡操作以及汇总报表、合并报表数据等。在数据状态下不能修改报表的格式。在数据状态下可以看到报表的全部内容，包括格式和数据。

## （五）单元

单元是指报表中由行和列确定的方格，是组成报表的最小单位。单元名称可以由所在行、列标志。行号用阿拉伯数字表示，列号用英文大写字母表示。例如，B5 表示报表中第 2 列第 5 行对应的那个单元。

单元属性包括单元类型、对齐方式、字体颜色、表格边框等。

单元类型有数值型、字符型和表样型 3 种。

数值型单元是报表的数据，在数据状态下输入。数值型单元必须是数字，可以直接输入，也可由单元中存放的单元公式计算生成。建立一个新表时，所有单元的单元类型均默认为数值型。

字符型单元是报表的数据，在数据状态下输入。字符型单元可以是汉字、字母、数字和各种键盘可输入的符号，内容可直接输入，也可由单元中存放的单元公式计算生成。

表样型单元是报表的格式，是在格式状态下输入的所有文字、符号和数字。表样型单元的内容对所有表页都有效。表样型单元在格式状态下输入和修改，在数据状态下只能显示而不能修改。

## （六）区域和组合单元

区域也叫块，是由一张表页中的一组相邻单元组成的，自起点单元到终点单元所形成的矩形块。在 UFO 报表中,区域是二维的,最大的区域是一个二维表的所有单元,即整个表页,最小的区域是一个单元。在描述一个区域时,起点单元与终点单元之间一般用":"连接。例如,从 B5 单元到 C24 单元组成的区域可以用"B5：C24"表示。

组合单元是由同行(或同列)相邻的两个以上的单元组成的区域,这些单元必须是同一种单元类型。UFO 报表在处理报表时将组合单元视为一个单元,组合单元实际上就是一个大的单元。组合单元的名称可以用起点单元到终点单元来表示,如"A1:C1",也可以用组合单元中的任一单元名称来表示。

### (七) 固定区和可变区

固定区是指组成一个区域的行数和列数的数量是固定的。设定好以后,在固定区域内,其单元总数是不变的。

可变区是指一个区域的行数和列数的数量是不固定的,一个报表中只能设置一个可变区。有可变区的报表称为可变表,没有可变区的报表称为固定表。

### (八) 关键字

关键字是游离于单元之外的特殊数据单元,可以唯一标志一个表页,用于在大量表页中快速定位表页。关键字的显示位置在格式状态下设置,关键字的值则在数据状态下录入。每个报表可以定义多个关键字。UFO 电子报表提供了 6 种关键字:单位名称、单位编号、年、季、月、日,另外也可以自行定义关键字。

单位名称:字符型,为该报表表页编制单位的名称。
单位编号:字符型,为该报表表页编制单位的编号。
年:数值型,为该报表表页反映的年度。
季:数值型,为该报表表页反映的季度。
月:数值型,为该报表表页反映的月份。
日:数值型,为该报表表页反映的日期。

## 三、会计报表管理系统的业务处理流程

### (一) 手工方式下报表编制的业务处理流程

手工方式下报表编制的业务处理流程如图 8.1 所示。

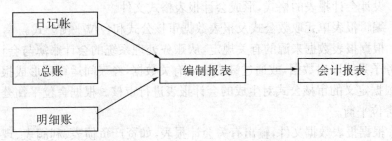

图 8.1 手工方式下会计报表处理流程

根据图 8.1 可以将手工方式下报表编制的流程概述如下：
(1) 根据有关总分类账簿和明细分类账簿的会计数据直接填入有关报表。
(2) 根据有关总分类账簿和明细分类账簿的会计数据分析计算后填入有关报表。
(3) 会计报表内部有关数据之间的计算。

（二）电算化方式下报表管理系统数据处理流程

电算化方式下,报表管理系统数据处理流程如图 8.2 所示。

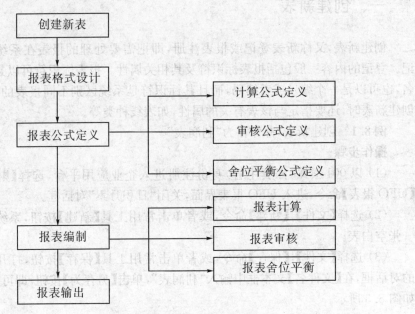

图 8.2 电算化会计报表处理流程

根据图 8.2 可以将电算化方式下报表管理系统数据处理流程概述如下：
(1) 报表登记,创建新表。

(2) 设计会计报表的格式，形成会计报表格式文件。

(3) 编辑报表单元取数公式及报表数据审核公式和舍位平衡公式。

(4) 根据报表数据来源的有关规定，从账务处理系统的会计账簿与会计凭证、其他业务子系统取出数据，或通过键盘输入有关数据，经表间运算后形成报表数据文件。根据定义的审核公式对生成的会计报表进行审核。根据舍位平衡公式对报表进行舍位平衡。

(5) 根据报表数据文件，输出有关会计报表，如资产负债表、利润表、现金流量表等。

# 第二节 会计报表系统初始设置

第一次使用会计报表系统编制新会计报表时，必须首先进行初始设置，即初始化操作，主要内容包括创建新表、设计会计报表格式、定义会计报表公式等。

## 一、创建新表

创建新表，又称新表登记或报表注册，即把需要处理的报表在系统中进行登记。登记的内容一般包括报表标识符及其相关属性。报表标识符可以是一个文件名，也可以是一个编号或者编码，而且其标识符是系统区别不同报表的唯一标志。创建新表时，还要指定与该表有关的属性，如表线种类等。

例 8.1 创建新表，并保存为"利润表"。

**操作步骤**

(1) 以 001 秦岚（账套主管）身份注册进入企业应用平台，选择【财务会计】|【UFO 报表】命令，进入 UFO 报表界面，关闭"日积月累"对话框。

(2) 选择【文件】|【新建】命令，或者单击常用工具【新建】按钮，系统自动生成一张空白表。

(3) 选择【文件】|【保存】命令，或者单击常用工具【保存】按钮，打开【另存为】的对话框，在【文件名】文本框中输入"利润表"，单击【另存为】按钮，即可保存此表，如图 8.3 所示。

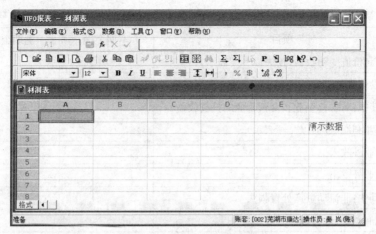

图 8.3　创建并保存"利润表"

## 二、会计报表格式设计

如果报表模板中没有可以调用的报表,那么在创建完新表后应该进行报表的格式设计。报表格式设计是编制报表的基本步骤,它决定了整张报表的外观和结构。

设计会计报表格式是在格式状态下的操作,主要内容有设置报表大小、画表格线、行高列宽、单元属性、打印风格、组合单元、关键字和可变区等。

设计会计报表格式,既可以使用菜单功能进行操作,也可以使用【常用工具】按钮操作。

**例 8.2**　自定义 2006 年新准则"利润表"的格式(见表 8.1)并保存为"利润表"。

表 8.1　利润表

会企 02 表

单位名称：　　　　　　　　　　年　月　　　　　　　　　单位:元

| 项目 | 本期金额 | 上期金额 |
| --- | --- | --- |
| 一、营业收入 | | |
| 减:营业成本 | | |
| 　营业税金及附加 | | |
| 　销售费用 | | |
| 　管理费用 | | |
| 　财务费用 | | |
| 　资产减值损失 | | |

续表

| 项目 | 本期金额 | 上期金额 |
|---|---|---|
| 加:公允价值变动收益(损失以"－"表示) | | |
| 　　投资收益 | | |
| 　　其中:对联营企业和合营企业的投资收益 | | |
| 二、营业利润(亏损以"－"表示) | | |
| 加:营业外收入 | | |
| 减:营业外支出 | | |
| 　　其中:非流动资产处置损失 | | |
| 三、利润总额(亏损以"－"表示) | | |
| 减:所得税费用 | | |
| 四、净利润(亏损以"－"表示) | | |
| 五、每股收益 | | |
| 　　(一)基本每股收益 | | |
| 　　(二)稀释每股收益 | | |

设计报表格式的操作步骤依次为定义表尺寸、定义行高、定义列宽、区域画线、定义组合单元、输入项目内容、设置单元格风格及设置关键字等。

**1. 设置表尺寸**

设置表尺寸,即设置报表的行数和列数。设置前应事先根据所要定义的报表大小计算该表所需的行数和列数,行数不仅要考虑表体,还要考虑表头和表尾所占的行数。

**操作步骤**

(1) 单击左下角的【格式/数据】按钮,进入格式状态。

(2) 选择【格式】|【表尺寸】命令,打开"表尺寸"对话框。在对话框中输入报表的行数和列数。本例中输入如图8.4所示的行数值"24",列数值"3"。

(3) 单击【确定】按钮,表尺寸就设置完成,既可得到相应的表格。

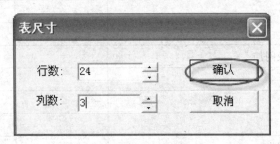

图8.4　表尺寸

## 2. 定义行高

定义行高有两种方法,既可通过菜单操作,也可通过鼠标操作。

用菜单操作的操作步骤:

(1) 在格式状态下,选定需要调整的一行或多行。例如"A1:C1"。

(2) 单击【格式】|【行高】命令,打开"行高"对话框。在对话框中输入报表的行高数。本例中在"行高(毫米)"文本框中输入行高值为"7"或者用户的行高值,如图8.5所示。

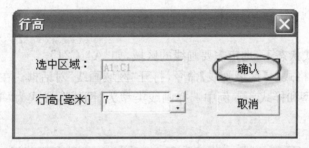

图 8.5 行高

(3) 单击【确定】按钮,行高设置完成。

用鼠标操作的操作步骤:

把鼠标移动至两个行标之间,可以直接用鼠标拖动行线改变行高,直到得到满意的行高,松开鼠标即可。

## 3. 定义列宽

定义列宽有两种方法,可通过菜单操作,也可通过鼠标操作。

用菜单操作的操作步骤:

(1) 在格式状态下,选定需要调整的一列或多列。例如"A"列。

(2) 选择【格式】|【列宽】命令,打开"列宽"对话框。在对话框中输入报表的列宽数。本例中在"列宽(毫米)"文本框中输入列宽值为"77",如图 8.6 所示。

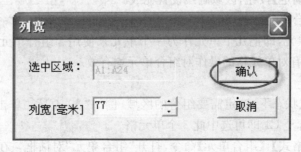

图 8.6 列宽

(3)单击【确定】按钮,列宽设置完成。

用鼠标操作的操作步骤:

把鼠标移动至两个列标之间,可以直接用鼠标拖动列线改变列宽,直到得到满意的列宽,松开鼠标即可。

**4. 区域画线**

报表的尺寸设置完成后,在屏幕上虽然能看到表格线,但是在报表预览及打印输出时,报表是没有任何表格线的,为了满足查询和打印的需要,还需要在适当的位置上画表格线。

**操作步骤**

(1)在格式状态下,选定需要画线的区域,如"A4:C24"。

(2)选择【格式】|【区域画线】命令,打开"区域画线"对话框。在对话框中选择需要的画线类型和样式。本例中选择画线类型为"网线",样式为"单线"即可。如图 8.7 所示。

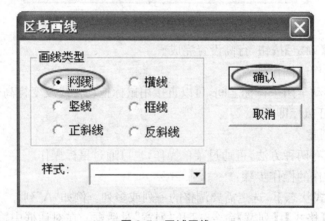

图 8.7　区域画线

(3)单击【确定】按钮,区域画线设置完成。

**5. 定义组合单元**

定义组合单元,即把几个单元作为一个单元来使用。组合单元实际上就是一个大的单元,所有对单元格的操作对组合单元均有效。

**操作步骤**

(1)在格式状态下,选定需要组合的区域,例如"A1:C1"。单击选中 A1 单元后继续拖动鼠标至 C1 即可选中此 3 个单元格。

(2)选择【格式】|【组合单元】命令,打开"组合单元"对话框。在对话框中单击【整体组合】或【按行组合】按钮。如图 8.8 所示。

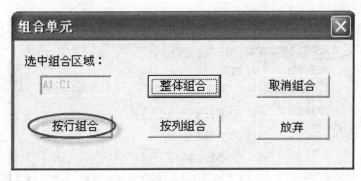

图 8.8 组合单元

(3) 单击【确定】按钮,此 3 个单元即组合为一个单元,组合单元设置完成。
(4) 如果要取消组合单元,则选取需要取消组合的组合单元,在"组合单元"对话框中单击【取消组合】按钮,则取消了组合单元。

**提示**

① 定义组合单元后,组合单元的单元类型和内容以区域左上角单元为准。
② 取消组合单元后,区域恢复原有单元类型和内容。
③ 有单元公式的单元不能包含在定义组合单元的区域内。
④ 可变区中的单元不能包含在定义组合单元的区域内。

### 6. 输入项目内容

输入项目内容,是指输入报表的固定文字内容,主要包括表头项目、表体项目和表尾项目等。

**操作步骤**

(1) 在格式状态下,选中需要输入内容的单元。
(2) 在选中的单元内输入报表的固定文字内容。

**提示**

在输入报表项目时,编制单位名称、编制报表日期一般不需要输入,UFO 表一般将其设置为关键字。

### 7. 设置单元格风格

设置单元格风格,包括设置单元格类型、数据格式、对齐方式、字型、字号及颜色、边框样式等内容。

**操作步骤**

(1) 在格式状态下,选中需要设置的单元格。
(2) 选择【格式】|【单元格属性】命令,打开如图 8.9 所示的"单元格属性"对话框。在对话框中设置单元类型、字体图案、对齐方式和边框样式。

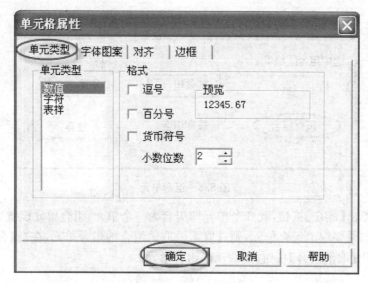

图 8.9 单元格属性

单元类型有 3 个类型,即数值、字符和表样型,可以选择其中之一进行设置。数值型可选格式有逗号、百分号、货币符号和小数位数。

字体图案可以设置单元内容的字体、字型、字号、前景色和图案。

对齐方式有两种,即水平方向对齐方式和垂直方向对齐方式。

边框是指单元的 4 条边线,边框线样式有细实线、粗实线和虚线等 8 种。边框默认线型为空,即单元没有边框线。

**8. 设置关键字及定义关键字的偏移**

关键字主要有 6 种,即单位名称、单位编号、年、季、月、日。另外还有一个自定义关键字,可以根据实际需要任意设置相应的关键字。每个报表可以定义多个关键字。

每个关键字只能定义一次,即同表中不能有重复的关键字。如果定义一个已经定义过的关键字,系统会自动取消第一次的定义。

关键字在格式状态下设置,关键字的值在数据状态下录入。

每个单元格可以设置多个关键字,其显示位置由关键字偏移量控制。

**操作步骤**

(1) 在格式状态下,选中需要设置的单元,如 A3 单元。

(2) 选择【数据】|【关键字】|【设置】命令,打开"关键字设置"对话框。

(3) 在窗口中的"关键字名称"中选择"单位名称",如图 8.10,单击【确定】按钮后在选定单元中显示关键字名称为红色。重复上述步骤,将"年"、"月"定义为关键字。本例中在 A3 单元格设置"单位名称"为关键字,在 B3 单元格设置"年"为关键字,在 C3 单元格设置"月"为关键字。

第八章 会计报表管理系统

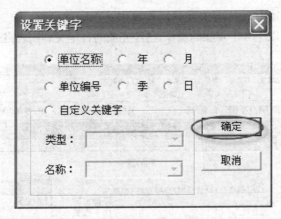

图 8.10　设置关键字

**提示**

如果要取消关键字，则选择【数据】|【关键字】|【取消】命令，打开"关键字取消"对话框。选择要取消的关键字，单击【确定】按钮后该关键字即被取消。

关键字设置后，其位置可能不符合用户的要求，或者几个关键字重叠在一起了，这时就需要对关键字的位置进行调整。调整关键字的位置必须输入关键字的相对偏移量，偏移量为负数表示向左移，为正数表示向右移。

**操作步骤**

（1）在格式状态下，选择【数据】|【关键字】|【偏移】命令，打开"定义关键字偏移"对话框。

（2）在"定义关键字偏移"对话框中已经设置过的关键字，其偏移量可以使用微调按钮来选择，也可以直接输入关键字的偏移量，单元偏移量的范围是（－300，300）。本例中关键字的偏移量如图 8.11 所示。

图 8.11　定义关键字偏移

(3) 单击【确定】按钮，即关键字位置发生了相应的调整。

**例 8.3** 经过以上 8 个步骤的操作，已经完成的自定义利润表格式如图 8.12 所示。

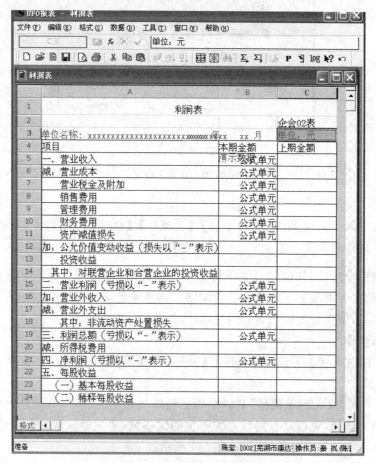

图 8.12 自定义的利润表格式

## 三、会计报表公式设计

会计报表公式是指报表或报表数据单元的计算规则。由于各种报表间存在着数据之间的逻辑关系，各种报表数据的采集和运算要用到大量的公式，这些公式主要包括单元公式、审核公式和舍位平衡公式等。

### （一）定义计算公式

计算公式又称为单元公式，是为报表数据单元进行赋值的公式。其作用就是从账簿、本表页、本表其他表页或其他报表以及他子系统中调用、运算所需要的数据,并填入相应的报表单元中。计算公式通常由以下基本部分组成:

(1) 表单元及坐标,表示表单元在表中的位置;

(2) 运算符,包括"+"、"-"、"×"、"÷"、"="等;

(3) 表达式,将常量、变量、函数用运算符连接起来。

常用的报表数据一般来源于总账系统或报表本身,取自报表的数据主要有账务取数公式、表页内部的计算公式、本表他页计算公式和他表取数公式。

**1. 账务取数公式**

账务取数是会计报表数据的主要来源,账务取数函数架起了报表系统与总账系统等其他子系统之间进行数据传递的桥梁,实现报表系统从账簿中采集各种会计数据生成报表的功能,从而实现报表的一体化。

账务取数公式是报表系统中使用最为频繁的一类公式,此类公式中的函数表达式最为复杂。公式中往往要使用多种取数函数,每个函数中还要说明会计科目编码、会计期间、发生额或余额、方向、账套号等参数。

账务取数公式的基本格式为:

函数名(〈科目编码〉,〈会计期间〉,〈方向〉,[〈账套号〉],[〈会计年度〉],[〈编码1〉],[〈编码2〉],[〈是否包含未记账〉])

主要账务取数函数如表 8.2 所示。

表 8.2  主要账务取数函数表

| 函数名 | 金额式 | 数量式 | 外币式 |
| --- | --- | --- | --- |
| 期初额函数 | QC() | SQC() | WQC() |
| 期末额函数 | QM() | SQM() | WQM() |
| 发生额函数 | FS() | SFS() | WFS() |
| 累计发生额函数 | LFS() | SLFS() | WLFS() |
| 条件发生额函数 | TFS() | SDFS() | WTFS() |
| 对方科目发生额函数 | DFS() | SDFS() | WDFS() |
| 净额函数 | JE() | SJE() | WJE() |
| 汇率函数 | HL() | | |

**2. 表页内部的计算公式**

表页内部的计算公式存储在报表单元中,主要有两类,即自定义计算公式和使用统计函数定义计算公式。本表页取数公式如表 8.3 所示。

表 8.3　本表页取数公式表

| 函数名 | 函数 | 函数名 | 函数 |
|---|---|---|---|
| 求和 | PTOTAL() | 计数 | PCOUNT() |
| 平均值 | PAVG() | 方差 | PVAR() |
| 最大值 | PMAX() | 偏方差 | PSTD() |
| 最小值 | PMIN() | | |

**3. 本表他页计算公式**

本表他页计算公式又称表页与表页间的计算公式。报表可由多个表页组成,并且表页之间具有极其密切的联系。例如,一个单位的利润表可以有若干张表页,一个表页代表同一单位但不同会计期间的一份利润表。因此,一个表页的数据可能取自本表其他表页,如利润表中的"上期余额"栏。如果事先在计算公式中进行取数设定,既减少工作量,又节约时间,同时还能保障数据的准确性。

**4. 报表与报表间的计算公式**

报表与报表间的计算公式也称为他表取数公式,用于从另一报表某期间某表页中某个或某些单元中获取数据。在进行报表之间取数时,不仅要考虑数据取自哪一张表的哪一单元,还要考虑数据来源于哪一页。报表间取数公式与同一版本内各表页间的计算公式很相近,主要区别就是增加了他表表名。

UFO 报表系统提供了两种编辑单元公式的方式,即手工设置和引导设置。手工设置是指直接在单元格中输入单元公式,这种设置要求对函数和公式定义相当熟悉。引导设置是指通过函数向导在单元格中输入单元公式。

**例 8.4**　在例 8.3 自定义的利润表中,定义 B5 单元格存放营业收入的本期金额,其公式为 FS("5101",月,"贷","001",2009,,,) + FS("5102",月,"贷","001",2009,,,)。

**操作步骤**

第一种方法:直接输入公式。

(1) 选定需要定义公式的单元 B5,即营业收入的本期金额。

(2) 选择【数据】|【编辑公式】|【单元公式】命令,打开"定义公式"对话框或者单击编辑框中的【 fx 】按钮,也可以打开"定义公式"对话框。

(3) 在"定义公式"对话框内,直接输入如图 8.13 所示的营业收入本期金额的函数公式: FS("5101",月,"贷","002",2009,,,) + FS("5102",月,"贷","002",2009,,,)。

第二种方法:利用函数向导输入公式。

(1) 选定需要定义公式的单元 B5,即营业收入的本期金额。

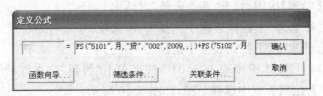

图 8.13 "定义公式"对话框

（2）选择【数据】|【编辑公式】|【单元公式】命令,打开"定义公式"对话框或者单击编辑框中的【 fx 】按钮,也可以打开"定义公式"对话话框。

（3）在"定义公式"对话框内,单击【函数向导】按钮,打开"函数向导"对话框。

（4）在"函数分类"列表框中选择"用友账务函数"选项。

（5）在"函数名"列表框中选择"发生(FS)",如图 8.14 所示。

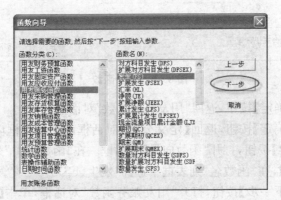

图 8.14 函数向导

（6）单击【下一步】按钮,打开如图 8.15 所示的"用友账务函数"对话框。

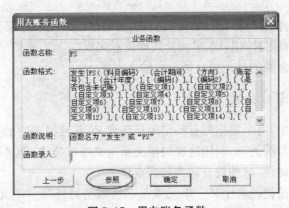

图 8.15 用友账务函数

(7) 单击【参照】按钮,打开"账务函数"对话框。

(8) 单击"账套号"下拉列表框中选择"002"选项。

(9) 在"会计年度"下拉列表框中选择"2009"选项。

(10) 在"科目"文本框中输入"5101",或者单击"科目"文本框后的按钮选择科目。在"方向"下拉列表框中选择"贷",如图 8.16 所示。

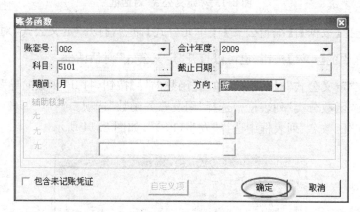

图 8.16 账务函数

(11) 单击【确定】按钮,返回"用友账务函数"对话框。

(12) 单击【确定】按钮,返回【定义公式】对话框。在编辑框内输入"+"号,然后单击【函数向导】按钮,打开"函数向导"对话框。在"函数分类"列表框中选择【用友账务函数】按钮,在"函数名"列表框中选择"发生(FS)"。

(13) 单击【下一步】按钮,打开"用友账务函数"对话框,单击【参照】按钮,打开"财务函数"对话框。在"账套号"下拉列表框中选择"002"选项。在"会计年度"下拉列表框中选择"2009"选项。在"科目"文本框中输入"5102"。在"方向"下拉列表框中选择"贷"。

(14) 单击【确定】按钮,返回"定义公式"对话框。

(15) 单击【确定】按钮,B5 单元公式即设置完成。

利润表本期金额的其他项目请自行输入完成。

(二) 定义审核公式

在会计报表中,每个数据都有特定的经济含义,并且报表中的各个数据之间一般都存在一定的勾稽关系,利用这种勾稽关系定义审核公式,能进一步检验会计报表编制结果的正确性,这种检查称为数据审核。

审核公式是指把报表中某一单元或某一区域与另外某一单元或某一区域,或其他字符之间用逻辑运算符连接起来。审核公式通常由验证关系公式和提示信息组成。定义会计报表的审核公式,首先要分析会计报表中各单元数据之间的关系,然后据以定义审核公式。

**例 8.5** 定义资产负债表的审核公式。

**操作步骤**

(1) 打开需要定义审核公式的报表,即资产负债表,在"格式"状态下,选择【数据】|【编辑公式】|【审核公式】命令,打开"审核公式"对话框。

(2) 在"审核公式"对话框中输入如图 8.17 所示的审核关系。打开"定义公式"对话框。

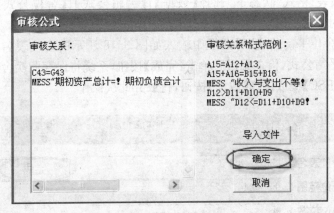

图 8.17 审核公式

(3) 审核公式编辑完毕,检查无误后单击【确定】按钮,系统将保存此次审核公式的设置。按【ESC】键或选择【取消】按钮,将放弃此次操作。

### (三) 定义舍位平衡公式

会计报表在进行汇总时,数据的金额单位可能会存在不一致的情况,这时需要将会计报表的数据进行位数转换。例如,以"元"为单位转换为以"百元"、"千元"、"万元"等为单位,这种进位操作称为舍位操作。舍位操作之后,原来的数据平衡关系就有可能被破坏,因此需要对之进行调整,使舍位后的数据符合指定的平衡公式。报表数据经舍位之后,重新调整平衡关系公式,称为舍位平衡公式。

例如:舍位前的数据平衡关系为

$$246.22+116.44=362.66(元)$$

若舍掉一位数,即以 10 元为单位的数据平衡关系为

$$24.62+11.64=36.27$$

从以上两个式子可以看出,舍位后的平衡关系被破坏,应调整为

$$24.62+11.65=36.27$$

定义舍位平衡公式,需要指明要舍位的表名、舍位范围及舍位位数,并且必须输入舍位平衡公式。

**例8.6** 定义例8.3利润表的舍位平衡公式,将其数据金额单位由"元"进位为"万元"。其中,平衡公式为

　　　　B20=B19-B21,
　　　　B16=B19+B17-B15,
　　　　B8=B5-B6-B7-B15-B9-B10-B11+B12+B13

**操作步骤**

(1) 在报表"格式"状态下,选择【数据】|【编辑公式】|【舍位公式】命令,打开"舍位公式"对话框。

(2) 在"舍位平衡公式"对话框中输入如图8.18所示的舍位表名、舍位范围、舍位位数及平衡公式,检查无误后单击【完成】按钮,系统将保存此次舍位平衡公式的设置。按【ESC】键或选择【取消】按钮,将放弃此次操作。

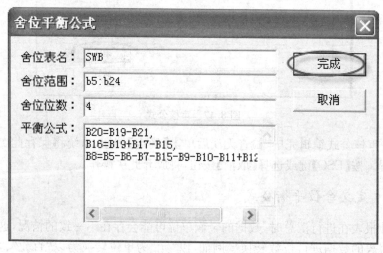

图8.18 舍位平衡公式

**提示**

① 舍位表名:和当前文件名不能相同,默认在当前目录下。

② 舍位范围:舍位数据的范围,要把所有要舍位的数据包括在内。

③ 舍位位数:1~8位。舍位位数为1,区域中的数据除10;舍位位数为2,区域中的数据除100,以此类推。

④ 平衡公式:倒顺序写,首先写最终运算结果,然后一步一步向前推;每个公式一行,各个公式之间用","隔开,最后一条公式不用写逗号;公式中只能使用"+""-"符号,不能使用其他运算符及函数,等号左边只能为一个单元(不带页号和表

号);一个单元只允许在等号右边出现一次。

# 第三节 会计报表数据处理

## 一、生成会计报表

生成会计报表,又称编制报表,即利用已经设置好的报表结构文件,运用其中的运算公式,从相应的数据源中采集数据,填入相应的单元中,从而得到报表数据。生成报表的过程是在人工控制下由计算机自动完成的。生成会计报表的操作,一般在会计期末结账以后才能进行,否则生成的会计报表是一张错误报表。

**例 8.7** 利用例 8.3 设计好的利润表,生成芜湖市康达有限公司 2009 年 1 月份的利润表。

**操作步骤**

(1) 在数据状态下,选择【数据】|【关键字】|【录入】命令,打开"录入关键字"对话框。如图 8.19 所示。

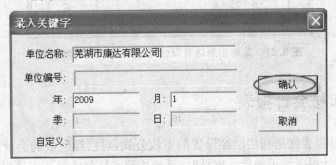

图 8.19 录入关键字

(2) 在"单位名称"文本框中输入"芜湖市康达有限公司",在"年"文本框中输入"2009","月"文本框中输入"1"。然后单击【确定】按钮,弹出提示"是否重算第一页?"。如图 8.20 所示。

图 8.20 提示信息

（3）单击【是】按钮，系统会自动生成芜湖市康达有限公司的利润表。如图8.21所示。

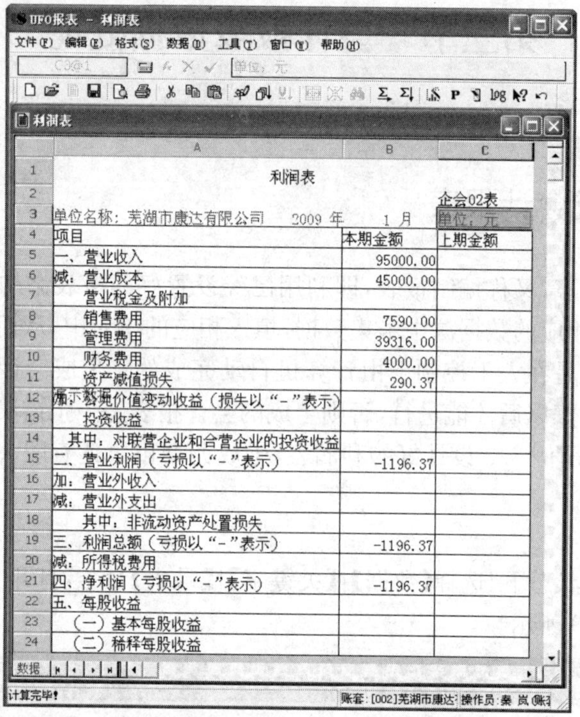

利润表

企会02表

单位名称：芜湖市康达有限公司　2009 年　1 月　单位：元

| 项目 | 本期金额 | 上期金额 |
|---|---|---|
| 一、营业收入 | 95000.00 | |
| 减：营业成本 | 45000.00 | |
| 营业税金及附加 | | |
| 销售费用 | 7590.00 | |
| 管理费用 | 39316.00 | |
| 财务费用 | 4000.00 | |
| 资产减值损失 | 290.37 | |
| 加：公允价值变动收益（损失以"-"表示） | | |
| 投资收益 | | |
| 其中：对联营企业和合营企业的投资收益 | | |
| 二、营业利润（亏损以"-"表示） | -1196.37 | |
| 加：营业外收入 | | |
| 减：营业外支出 | | |
| 其中：非流动资产处置损失 | | |
| 三、利润总额（亏损以"-"表示） | -1196.37 | |
| 减：所得税费用 | | |
| 四、净利润（亏损以"-"表示） | -1196.37 | |
| 五、每股收益 | | |
| （一）基本每股收益 | | |
| （二）稀释每股收益 | | |

**图 8.21　芜湖市康达有限公司 2009 年 1 月份利润表**

## 二、审核会计报表

审核会计报表就是利用已经设置的审核公式，对已经生成的会计报表进行审核，以验证会计报表的正确性。审核时，系统按照审核公式逐条审核报表内数据的关系。当报表数据不符合审核公式时，会给出事先设置的错误信息提示。

**操作步骤**

在报表数据状态下，选择【数据】|【审核】命令。

系统自动对报表数据进行审核。

## 三、会计报表舍位操作

会计报表的舍位操作并不是必须执行的，一般只有在报表合并或汇总时由于不同的报表单位不同无法进行合并或汇总,需要将不同报表的单位统一时才进行报表的舍位操作。

进行舍位操作时,系统按照定义的舍位关系对指定区域的数据进行舍位,并按照平衡公式对舍位后的数据进行调整,使其平衡,然后将经过舍位平衡处理后的数据存入指定的新表中,新表名即定义舍位平衡公式时设置的表名,同时将舍位后的报表置于当前活动报表。

**例 8.8** 将例 8.7 生成的利润表进行舍位平衡操作,生成舍位平衡表。

**操作步骤**

在报表数据状态下,选择【数据】|【舍位平衡】命令,系统自动根据所定义舍位公式生成舍位平衡表,如图 8.22 所示。

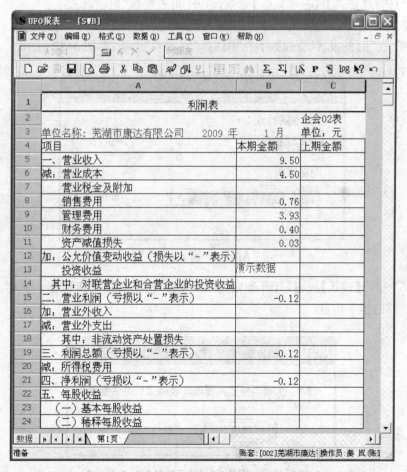

图 8.22 芜湖市康达有限公司 2009 年 1 月份利润表的舍位平衡表

## 四、报表模板的应用

在 UFO 报表系统中,一般都预置了多种行业的常用会计报表,称为报表模板。在每个报表模板中详细设计了该报表的格式和公式。

### (一)调用预置报表模板

调用系统预置的报表模板,可以快速地得到所需要的报表格式和公式。

**操作步骤**

(1) 进入 UFO 报表系统,选择【文件】|【新建】命令,系统自动生成一张空白表。
(2) 选择【格式】|【报表模板】命令,打开"报表模板"对话框。
(3) 在"您所在的行业"下拉列表框中选择"新会计制度科目"选项。
(4) 在"财务报表"下拉列表框中选择"利润表"选项,如图 8.23 所示。

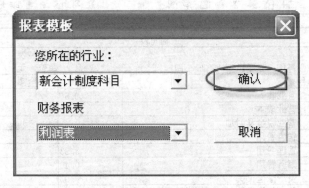

图 8.23 报表模板

(5) 单击【确认】按钮,打开如图 8.24 所示的"模板格式将覆盖本表格式!是否继续?"的提示信息。

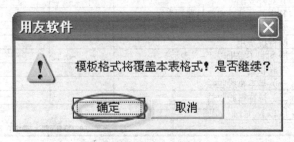

图 8.24 提示信息

（6）单击【确定】按钮，当前格式被自动覆盖。录入编制单位：芜湖市康达有限公司，如图 8.25 所示。

图 8.25　使用报表模板创建的"利润表"

（7）单击【格式/数据】按钮，进入数据状态，选择【数据】|【关键字】|【录入关键字】命令，分别录入年、月关键字的值。如图 8.26 所示。

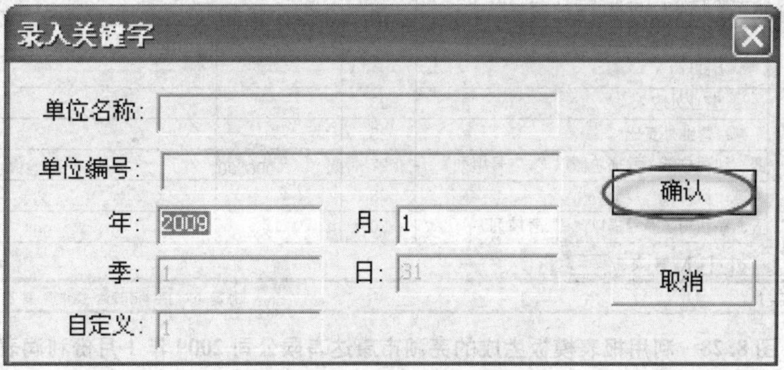

图 8.26　录入关键字

(8) 单击【确认】按钮,弹出提示"是否重算第一页"。如图 8.27 所示。

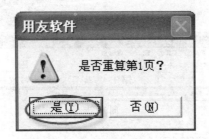

图 8.27 提示信息

(9) 单击【是】按钮,即利用报表模板生成了芜湖市康达有限公司 2009 年 1 月的利润表。如图 8.28 所示。

图 8.28 利用报表模板生成的芜湖市康达有限公司 2009 年 1 月份利润表

## （二）自定义报表模板

调用报表模板后，首先需要在格式状态下检查该模板的格式或公式是否适合本企业实际需要，如果不一致，则应作适当的修改。在 UFO 报表系统中，预置的报表模板是按照 2006 年企业会计准则出台前的制度所做，故报表内容需要修改。

**例 8.9** 将例 8.6 自定义的 2006 年新企业会计准则下的利润表保存为报表模板。

**操作步骤**

(1) 选择【格式】|【自定义模板】命令，打开如图 8.29 所示的"自定义模板"对话框。

(2) 在"自定义模板"对话框中，单击【增加】按钮，打开"定义模板"对话框。

(3) 在"定义模板"对话框中，输入如图 8.30 所示的行业名称"06 年新会计准则"。

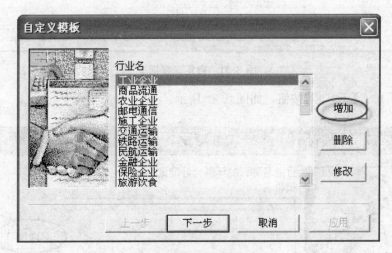

图 8.29 自定义模板 1

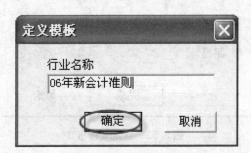

图 8.30 定义模板

(4) 单击【确定】按钮,在"行业名"列表框中,选择如图 8.31 所示的"06 年新会计准则"。

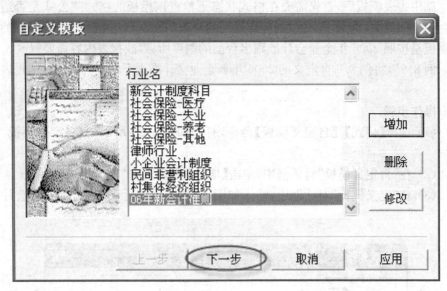

图 8.31 自定义模板 2

(5) 单击【下一步】按钮。如图 8.32 所示。

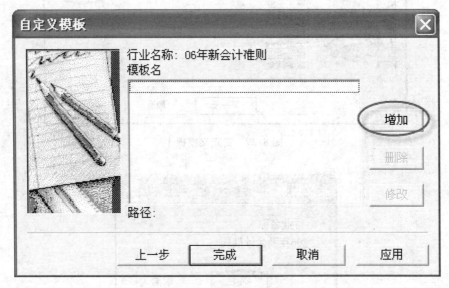

图 8.32 自定义模板 3

(6)单击【增加】按钮,选择要增加为模板的报表,在"模板名"中输入"利润表",如图8.33所示。

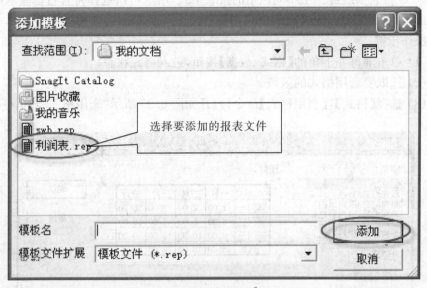

图8.33 添加模板

(7)单击【添加】按钮,单击【完成】按钮,自定义模板即设置完成,如图8.34所示。

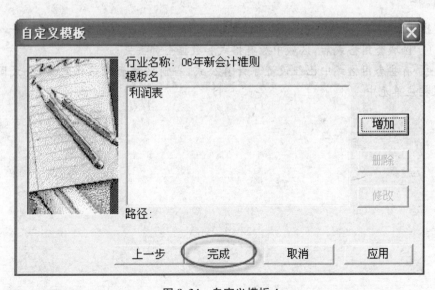

图8.34 自定义模板4

## （三）套用格式

UFO报表系统提供了不同风格的报表格式,用户可以选择符合自己要求的格式直接套用,而无须自定义报表格式。

**操作步骤**

（1）单击屏幕左下角的【格式/数据】按钮,进入格式状态。

（2）选取要套用格式的区域。

（3）选择【格式】|【套用格式】命令,打开如图8.35所示"套用格式"对话框。

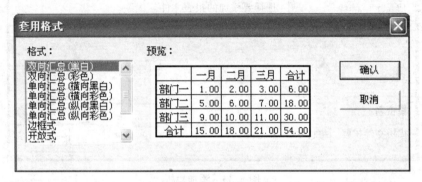

**图8.35 套用格式**

（4）在"套用格式"对话框中的"格式"区域选择一种套用格式,单击【确认】按钮。

**提示**

① 区域套用格式后,区域中原有格式和数据全部丢失。

② 有些套用格式中已经设置了计算公式,当前区域套用该格式后,公式同时写入相应单元中。

# 第九章 综合实训

## 实训一 用户管理与账套管理

**实验目的**
1. 熟悉用友软件的系统管理模块,掌握用户管理的内容和操作方法。
2. 熟练掌握账套管理的相关内容和操作方法。
3. 理解系统管理在整个软件系统中的作用及重要性,充分理解权限分配的意义。

**实验准备**
1. 修改系统时间为 2009 年 6 月 1 日。
2. 在 D 盘建立以"自己姓名"命名的文件夹。

**实验内容与实验资料**

一、增加操作员(如表 9.1 所示)

表 9.1 增加操作员

| 编号 | 姓名 | 口令 | 所属部门 |
| --- | --- | --- | --- |
| 001 | 学生学号 | 略 | 财务部 |
| 002 | 学生姓名 | 略 | 财务部 |
| 003 | 张云 | 略 | 财务部 |

二、建立如表 9.2 所示的核算单位账套

表 9.2 华茂公司账套基本信息

| 账套号 | 001 |
| --- | --- |
| 账套名称 | 长江市华茂有限公司 |
| 启用会计期 | 2009 年 6 月 1 日 |
| 账套存储路径 | 系统默认路径 |

续表

| 单位名称 | 长江市华茂有限公司 |
|---|---|
| 单位简称 | 华茂公司 |
| 单位地址 | 长江市康复路88号 |
| 法人代表 | 王中 |
| 邮政编码 | 333000 |
| 联系电话及传真 | 5971088 |
| 税号 | 340208830020288 |
| 本位代码 | RMB |
| 企业类型 | 工业 |
| 行业性质 | 新会计制度科目 |
| 账套主管 | 学生学号 |
| 按行业性质预设会计科目 | 按行业性质预设会计科目 |
| 基础信息 | 该企业无外币核算,进行经济业务处理时,不需要对存货、客户、供应商进行分类 |
| 分类编码方案 | 科目编码级次:4－2－2,其他科目编码级次采用默认值 |
| 数据精度 | 该企业对存货数量、单价的小数位数定为2 |
| 需要立即启用的模块 | 总账、薪资管理、固定资产;启用时间为2009年6月1日 |

三、根据表9.3进行权限分配

表9.3  华茂公司账套权限规定

| 编号 | 姓名 | 权限规定 |
|---|---|---|
| 002 | 学生姓名 | 1.拥有总账系统的下列权限 |
| | | (1)具有【凭证处理】的全部权限 |
| | | (2)具有【查询凭证】权限 |
| | | (3)具有【科目汇总】权限 |
| | | (4)具有【期末】的全部权限 |
| | | 2.具有【薪资管理】的全部权限 |
| | | 3.具有【固定资产】的全部权限 |
| | | 4.具有【公共目录设置】权限 |

续表

| 编号 | 姓名 | 权限规定 |
|---|---|---|
| 003 | 张云 | 拥有总账系统的下列权限 |
|  |  | (1) 凭证下的【出纳签字】权限 |
|  |  | (2) 具有【出纳】的全部权限 |

四、备份和引入账套数据。

# 实训二　基础档案设置

**实验目的**

1. 掌握用友 ERP-U8 软件中有关基础档案设置的相关内容。
2. 理解基础档案设置在整个系统中的作用。
3. 理解基础档案设置的数据对日常业务处理的影响。

**实验准备与要求**

1. 修改系统时间为 2009 年 6 月 1 日。
2. 引入"D:\自己姓名"文件夹中账套备份数据。
3. 以账套主管"学生学号"的身份注册登录企业应用平台，进行基础档案设置。

**实验内容与实验资料**

一、设置如表 9.4 所示的部门档案。

表 9.4　华茂公司部门档案

| 部门编码 | 部门名称 | 部门属性 |
|---|---|---|
| 1 | 总经理室 | 综合管理 |
| 2 | 财务科 | 财务管理 |
| 3 | 供销科 | 采购销售 |
| 4 | 仓库 | 存货保管 |
| 5 | 基本生产车间 | 产品生产 |
| 501 | 一车间 | 产品生产 |
| 502 | 二车间 | 产品生产 |

二、设置如表9.5所示的人员类别。

表9.5 华茂公司人员类别

| 档案编码 | 档案名称 |
| --- | --- |
| 1001 | 企业管理人员 |
| 1002 | 经营人员 |
| 1003 | 车间管理人员 |
| 1004 | 生产人员 |

三、设置如表9.6所示的职员档案。

表9.6 华茂公司职员档案

| 人员编码 | 姓名 | 行政部门编码 | 人员类别 | 性别 | 业务或费用部门编码 |
| --- | --- | --- | --- | --- | --- |
| 101 | 王中 | 1 | 企业管理人员 | 男 | 1 |
| 102 | 丁兰 | 1 | 企业管理人员 | 女 | |
| 201 | 学生学号 | 2 | 企业管理人员 | 女 | 2 |
| 202 | 学生姓名 | 2 | 企业管理人员 | 女 | 2 |
| 203 | 张云 | 2 | 企业管理人员 | 女 | 2 |
| 301 | 赵新 | 3 | 经营人员 | 男 | 3 |
| 302 | 陈飞飞 | 3 | 经营人员 | 女 | 3 |
| 303 | 吴俊 | 3 | 经营人员 | 男 | 3 |
| 304 | 吕欣 | 3 | 经营人员 | 男 | 3 |
| 305 | 徐声艳 | 3 | 经营人员 | 女 | |
| 401 | 王静 | 4 | 企业管理人员 | 女 | 4 |
| 402 | 谢佟 | 4 | 企业管理人员 | 男 | 501 |
| 501 | 邢雷 | 501 | 车间管理人员 | 男 | 502 |
| 502 | 杨欢 | 502 | 车间管理人员 | 男 | |
| 503 | 许玉洁 | 501 | 生产人员 | 女 | |
| 504 | 马林 | 501 | 生产人员 | 男 | |
| 505 | 毛洁 | 501 | 生产人员 | 男 | |
| 506 | 孙青 | 501 | 生产人员 | 男 | |

续表

| 人员编码 | 姓名 | 行政部门编码 | 人员类别 | 性别 | 业务或费用部门编码 |
|---|---|---|---|---|---|
| 507 | 金星 | 502 | 生产人员 | 女 | |
| 508 | 毕文文 | 502 | 生产人员 | 男 | |
| 509 | 刘苏 | 502 | 生产人员 | 男 | |
| 510 | 赵红 | 502 | 生产人员 | 男 | |
| 511 | 章江 | 501 | 车间管理人员 | 男 | |
| 512 | 陈好 | 501 | 车间管理人员 | 男 | |
| 513 | 孙奇 | 501 | 生产人员 | 男 | |
| 514 | 黄得培 | 501 | 生产人员 | 男 | |
| 515 | 赵耀 | 501 | 生产人员 | 男 | |
| 516 | 叶琦 | 501 | 生产人员 | 男 | |
| 517 | 周红梅 | 502 | 生产人员 | 女 | |
| 518 | 周刚 | 502 | 生产人员 | 男 | |
| 519 | 刘伟 | 502 | 车间管理人员 | 男 | |
| 520 | 时玲 | 502 | 生产人员 | 女 | |
| 521 | 张健飞 | 502 | 生产人员 | 男 | |
| 522 | 朱春兰 | 502 | 生产人员 | 女 | |
| 523 | 刘乐义 | 502 | 生产人员 | 男 | |
| 524 | 刘惠明 | 502 | 生产人员 | 男 | |
| 525 | 石文珍 | 501 | 生产人员 | 男 | |
| 526 | 赵玉林 | 501 | 生产人员 | 男 | |

四、设置如表9.7所示的客户档案。

表9.7 华茂公司客户档案

| 客户编码 | 客户简称 | 税号 | 地址 | 分管部门 |
|---|---|---|---|---|
| 001 | 东方公司 | 11223344 | 长江市九莲路86号 | 供销科 |
| 002 | 泰得公司 | 16785299 | 合肥市长江路77号 | 供销科 |

五、设置如表9.8所示的供应商档案。

表 9.8　华茂公司供应商档案一览表

| 供应编码 | 供应商简称 | 税号 | 开户银行 | 银行账号 |
|---|---|---|---|---|
| 001 | 易飞集团 | 32100119 | 工行 | 18280235 |
| 002 | 胜威公司 | 79034698 | 工行 | 21266384 |
| 003 | 新欣材料公司 | 34256117 | 交行 | 52670675 |
| 004 | 供电公司 |  | 交行 | 52670889 |
| 005 | 供水公司 |  | 交行 | 52670909 |

| 供应编码 | 地址 | 分管部门 |
|---|---|---|
| 001 | 江苏太昌路 99 号 | 供销科 |
| 002 | 上海市南京西路 46 号 | 供销科 |
| 003 | 长江市四平路 121 号 | 供销科 |
| 004 | 长江市康复路 120 号 |  |
| 005 | 长江市康复路 01 号 |  |

六、设置如表 9.9 所示的结算方式。

表 9.9　华茂公司结算方式一览表

| 结算方式 | 结算方式名称 | 票据管理 |
|---|---|---|
| 1 | 现金支票 | 是 |
| 2 | 转账支票 | 是 |
| 3 | 银行承兑汇票 | 是 |
| 4 | 商业承兑汇票 | 是 |
| 5 | 其他 | 否 |

七、设置本单位开户银行档案。
编码:001;名称:交行康复路支行
八、设置如表 9.10 所示的计量单位组以及该组下面的计量单位。

表9.10 华茂公司计量单位组及计量单位一览表

| ①设置组 | 计量单位组编码:01 | 计量单位组名称:基本计量单位 | 计量单位组类别:无换算。 |
|---|---|---|---|
| ②设置计量单位 | 计量单位编码:01 | 计量单位名称:吨 | |
| | 计量单位编码:02 | 计量单位名称:件 | |

**九、设置凭证类别。**

华茂公司采用通用记账凭证。

**十、请增加如表9.11所示的华茂公司的会计科目**

表9.11 华茂公司需要增加的会计科目一览表

| 科目代码 | 科目名称 | 方向 | 辅助账类型 | 计量单位 |
|---|---|---|---|---|
| 100201 | 交行存款 | 借 | 日记账、银行账 | |
| 100202 | 建行存款 | 借 | 日记账、银行账 | |
| 121101 | 甲材料 | 借 | 数量核算 | 吨 |
| 121102 | 乙材料 | 借 | 数量核算 | 吨 |
| 124301 | A产品 | 借 | 数量核算 | 件 |
| 124302 | B产品 | 借 | 数量核算 | 件 |
| 160301 | 自建工程 | 借 | 项目核算 | |
| 160302 | 出包工程 | 借 | 项目核算 | |
| 180101 | 专利权 | 借 | | |
| 1802 | 累计摊销 | 贷 | | |
| 215101 | 工资 | 贷 | | |
| 215102 | 职工福利 | 贷 | | |
| 215103 | 社会保险费 | 贷 | | |
| 215104 | 工会经费 | 贷 | | |
| 215105 | 职工教育经费 | 贷 | | |
| 217113 | 应交教育费附加 | 贷 | | |
| 410103 | 制造费用 | 借 | 项目核算 | |
| 410501 | 一车间 | 借 | | |
| 410502 | 二车间 | 借 | | |

续表

| 科目代码 | 科目名称 | 方向 | 辅助账类型 | 计量单位 |
|---|---|---|---|---|
| 550101 | 职工薪酬 | 支出 | | |
| 550102 | 广告费 | 支出 | | |
| 550103 | 水电费 | 支出 | | |
| 550104 | 折旧费 | 支出 | | |
| 550109 | 其他 | 支出 | | |
| 550201 | 职工薪酬 | 支出 | 部门核算 | |
| 550202 | 办公费 | 支出 | 部门核算 | |
| 550203 | 折旧费 | 支出 | 部门核算 | |
| 550204 | 业务招待费 | 支出 | 部门核算 | |
| 550209 | 其他 | 支出 | 部门核算 | |
| 5602 | 资产减值损失 | 支出 | | |
| 5901 | 公允价值变动损益 | 收入 | | |

十一、请修改如表9.12所示的华茂公司的会计科目。

表9.12 华茂公司需要修改的会计科目一览表

| 原科目代码 | 原科目名称 | 修改内容 | | |
|---|---|---|---|---|
| | | 新科目名称 | 辅助账类型 | 受控系统 |
| 1001 | 现金 | 库存现金 | 日记账 | |
| 1101 | 短期投资 | 交易性金融资产 | | |
| 1111 | 应收票据 | | 客户往来 | 无 |
| 1131 | 应收账款 | | 客户往来 | 无 |
| 1151 | 预付账款 | | 供应商往来 | 无 |
| 1133 | 其他应收款 | | 个人往来 | |
| 1201 | 物资采购 | 材料采购 | | |
| 1221 | 包装物 | 周转材料 | | |
| 1402 | 长期债权投资 | 持有至到期投资 | | |
| 1603 | 在建工程 | | 项目核算 | |
| 2111 | 应付票据 | | 供应商往来 | 无 |

续表

| 原科目代码 | 原科目名称 | 修改内容 | | |
|---|---|---|---|---|
| | | 新科目名称 | 辅助账类型 | 受控系统 |
| 2121 | 应付账款 | | 供应商往来 | 无 |
| 2131 | 预收账款 | | 客户往来 | 无 |
| 2151 | 应付工资 | 应付职工薪酬 | | |
| 2171 | 应交税金 | 应交税费 | | |
| 2191 | 预提费用 | 应付利息 | | |
| 4101 | 生产成本 | | 项目核算 | |
| 410101 | 基本生产成本 | 直接材料 | 项目核算 | |
| 410102 | 辅助生产成本 | 直接人工 | 项目核算 | |
| 5402 | 主营业务税金及附加 | 营业税金及附加 | | |
| 5405 | 其他业务支出 | 其他业务成本 | | |
| 5501 | 营业费用 | 销售费用 | | |
| 5701 | 所得税 | 所得税费用 | | |

十二、请删除如表 9.13 所示的华茂公司的会计科目。

表 9.13　华茂公司需要删除的会计科目

| 科目代码 | 科目名称 |
|---|---|
| 1102 | 短期投资跌价准备 |
| 1231 | 低值易耗品 |
| 1301 | 待摊费用 |
| 2153 | 应付福利费 |
| 2176 | 其他应交款 |

十三、请将【1243 库存商品】的下级科目成批复制到【5101 主营业务收入】科目和【5401 主营业务成本】科目中。

十四、请指定会计科目:【1001 库存现金】为现金总账科目;【1002 银行存款】为银行总账科目。

十五、请定义如表 9.14 所示的华茂公司的项目目录。

表 9.14　华茂公司的项目目录

| 项目设置步骤 | 设置内容 |
| --- | --- |
| 项目大类 | 生产成本 |
| 核算科目 | 直接材料(410101) |
| | 直接人工(410102) |
| | 制造费用(410103) |
| 项目分类 | 分类编码:1,分类名称:自行生产 |
| | 分类编码:2,分类名称:委托加工 |
| 项目名称 | 项目编号:1<br>项目名称:A产品<br>所属分类码:1 |
| | 项目编号:2<br>项目名称:B产品<br>所属分类码:1 |

十六、备份账套数据。

# 实训三　总账系统初始设置

**实验目的**

1. 掌握用友 EPR-U8 软件中总账系统初始设置的相关内容。
2. 理解总账系统初始设置的意义。
3. 掌握总账系统初始设置的操作方法。

**实验准备与要求**

1. 修改系统时间为 2009 年 6 月 1 日。
2. 引入"D:\自己姓名"文件夹中账套备份数据。
3. 以账套主管"学生学号"的身份注册登录企业应用平台,进行总账的初始设置操作。

**实验内容与实验资料**

一、设置如表 9.15 所示的华茂公司的总账控制参数。

表 9.15　华茂公司总账控制参数

| 选项卡 | 参数设置 |
|---|---|
| 凭证 | 制单序时控制<br>支票控制<br>可以使用应收受控科目；可以使用应付受控科目<br>取消"现金流量科目必录现金流量项目"<br>自动填补凭证断号<br>其他采用系统默认值 |
| 账簿 | 账簿打印位数宽度；凭证、正式账每页打印行数按软件默认的标准设定，其他采用系统默认值<br>明细账打印按年排页 |
| 凭证打印 | 采用系统默认值 |
| 预算控制 | 采用系统默认值 |
| 权限 | 凭证审核控制到操作员<br>出纳凭证必须经由出纳签字<br>取消"允许修改、作废他人填制的凭证"<br>其他采用系统默认值 |
| 会计日历 | 采用系统默认值 |
| 其他 | 部门、个人、项目排序方式均按编码排序 |

二、录入如表 9.16、表 9.17、表 9.18、表 9.19、表 9.20 所示的华茂公司 2009 年 6 月份有关总账及辅助账期初余额。

表 9.16　华茂公司 2009 年 6 月份有关总账期初余额表

| 科目名称 | 方向 | 币别/计量 | 年初余额 | 累计借方 | 累计贷方 | 期初余额 |
|---|---|---|---|---|---|---|
| 库存现金(1001) | 借 |  | 10771 | 18889.65 | 18860.65 | 10800 |
| 银行存款(1002) | 借 |  | 2706733 | 469251 | 370000 | 2805984 |
| 交行存款(100201) | 借 |  | 706733 | 469251 | 370000 | 805984 |
| 建行存款(100202) | 借 |  | 2000000 | 0 | 0 | 2000000 |
| 其他货币资金(1009) | 借 |  | 1000000 | 1000000 | 1000000 | 1000000 |
| 存出投资款(100906) | 借 |  | 1000000 | 1000000 | 1000000 | 1000000 |
| 应收票据(1111) | 借 |  | 585000 | 0 | 0 | 585000 |

续表

| 科目名称 | 方向 | 币别/计量 | 年初余额 | 累计借方 | 累计贷方 | 期初余额 |
|---|---|---|---|---|---|---|
| 应收账款(1131) | 借 | | 147200 | 60000 | 20000 | 187200 |
| 坏账准备(1141) | 贷 | | −2064 | 3000 | 6000 | 936 |
| 材料采购(1201) | 借 | | 0 | 0 | 20000 | −20000 |
| 原材料(1211) | 借 | | 315220 | 293180 | 0 | 608400 |
| 　甲材料(121101) | 借 | | 268420 | 293180 | 0 | 561600 |
| | 借 | 吨 | 8000 | 0 | 0 | 8000 |
| 　乙材料(121102) | 借 | | 46800 | 0 | 0 | 46800 |
| | 借 | 吨 | 1000 | 0 | 0 | 1000 |
| 周转材料(1221) | 借 | | 55000 | 0 | 0 | 55000 |
| 库存商品(1243) | 借 | | 133500 | 1000000 | 350000 | 783500 |
| 　A产品(124301) | 借 | | 100000 | 1000000 | 350000 | 750000 |
| | 借 | 件 | 7200 | 0 | 0 | 7200 |
| 　B产品(124302) | 借 | | 33500 | 0 | 0 | 33500 |
| | 借 | 件 | 500 | 0 | 0 | 500 |
| 固定资产(1501) | 借 | | 1960000 | 0 | 0 | 1960000 |
| 累计折旧(1502) | 贷 | | −797349 | 0 | 967607 | 170258 |
| 无形资产(1801) | 借 | | 60000 | 0 | 0 | 60000 |
| 　专利权(180101) | 借 | | 60000 | 0 | 0 | 60000 |
| 短期借款(2101) | 贷 | | 0 | 0 | 200000 | 200000 |
| 应付账款(2121) | 贷 | | 367407 | 150557 | 60000 | 276850 |
| 应付职工薪酬(2151) | 贷 | | 45000 | 143200 | 143200 | 45000 |
| 　职工福利(215102) | 贷 | | 45000 | 143200 | 143200 | 45000 |
| 应交税费(2171) | 贷 | | 93750 | 442500 | 422500 | 73750 |
| 　未交增值税(217102) | 贷 | | 40000 | 120000 | 100000 | 20000 |
| 　应交所得税(217106) | 贷 | | 50000 | 300000 | 300000 | 50000 |
| 　应交城市维护建设税(217108) | 贷 | | 1400 | 8400 | 8400 | 1400 |
| 　应交个人所得税(217112) | 贷 | | 1750 | 10500 | 10500 | 1750 |
| 　应交教育费附加(217113) | 贷 | | 600 | 3600 | 3600 | 600 |
| 应付利息(2191) | 贷 | | 0 | 0 | 1000 | 1000 |
| 长期借款(2301) | 贷 | | 5000000 | 0 | 0 | 5000000 |

续表

| 科目名称 | 方向 | 币别/计量 | 年初余额 | 累计借方 | 累计贷方 | 期初余额 |
|---|---|---|---|---|---|---|
| 实收资本(或股本)(3101) | 贷 | | 1469090.74 | 0 | 0 | 1469090.74 |
| 盈余公积(3121) | 贷 | | 740000 | 0 | 0 | 740000 |
| 法定盈余公积(312101) | 贷 | | 740000 | 0 | 0 | 740000 |
| 利润分配(3141) | 贷 | | 75000 | 0 | 0 | 75000 |
| 未分配利润(314115) | 贷 | | 75000 | 0 | 0 | 75000 |
| 生产成本(4101) | 借 | | 17410.74 | 8511 | 9921 | 16000.74 |
| 直接材料(410101) | 借 | | 11171 | 4800 | 5971 | 10000 |
| 直接人工(410102) | 借 | | 4039.74 | 861 | 900 | 4000.74 |
| 制造费用(410103) | 借 | | 2200 | 2850 | 3050 | 2000 |
| 主营业务收入(5101) | 贷 | | 0 | 4250000 | 4250000 | 0 |
| A产品(510101) | 贷 | | 0 | 4050000 | 4050000 | 0 |
| | 贷 | 件 | 0 | 30000 | 30000 | 0 |
| B产品(510102) | 贷 | | 0 | 200000 | 200000 | 0 |
| | 贷 | 件 | 0 | 2000 | 2000 | 0 |
| 其他业务收入(5102) | 贷 | | 0 | 250000 | 250000 | 0 |
| 主营业务成本(5401) | 借 | | 0 | 3254000 | 3254000 | 0 |
| A产品(540101) | 借 | | 0 | 3120000 | 3120000 | 0 |
| | 借 | 件 | 0 | 30000 | 30000 | 0 |
| B产品(540102) | 借 | | 0 | 134000 | 134000 | 0 |
| | 借 | 件 | 0 | 2000 | 2000 | 0 |
| 营业税金及附加(5402) | 借 | | 0 | 641250 | 641250 | 0 |
| 销售费用(5501) | 借 | | 0 | 248000 | 248000 | 0 |
| 职工薪酬(550101) | 借 | | 0 | 48000 | 48000 | 0 |
| 广告费(550102) | 借 | | 0 | 200000 | 200000 | 0 |
| 管理费用(5502) | 借 | | 0 | 1126607 | 1126607 | 0 |
| 职工薪酬(550201) | 借 | | 0 | 120000 | 120000 | 0 |
| 办公费(550202) | 借 | | 0 | 9000 | 9000 | 0 |
| 折旧费(550203) | 借 | | 0 | 967607 | 967607 | 0 |
| 业务招待费(550204) | 借 | | 0 | 20000 | 20000 | 0 |
| 其他(550209) | 借 | | 0 | 10000 | 10000 | 0 |

表 9.17　华茂公司 2009 年 1 月份应收票据期初余额表

会计科目:1111 应收票据　　余额:借 585000 元

| 日期 | 凭证号 | 客户 | 摘要 | 方向 | 期初余额 |
|---|---|---|---|---|---|
| 2009-5-20 | 记—20 | 东方公司 | 销售 A 产品 | 借 | 585000 |

表 9.18　华茂公司 2009 年 1 月份应收账款期初余额表

会计科目:1131 应收账款　　余额:借 187200 元

| 日期 | 凭证号 | 客户 | 摘要 | 方向 | 金额 | 票号 |
|---|---|---|---|---|---|---|
| 2009-05-10 | 记—34 | 东方公司 | 销售 A 产品 | 借 | 117000 | P111 |
| 2009-05-12 | 记—56 | 泰得公司 | 销售 B 产品 | 借 | 70200 | Z111 |

表 9.19　华茂公司 2009 年 1 月份应付账款期初余额表

会计科目:2121 应付账款　　余额:贷 276850 元

| 日期 | 凭证号 | 供应商 | 摘要 | 方向 | 金额 | 业务员 |
|---|---|---|---|---|---|---|
| 2009-4-15 | 记—56 | 易飞集团 | 购买甲材料 | 贷 | 276850 | 陈飞飞 |

表 9.20　华茂公司 2009 年 1 月份生产成本辅助账期初余额表

| 科目名称 | A 产品 | B 产品 | 合计 |
|---|---|---|---|
| 直接材料(410101) | 4000 | 6000 | 10000 |
| 直接人工(410102) | 1500 | 2500.74 | 4000.74 |
| 制造费用(410103) | 800 | 1200 | 2000 |
| 合计 | 6300 | 9000.74 | 16000.74 |

# 实训四　　总账系统日常业务处理

**实验目的**

1. 掌握用友 ERP-U8 软件中总账系统日常业务处理的相关内容。
2. 熟悉总账系统日常业务处理的各种操作。
3. 掌握凭证管理、出纳管理和账簿管理的具体内容和操作方法。

**实验准备**

修改系统时间为 2009 年 6 月 30 日。

**实验要求**

1. 以学生的身份进行填制凭证、凭证查询操作。
2. 以张云的身份进行出纳签字。
3. 以学生学号的身份进行审核、记账、账簿查询操作。
4. 备份账套的文件夹命名为:总账日常处理。

**实验内容与实验资料**

1. 凭证管理

(1) 根据所建立的账套将下列经济业务填制记账凭证。

① 6月1日,收到东方公司交来购买商品款项117000(结算方式:其他),款项已经存入交行。

② 6月1日,开出转账支票(票号1201)以交行存款200元支付财务科办公费。

③ 6月1日,向东方公司销售A产品300件(业务员:吴俊),单位售价156元,价税款合计54756元(价款46800元,税款7956元),款项尚未收到。

④ 6月2日,向新欣材料公司购入原材料甲20吨,无税单价80元。运杂费280元。价款及税款签发商业汇票支付。材料未到。

⑤ 6月2日,签发现金支票,从交行提取备用金2000元(票号2001)。

⑥ 6月2日,供销科赵新预借差旅费1000元,以现金付讫。

⑦ 6月5日,采购甲材料80吨,无税单价80元,运杂费460元,增值税率17%,原材料已验收入库,开出转账支票#1202以交行存款支付款项。

⑧ 6月5日,开出转账支票#1203以交行存款支付上月未交增值税。

⑨ 6月5日,开出转账支票#1204以交行存款交纳上月城建税、教育费附加。

⑩ 6月5日,开出转账支票#1205以交行存款交纳上月个人所得税。

⑪ 6月5日,以现金支付总经理室设备维修费200元。

⑫ 6月8日,销售A产品3000件,单位售价158元(结算方式:其他),款项已经存入交行。

⑬ 6月8日,第一车间领用周转材料一批,实际成本为1000元,经批准全部记入制造费用。

⑭ 6月8日,总经理王中报销医药费60元。

⑮ 6月8日,签发现金支票,从交行提取备用金2000元(票号2002)。

⑯ 6月9日,委托章华加工厂加工一批量具,发出乙材料20吨,单位成本46.8元,以现金支付运费200元。

⑰ 6月9日,开出转账支票#1206以交行存款支付前欠易飞集团货款276850元(业务员:陈飞飞)。

⑱ 6月12日,开出转账支票♯1207以交行存款支付章华加工厂加工费1000元,支付增值税170元。

⑲ 6月12日,收回委托加工的量具,办妥验收入库手续。

⑳ 6月15日,委托证券公司购入A上市公司股票10万股,并将其划分为交易性金融资产。该股股票在购买日的公允价值为500000元,另支付相关交易费用1250元。

㉑ 6月18日,将应收东方公司的商业汇票背书转让,以取得C产品。该产品数量为5000件,单价100元,金额为585000(提示:先增加库存商品——C产品)。

㉒ 6月18日,向银行借入为期6个月的借款100000元,存入交行(结算方式:其他)。

㉓ 6月18日,向泰得公司销售B产品220件,单位售价150元,每件商品的实际成本67元;由于是成批销售,公司给予买家10%的商业折扣,并在销售合同上规定现金折扣条件为2/10,1/20,N/30,商品已经发出。假定计算现金折扣时不考虑增值税。

㉔ 6月19日,根据购货合同,开出转账支票♯1208以交行存款100000元预付新欣材料公司购料款(业务员:陈飞飞)。

㉕ 6月19日,对一车间现有的一台机器设备进行日常修理,修理过程中发生材料费46.8元(耗用原材料乙1吨),应支付的维修人员工资为200元。

㉖ 6月19日,出售一条生产线,原价为200000元,已提折旧120000元,未计提减值准备,实际出售价格为85000元,款项已经收到并存入交行(结算方式:其他)。

㉗ 6月19日,根据供水公司通知,本月应支付水费11710元,其中一车间应负担水费6000元,二车间应负担水费5500元,总经理室应负担210元,增值税共1990.7元,款项尚未支付。

㉘ 6月19日,根据供电公司通知,本月应支付电费48000元,其中一车间应负担电费20000元,二车间应负担电费12000元,总经理室应负担16000元,增值税共8160元,款项尚未支付。

㉙ 6月20日,开出转账支票♯1209、♯1210以交行存款支付水费、电费。

㉚ 6月20日,生产A产品领用甲材料1000吨,@70.2元;领用乙材料800吨,@46.8元。

㉛ 6月20日,泰得公司支付18日购买B产品货款,款项已经存入交行(结算方式:其他)。

㉜ 6月21日,销售乙材料100吨,开出的增值税专用发票上注明的售价为7600元,增值税额为1292元,款项已经收妥并存入交行,该批材料的实际成本为

4680元(结算方式:其他)。

㉝ 6月21日,分配本月工资费用152540元。

其中:A产品生产工人工资　　　　　40000
B产品生产工人工资　　　　　　　　30000
一车间管理人员工资　　　　　　　　20000
二车间管理人员工资　　　　　　　　15000
总经理办公室人员工资　　　　　　　11000
财务科人员工资　　　　　　　　　　9340
仓库保管人员工资　　　　　　　　　5200
供销科人员工资　　　　　　　　　　22000

㉞ 6月21日,按上述工资总额的10%计提养老保险金。

㉟ 6月21日,A产品600件完工,验收入库。其中直接材料成本3000元,直接人工成本24000元,制造费用成本15000元。

㊱ 6月22日,向泰得公司销售B产品100件(业务员:吕欣),单位售价120元,价税款合计14040元(价款12000元,税款2040元),收到三个月到期的商业承兑汇票一张。

㊲ 6月23日,供销科赵新报销差旅费600,余款400元退回现金。

㊳ 6月26日,向泰得公司销售A产品600件(业务员:吴俊),单位售价159元,价税款合计111618元(价款95400元,税款16218元),收到银行汇票一张,已经送存交行。

㊴ 6月28日,开出现金支票,从交行提取现金152540,准备发放工资(现金支票号:#2003)。

㊵ 6月28日,以现金发放工资152540元。

㊶ 6月30日,将当月发生的制造费用按车间全部结转。(其中,一车间只生产A产品,二车间只生产B产品。)

㊷ 6月30日,A产品800件完工,验收入库。其中直接材料成本61640元,直接人工成本22056元,制造费用成本400元。

㊸ 6月30日,向泰得公司销售A产品2200件,单位售价158元,取得三个月到期的商业汇票一张。

(2) 对所建立的账套的记账凭证进行出纳签字。

(3) 对所建立的账套的记账凭证进行审核签字。

(4) 对所建立的账套的2009年6月已经审核签字的记账凭证进行记账处理。

(5) 6月30日,出纳员经过对账后发现第36号记账凭证有错误,供销科赵新报销差旅费实际应为960元,退回现金40元。而凭证误操作为收回现金400元。

要求以"学生姓名"身份的会计予以更正。

2. 账簿管理

(1) 请查询所建立的账套 2009 年 6 月份库存现金总账。

(2) 请查询所建立的账套 2009 年 6 月份所有科目的发生额及余额。

(3) 请查询所建立的账套 2009 年 6 月份应交税费明细并联查第二条记录的凭证。

(4) 请定义并查询所建立的账套 2009 年 6 月份应交增值税多栏明细账,要求分析方式及输出内容均为金额式。

(5) 请定义并查询所建立的账套 2009 年 6 月份管理费用多栏明细账,要求分析方式及输出内容均为金额式。

# 实训五  出 纳 管 理

**实验目的**

1. 掌握用友 ERP-U8 软件中出纳管理的相关内容。
2. 熟悉 ERP-U8 软件中出纳管理的各种操作。
3. 掌握现金、银行存款日记账和资金日报表的查询和银行对账的基本操作。

**实验准备**

1. 修改系统时间为 2009 年 6 月 30 日。
2. 以张云的身份登录企业应用平台。

**实验要求**

1. 以张云的身份进行现金、银行存款日记账和资金日报表的查询。
2. 以张云的身份进行银行对账操作。

**实验内容与实验资料**

1. 查询所建立的账套 2009 年 6 月的现金日记账并将月末余额与总账相核对。

2. 查询所建立的账套 2009 年 6 月的银行存款日记账。

3. 查询所建立的账套 2009 年 6 月 8 日的资金日报表。

4. 请进行银行对账操作。

(1) 银行对账期初资料。

所建立账套的银行账的启用日期为 2009 年 6 月 1 日,银行对账期初资料如表9.21 所示。

**表 9.21　银行存款余额调节表**

银行存款余额调节表

科目：交行　　　　　　　　　　2009 年 5 月 31 日

| 项目 | 余额 | 项目 | 余额 |
|---|---|---|---|
| 单位日记账账面余额 | 805984 | 银行对账单账面余额 | 796280 |
| 加：银行已收，企业未收 | | 加：企业已收，银行未收 | 9704 |
| | | 2009.5.30 记-36，转账支票 | 9704 |
| 减：银行已付，企业未付 | | 减：企业已付，银行未付 | |
| | | | |
| 调整后余额 | 805984 | 调整后余额 | 805984 |

（2）本期银行对账单如图 9.1 所示，截止日期为 2009 年 6 月 30 日。

银行对账单

科目：交行存款(100201)

| 日期 | 结算方式 | 票号 | 借方金额 | 贷方金额 | 余额 |
|---|---|---|---|---|---|
| 2009.06.01 | 5 | | 117,000.00 | | 913,280.00 |
| 2009.06.03 | 2 | 1201 | | 200.00 | 913,080.00 |
| 2009.06.03 | 1 | 2001 | | 2,000.00 | 911,080.00 |
| 2009.06.06 | 2 | 1202 | | 7,948.00 | 903,132.00 |
| 2009.06.06 | 2 | 1203 | | 20,000.00 | 883,132.00 |
| 2009.06.06 | 2 | 1204 | | 2,000.00 | 881,132.00 |
| 2009.06.06 | 2 | 1205 | | 1,750.00 | 879,382.00 |
| 2009.06.08 | 5 | | 554,580.00 | | 1,433,962.00 |
| 2009.06.08 | 2 | 2002 | | 2,000.00 | 1,431,962.00 |
| 2009.06.10 | 2 | 1206 | | 276,850.00 | 1,155,112.00 |
| 2009.06.12 | 2 | 1207 | | 1,170.00 | 1,153,942.00 |
| 2009.06.18 | 5 | | 100,000.00 | | 1,253,942.00 |
| 2009.06.20 | 2 | 1208 | | 100,000.00 | 1,153,942.00 |
| 2009.06.20 | 2 | 1209 | | 13,700.70 | 1,140,241.30 |
| 2009.06.20 | 2 | 1210 | | 56,160.00 | 1,084,081.30 |
| 2009.06.20 | 5 | | 37,950.00 | | 1,122,031.30 |
| 2009.06.20 | 5 | | 8,892.00 | | 1,130,923.30 |
| 2009.06.25 | 5 | | 111,618.00 | | 1,242,541.30 |
| 2009.06.28 | 1 | 2003 | | 152,740.00 | 1,089,801.30 |
| 2009.06.28 | 5 | | | 10,000.00 | 1,079,801.30 |
| 2009.06.30 | 5 | | 20,000.00 | | 1,098,801.30 |

图 9.1　银行对账单

（3）请进行所建立账套 2009 年 6 月份的银行对账处理。
（4）请查询建立账套 2009 年 6 月份交行存款的银行存款余额调节表。
（5）查找银行存款余额调节表不平衡的原因并予以更正。

## 实训六　总账系统期末处理

**实验目的**
1. 掌握用友 ERP-U8 软件中总账系统月末处理的相关内容。
2. 熟悉总账系统月末处理业务的各种操作。
3. 掌握自动转账设置与生成、对账和月末结账的操作方法。

**实验准备**
修改系统时间为 2009 年 6 月 30 日。

**实验要求**
1. 以学生姓名的身份进行自动转账定义及自动转账生成操作。
2. 以学生学号的身份进行凭证审核、记账、对账操作。

**实验内容与实验资料**
1. 自动转账定义
（1）自定义结转——请定义所建立账套预提短期借款利息的凭证,年利息率为 5%。
（2）请定义所建立账套结转当月销售成本的凭证。（提示:保证库存商品、主营业务收入、主营业务成本科目的结构一致。）
（3）请定义所建立账套结转期间损益的凭证。
2. 自动转账生成
（1）请根据已定义的转账凭证生成自动转账凭证。（提示:注意生成转账凭证的顺序以及数据之间是否存在关联关系,若存在关联关系,应先记账,然后再生成下一张凭证。）
（2）期末对账:请对所建立账 2009 年 6 月业务进行期末对账。

## 实训七　薪资管理

**实验目的**
1. 通过上机实训,掌握工资系统初始设置。
2. 掌握工资系统日常业务处理,工资分摊及月末处理,工资系统数据查询的操作。

**实验准备**

修改系统时间为 2009 年 6 月 1 日。

**实验要求**

1. 引入总账系统实验数据,以账套主管"学生学号"的身份启用工资子系统,启用时间为 2009 年 6 月 1 日,进行建立工资账套、基础信息设置、录入工资数据、代扣个人所得税的操作。

2. 以会计"学生姓名"的身份注册登录工资子系统进行工资分摊处理。

**实验内容与实验资料**

1. 建立工资账套。

工资类别个数:单个;核算币种:人民币 RMB;不核算计件工资;要求代扣个人所得税;不进行扣零处理。

2. 基础信息设置。

(1) 请采用批增方式增加人员档案。

(2) 增加华茂有限公司如图 9.2 所示的工资项目。

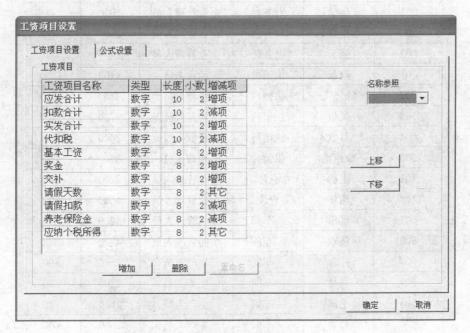

图 9.2 华茂有限公司工资项目一览表

3. 设置工资计算公式(如表 9.22 所示)。

表 9.22 华茂公司工资计算公式一览表

| 工资项目 | 定义公式 |
|---|---|
| 请假扣款 | 基本工资/22 * 请假天数 |
| 养老保险金 | (基本工资+奖金) * 0.1 |
| 交补 | IF(人员类别="经营人员"or 人员类别="企业管理人员"or 人员类别="车间管理人员",200,150) |
| 应纳个税所得 | 基本工资+奖金+交补-养老保险金 |

4. 录入华茂公司 6 月初人员工资情况(如表 9.23 所示)。

表 9.23 华茂公司 6 月初人员工资情况一览表

| 人员编号 | 姓名 | 部门 | 人员类别 | 基本工资 | 奖金 |
|---|---|---|---|---|---|
| 101 | 王中 | 总经理室 | 企业管理人员 | 5000 | 800 |
| 102 | 丁兰 | 总经理室 | 企业管理人员 | 4000 | 800 |
| 201 | 学生学号 | 财务科 | 企业管理人员 | 2800 | 500 |
| 202 | 学生姓名 | 财务科 | 企业管理人员 | 2500 | 500 |
| 203 | 张云 | 财务科 | 企业管理人员 | 2000 | 440 |
| 301 | 赵新 | 供销科 | 经营人员 | 3400 | 1300 |
| 302 | 陈飞飞 | 供销科 | 经营人员 | 3200 | 1500 |
| 303 | 吴俊 | 供销科 | 经营人员 | 2700 | 1400 |
| 304 | 吕欣 | 供销科 | 经营人员 | 2600 | 700 |
| 305 | 徐声艳 | 供销科 | 经营人员 | 3500 | 700 |
| 401 | 王静 | 仓库 | 企业管理人员 | 2200 | 500 |
| 402 | 谢佟 | 仓库 | 企业管理人员 | 1600 | 500 |
| 501 | 邢雷 | 一车间 | 车间管理人员 | 4200 | 1200 |
| 502 | 杨欢 | 二车间 | 车间管理人员 | 4900 | 2000 |
| 503 | 许玉洁 | 一车间 | 生产人员 | 2800 | 800 |
| 504 | 马林 | 一车间 | 生产人员 | 2200 | 560 |
| 505 | 毛洁 | 一车间 | 生产人员 | 2800 | 720 |
| 506 | 孙青 | 一车间 | 生产人员 | 1800 | 600 |
| 507 | 金星 | 二车间 | 生产人员 | 1500 | 700 |
| 508 | 毕文文 | 二车间 | 生产人员 | 1500 | 750 |
| 509 | 刘苏 | 二车间 | 生产人员 | 1500 | 650 |
| 510 | 赵红 | 二车间 | 生产人员 | 1200 | 550 |

续表

| 人员编号 | 姓名 | 部门 | 人员类别 | 基本工资 | 奖金 |
|---|---|---|---|---|---|
| 511 | 章江 | 一车间 | 车间管理人员 | 5000 | 2000 |
| 512 | 陈好 | 一车间 | 车间管理人员 | 5000 | 2000 |
| 513 | 孙奇 | 一车间 | 生产人员 | 3000 | 1100 |
| 514 | 黄得培 | 一车间 | 生产人员 | 3200 | 1200 |
| 515 | 赵耀 | 一车间 | 生产人员 | 3200 | 1300 |
| 516 | 叶琦 | 一车间 | 生产人员 | 3200 | 1300 |
| 517 | 周红梅 | 二车间 | 生产人员 | 1200 | 1200 |
| 518 | 周刚 | 二车间 | 生产人员 | 1200 | 1200 |
| 519 | 刘伟 | 二车间 | 车间管理人员 | 5000 | 2700 |
| 520 | 时玲 | 二车间 | 生产人员 | 2100 | 1300 |
| 521 | 张健飞 | 二车间 | 生产人员 | 2200 | 1200 |
| 522 | 朱春兰 | 二车间 | 生产人员 | 1800 | 1400 |
| 523 | 刘乐义 | 二车间 | 生产人员 | 2200 | 1300 |
| 524 | 刘惠明 | 二车间 | 生产人员 | 2200 | 500 |
| 525 | 石文珍 | 一车间 | 生产人员 | 3400 | 1200 |
| 526 | 赵玉林 | 一车间 | 生产人员 | 3200 | 920 |

5. 录入 6 月份工资变动情况：毛洁请假 1 天；孙青请假 3 天。

6. 进行代扣个人所得税设置，栏目选择参见图 9.3，另计税基数为 2000。附加费用不变。

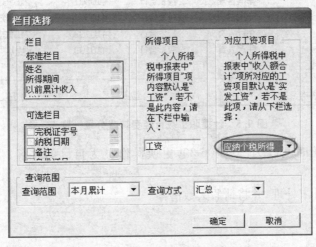

图 9.3 代扣个人所得税栏目选择

7. 定义正式职工类别工资分摊。

工会经费、职工教育经费以应付工资总额为计提基数，计提比例分别为2%和1.5%。计提工会经费的转账分录如图9.4、图9.5所示。

分摊构成设置

分摊构成设置

| 部门名称 | 人员类别 | 项目 | 借方科目 | 贷方科目 |
| --- | --- | --- | --- | --- |
| 总经理室,财务科,仓库 | 企业管理人员 | 应发合计 | 550209 | 215104 |
| 供销科 | 经营人员 | 应发合计 | 550109 | 215104 |
| 一车间 | 车间管理人员 | 应发合计 | 410501 | 215104 |
| 二车间 | 车间管理人员 | 应发合计 | 410502 | 215104 |
| 一车间 | 生产人员 | 应发合计 | 410103 | 215104 |
| 二车间 | 生产人员 | 应发合计 | 410103 | 215104 |

上一步　完成　取消

**图9.4　计提工会经费转账分录一览表**

分摊构成设置

分摊构成设置

| 部门名称 | 人员类别 | 项目 | 借方科目 | 贷方科目 |
| --- | --- | --- | --- | --- |
| 总经理室,财务科,仓库 | 企业管理人员 | 应发合计 | 550209 | 215105 |
| 供销科 | 经营人员 | 应发合计 | 550109 | 215105 |
| 一车间 | 车间管理人员 | 应发合计 | 410501 | 215105 |
| 二车间 | 车间管理人员 | 应发合计 | 410502 | 215105 |
| 一车间 | 生产人员 | 应发合计 | 410103 | 215105 |
| 二车间 | 生产人员 | 应发合计 | 410103 | 215105 |

上一步　完成　取消

**图9.5　计提职工教育经费转账分录一览表**

8. 将系统时间改为2009-06-30，更换操作员为自己的姓名，生成工资分摊的凭证。

9. 进行月末处理，并将请假天数清零。

## 实训八　固定资产管理

**实验目的**
1. 通过上机实训,掌握固定资产管理系统初始设置。
2. 掌握固定资产管理系统日常业务处理、月末处理等操作。

**实验准备**
修改系统时间为 2009 年 6 月 30 日。

**实验要求**
1. 引入总账系统实验数据,以账套主管"学生学号"的身份启用固定资产子系统,启用时间为 2009 年 6 月 1 日,进行建立固定资产账套、基础信息设置的操作。
2. 以会计"学生姓名"的身份注册登录固定资产子系统进行日常业务处理。

**实验内容与实验资料**
1. 根据以下资料,建立华茂有限公司的固定资产账套。

启用月份"2009 年 6 月";固定资产类别编码方式为"2-1-1-2",固定资产编码方式按"类别编码+序号"自动编码,序号长度为"3";当月初已计提月份＝可使用月份-1 时,要求将剩余折旧全部提足;采用平均年限法按月计提折旧;卡片序号长度为"3";要求与财务系统进行对账,固定资产对账科目为"1501 固定资产";累计折旧对账科目为"1502 累计折旧";对账不平衡的情况下允许月末结账。

2. 设置长江市华茂有限公司固定资产账套的补充参数:"与账务系统接口"页签,"[固定资产]缺省入账科目"为"1501","[累计折旧]缺省入账科目"为"1502","[减值准备]缺省入账科目"为"1505"。

3. 设置如表 9.24 所示华茂有限公司部门对应折旧科目。

表 9.24　华茂有限公司部门对应折旧科目一览表

| 部门名称 | 折旧科目 |
| --- | --- |
| 总经理室 | 550203 |
| 财务科 | 550203 |
| 供销科 | 550104 |
| 仓库 | 550203 |
| 一车间 | 410501 |
| 二车间 | 410502 |

4. 增加如表 9.25 所示的华茂有限公司的资产类别。

表 9.25　华茂有限公司资产类别一览表

| 类别编码 | 类别名称 | 计提属性 | 折旧方法 | 净残值率 | 卡片样式 |
| --- | --- | --- | --- | --- | --- |
| 01 | 办公楼 | 正常计提 | 平均年限法(一) | 3% | 通用样式 |
| 02 | 厂房 | 正常计提 | 平均年限法(一) | 3% | 通用样式 |
| 03 | 生产设备 | 正常计提 | 平均年限法(一) | 3% | 通用样式 |
| 04 | 办公设备 | 正常计提 | 平均年限法(一) | 3% | 通用样式 |
| 05 | 交通运输设备 | 正常计提 | 平均年限法(一) | 3% | 通用样式 |
| 06 | 其他 | 正常计提 | 平均年限法(一) | 0% | 通用样式 |

5. 设置如表 9.26 所示的华茂有限公司固定资产增减方式对应的入账科目。

表 9.26　华茂有限公司固定资产增减方式对应入账科目一览表

| 增加方式 | 对应入账科目 | 减少方式 | 对应入账科目 |
| --- | --- | --- | --- |
| 在建工程转入 | 在建工程——自建工程 | 报废 | 固定资产清理 |
| 投资者投入 | 实收资本 | 投资转出 | 长期股权投资—其他股权投资 |
| 盘盈 | 以前年度损益调整 | 盘亏 | 待处理财产损益—待处理固定资产损益 |
| 捐赠 | 营业外收入 | 捐赠转出 | 营业外支出 |
| 直接购入 | 银行存款 | 出售 | 固定资产清理 |

6. 增加如表 9.27 所示的华茂有限公司固定资产资料原始卡片。

表 9.27　华茂有限公司固定资产资料原始卡片一览表

| 卡片编号 | 00001 | 00002 | 00003 | 00004 | 00005 |
| --- | --- | --- | --- | --- | --- |
| 固定资产编号 | 01100001 | 01200001 | 02100001 | 02100002 | 02200001 |
| 固定资产名称 | 办公楼 | 厂房 | 1号生产线 | 2号生产线 | 电脑 |
| 类别编号 | 01001 | 02001 | 03001 | 03002 | 04001 |
| 类别名称 | 办公楼 | 厂房 | 生产设备 | 生产设备 | 办公设备 |
| 部门名称 | 总经理室(50%),财务部(30%),供销科(20%) | 一车间(50%),二车间(50%) | 一车间 | 二车间 | 仓库 |
| 增加方式 | 在建工程转入 | 在建工程转入 | 购入 | 购入 | 直接购入 |

续表

| 卡片编号 | 00001 | 00002 | 00003 | 00004 | 00005 |
|---|---|---|---|---|---|
| 使用状况 | 在用 | 在用 | 在用 | 在用 | 在用 |
| 使用年限(月) | 420 | 360 | 240 | 240 | 60 |
| 折旧方法 | 平均年限法 | 平均年限法 | 平均年限法 | 平均年限法 | 平均年限法 |
| 开始使用日期 | 2007-07-01 | 2008-01-01 | 2008-01-31 | 2008-05-10 | 2008-09-01 |
| 币种 | 人民币 | 人民币 | 人民币 | 人民币 | 人民币 |
| 原值 | 1000000 | 600000 | 200000 | 150000 | 10000 |
| 净残值率 | 3% | 3% | 3% | 3% | 3% |
| 净残值 | 30000 | 18000 | 6000 | 4500 | 300 |
| 累计折旧 | 91000 | 46800 | 23200 | 7800 | 1458 |
| 月折旧率 | 0.0023 | 0.0027 | 0.0040 | 0.0040 | 0.0162 |
| 月折旧额 | 2 300 | 1620 | 800 | 600 | 162 |
| 净值 | 909000 | 553200 | 176800 | 142200 | 8542 |
| 对应折旧科目 | 管理费用——折旧费 销售费用——折旧费 | 制造费用——一车间 制造费用——二车间 | 制造费用——一车间 | 制造费用——二车间 | 管理费用——折旧费 |

7. 2009年6月21日,华茂有限公司供销科购入一台货车,价值30000元,净残值率3%,可使用年限5年,采用平均年限法(一)计提折旧。

8. 2009年6月30日,对各项资产进行检查,发现2008年9月1日购入的电脑(卡片编号:5号)的可回收金额低于其账面价值1500元,计提固定资产减值准备。

9. 2009年6月30日,计提本月固定资产折旧,计提折旧后查看折旧清单。

10. 2009年6月30日,将本月发生的经济业务进行批量制单。

11. 办理月末结账。

# 实训九 UFO报表格式与公式定义

**实验目的**

1. 练习自定义报表格式定义、单元公式的设置。

2. 理解并熟悉报表管理子系统的数据状态与格式状态的区别。

**实验准备**

修改系统时间为 2009 年 6 月 30 日。

**实验要求**

1. 引入总账月末备份数据，以学生学号的身份进行资产负债表和利润表的格式设置与公式定义。

2. 定义资产负债表的审核公式：资产＝负债＋所有者权益。

资产负债表表样内容如表 9.28 所示，利润表表样内容如表 9.29 所示。

表 9.28 资产负债表

会企 01 表

编制单位：　　　　年　月　日　　　　　　　　　　　　　　单位：元

| 资产 | 期末余额 | 年初余额 | 负债和所有者权益（或股东权益） | 期末余额 | 年初余额 |
|---|---|---|---|---|---|
| 流动资产： | | | 流动负债： | | |
| 货币资金 | | | 短期借款 | | |
| 交易性金融资产 | | | 交易性金融负债 | | |
| 应收票据 | | | 应付票据 | | |
| 应收账款 | | | 应付账款 | | |
| 预付款项 | | | 预收款项 | | |
| 应收利息 | | | 应付职工薪酬 | | |
| 应收股利 | | | 应交税费 | | |
| 其他应收款 | | | 应付利息 | | |
| 存货 | | | 应付股利 | | |
| 一年内到期的非流动资产 | | | 其他应付款 | | |
| 其他流动资产 | | | 一年内到期的非流动负债 | | |
| 流动资产合计 | | | 其他流动负债 | | |
| 非流动资产 | | | 流动负债合计 | | |
| 可供出售金融资产 | | | 非流动负债 | | |
| 持有至到期投资 | | | 长期借款 | | |
| 长期应收款 | | | 应付债券 | | |
| 长期股权投资 | | | 长期应付款 | | |
| 投资性房地产 | | | 专项应付款 | | |
| 固定资产 | | | 预计负债 | | |

续表

| 资产 | 期末余额 | 年初余额 | 负债和所有者权益（或股东权益） | 期末余额 | 年初余额 |
|---|---|---|---|---|---|
| 在建工程 | | | 递延所得税负债 | | |
| 工程物资 | | | 其他非流动负债 | | |
| 固定资产清理 | | | 非流动负债合计 | | |
| 生产性生物资产 | | | 负债合计 | | |
| 油气资产 | | | 所有者权益（或股东权益） | | |
| 无形资产 | | | 实收资本（或股本） | | |
| 开发支出 | | | 资本公积 | | |
| 商誉 | | | 减：库存股 | | |
| 长期待摊费用 | | | 盈余公积 | | |
| 递延所得税资产 | | | 未分配利润 | | |
| 其他非流动资产 | | | 所有者权益（或股东权益）合计 | | |
| 非流动资产合计 | | | | | |
| 资产总计 | | | 负债和所有者权益（或股东权益）总计 | | |

表9.29 利 润 表

会企02表

编制单位： 　　　年　月　日　　　　　　　　　　　　　　　单位：元

| 项　　目 | 本期金额 | 上期金额 |
|---|---|---|
| 一、营业收入 | | |
| 减：营业成本 | | |
| 　　营业税金及附加 | | |
| 　　销售费用 | | |
| 　　管理费用 | | |
| 　　财务费用 | | |
| 　　资产减值损失 | | |
| 加：公允价值变动收益（损失以"—"表示） | | |
| 　　投资收益 | | |

续表

| 项　目 | 本期金额 | 上期金额 |
|---|---|---|
| 其中:对联营企业和合营企业的投资收益 | | |
| 二、营业利润(亏损以"－"表示) | | |
| 加:营业外收入 | | |
| 减:营业外支出 | | |
| 其中:非流动资产处置损失 | | |
| 三、利润总额(亏损以"－"表示) | | |
| 减:所得税费用 | | |
| 四、净利润(净亏损以"－"表示) | | |
| 五、每股收益 | | |
| （一）基本每股收益 | | |
| （二）稀释每股收益 | | |

# 实训十　UFO报表系统数据处理与输出

**实验目的**

掌握报表管理系统数据处理与输出的具体内容及操作方法。

2. 理解并熟悉报表管理子系统的不同表页的概念。

**实验准备**

修改系统时间为2009年6月30日。

**实验要求**

1. 编制资产负债表。

2. 编制利润表。

3. 审核资产负债表。

4. 定义自己编制的利润表的舍位平衡公式,将其数据金额单位由"元"进位为"百元"。

5. 对自己编制的利润表进行舍位平衡操作,生成舍位平衡表。

# 参 考 文 献

[1] 王新玲,汪刚. 会计信息系统实验教程(用友 ERP-V8.61)[M]. 北京:清华大学出版社,2006.
[2] 王新玲,房琳琳. 用友 ERP 财务管理系统实验教程[M]. 北京:清华大学出版社,2006.
[3] 用友软件股份有限公司. ERP 培训教程[M]. 北京:中国物资出版社,2005.
[4] 孙莲香. 会计信息系统应用上机实验[M]. 北京:中国财政经济出版社,2006.
[5] 龚中华. 用友 ERP-U8(V8.61)标准财务培训教程[M]. 北京:人民邮电出版社,2007.
[6] 王珠强. 会计电算化[M]. 2版. 北京:冶金工业出版社,2009.